高职院校职业体育教程

主　编　楼一峰　马　勇

副主编　金林群

参　编　胡　茵　崔凤祥　胡炬波
　　　　鲍政栋　朱小平　陈志峰

科　学　出　版　社

北　京

内 容 简 介

本书分基础理论与体育技能两篇,共十七章,主要内容包括高职院校体育概述、健康新观念、奥林匹克运动、学生体质健康标准与评价、健康体适能、生命安全教育、篮球运动、排球运动、足球运动、乒乓球运动、羽毛球运动、网球运动、武术运动、瑜伽、健美操、健美运动及形体训练。

本书可作为高职院校公共体育课程教材,也可供体育爱好者阅读参考。

图书在版编目(CIP)数据

高职院校职业体育教程/楼一峰,马勇主编.—北京:科学出版社,2014

ISBN 978-7-03-041572-1

Ⅰ.①高… Ⅱ.①楼… ②马… Ⅲ.①职业体育-高等职业教育-教材
Ⅳ.①G807.4

中国版本图书馆 CIP 数据核字(2014)第 180577 号

责任编辑:相 凌/责任校对:胡小洁
责任印制:赵 博/封面设计:华路天然工作室

科学出版社 出版
北京东黄城根北街 16 号
邮政编码:100717
http://www.sciencep.com

安泰印刷厂 印刷
科学出版社发行 各地新华书店经销

*

2014 年 8 月第 一 版 开本:787×1092 1/16
2017 年 7 月第四次印刷 印张:15 3/4
字数:413 000

定价:39.00 元
(如有印装质量问题,我社负责调换)

前　言

高职院校体育教育作为高职学生终身教育和素质教育的重要阵地，其建设目标在坚持提高学生体育素养、增强学生体质和健康的同时，应积极遵循高职院校人才培养方向，在课程内容设置等方面突显高职院校体育教育职业性、实用性的特色；培养具有良好的健康水平，岗位特殊身体素质的储备，动作技能储备，终身体育锻炼能力储备和社会适应能力从事未来职业岗位工作的"准职业人"；注重对大学生进行体育文化素养的培养、运动技能与体育锻炼方法的传授与介绍，以期全面提高大学生体育素养，使学生终身受益。

基于以上思路，本书分两篇，分别为基础理论篇、体育技能篇，内容涉及体育与健康基础知识、奥林匹克运动基础知识、体育运动卫生、田径运动、球类运动、体操、武术、健美、形体等内容。遵循教育规律和大学生的身心特点及兴趣爱好，汲取借鉴体育学科最新研究成果，尽可能最大限度地满足当代大学生的需要，力争做到教材内容精练规范、涵盖面广、通俗易懂、指导性强。

基础理论篇，共六章，主要阐述高职体育教育理念、科学健康观、学生体质健康测试与评价方法、奥林匹克运动的历史进程，着重培养学生体育人文素养和自我锻炼及评价的意识。

体育技能篇，共十一章。经过取舍，最终选择深受广大职业院校学生喜欢的十一个实用体育项目，分别从运动简介、基本技术和基本战术三方面进行阐述，让学生了解这些体育项目的文化和基本知识，为学生真正掌握1~2项体育技能提供扎实的基础。

本书具体编写分工如下：楼一峰编写了第五、八、十六章；马勇编写了第七章；胡炬波编写了第六、九章；胡茵编写了第三、十四章；崔凤祥编写了第一、四章；鲍政栋编写了第二、十一章；朱小平编写了第十章；陈志峰编写了第十二、十三章；金林群编写了第十五、十七章。

本书是在参考众多文献的基础上编写而成的，没有这些学者们所积累的充满睿智的研究成果，仅凭我们的微薄之力是不可能完成的。由于我们的水平和能力有限，本书可能会存在许多不足之处，敬请读者批评。我们将正视读者所提出的宝贵意见，以便今后对本书进行修订，并逐步加以完善。

编　者

2014 年 4 月

目　录

基础理论篇

体育技能篇

基础理论篇

第一章 高职院校体育概述

 学习目标 》》

1. 了解体育的产生与发展，把握现代体育教育的主导方向。
2. 正确认识高职院校体育教育对身体效能的影响。

第一节 体育的概述

体育作为一种人类共同拥有、承认和普遍热爱的伟大的社会实践活动，现已渗透到社会的各个领域。目前，我国《教育法》第五条这样规定："教育必须为社会主义现代化建设服务，必须与生产劳动相结合，培养德、智、体等全面发展的社会主义事业的建设者和接班人。"这也是我国的教育方针。《高等教育法》再次重申了这项方针。2002 年教育部下发了《全国普通高等学校体育课程教学指导纲领》，为高等学校体育课指明了发展的方面。高职高专体育课程已成为高职高专教育体系的重要组成部分。

一、何谓体育

体育是以身体活动为媒介，以谋求个体身心健康、全面发展为直接目的，并以培养完善的社会公民为终极目标的一种教育过程。简单地说，体育是针对身心发展的教育（身体培育）。

体育自产生以来，伴随着人类的文明与进步，至今已有几千年的历史。特别是近一百多年来，随着社会的不断发展，人们对体育的价值的认识也有了进一步的提高。体育是根据人类生存和人类社会生活的需要而产生和发展的，最终也是服务于人类。这是人们从事体育这种社会实践活动的根本动力。随着人类的进步和社会的不断发展，体育在整个教育体系中的地位和作用也越来越重要。体育不仅是教育的组成部分，而且与德育、智育有机地构成了现代学校教育的基础。

二、体育的产生

人类生存和发展的需要是体育产生的原因。这和其他人类社会现象的产生的根本依据是一致的，也是人类一切实践活动的原动力，这也是体育产生与发展的唯一源泉。

早期的人类，在与大自然的斗争中形成和发展走、跑、跳的生活技能，今天的各种体育运动项目，多与走、跑、跳有关，并以此为基础，组成各项运动。早期的人类社会人少但野兽众多，人们在围捕或防御凶猛野兽侵袭时，有时是徒手与动物搏斗，有时是手持棍棒与动物搏斗，这样就逐渐形成了徒手的和器械的攻防技术。

古人去采集野果，要攀山爬树，发展了攀登、爬越的技能，为了在河中、海里捕鱼，古人学会了在水中沉浮的运动技术，这是人类最早的游泳。随着人类社会的不断演进，人们积累了相当多的劳动知识和经验，劳动技能的提高，使得劳动产品有了一定的剩余。老人和成年人就利用空闲的时间，通过游戏的形式，教授后代劳动的知识技能。这些知识和技能，实际就是如何捕猎野兽；如何走得快、跑得快、跳得高；如何爬坡攀越等。这种有意识的教育，就是原始的体育。

三、体育的发展

人类为生存和发展创造了体育，随着人类社会发展，体育自身实践新理论也不断地完善。人类的需要层次也由"生理需要""安全需要"向"归属和爱""尊重需要"和"自我实现"等高层次的需要转变，因此，各种文化、艺术、教育活动相继出现，体育与精神调节、健体养生的活动逐渐出现和发展起来。这些高于一般生活技能和劳动技能的实践活动，已有别于求生存的手段，这是体育发展的最好佐证。如为了表达对祖先和图腾的崇敬心情，通过祭祀开展的舞蹈、角力和角斗等活动；为了抒发采果、狩猎丰收的喜悦，采用各种游戏方式进行的娱乐活动；为了防治身体伤病而经常从事的健身和养生活动。

"体育"一词不像人类社会体育实践活动的诞生那样有着悠久的历史。它最早出现于18世纪60年代法国的一家报纸上，该报用"体育"一词论述儿童身体教育问题。"体育"在我国中文词汇的出现只有百年的历史。当年的洋务运动把西方教育的某些积极因素引进了我国，基督教会在我国传习西洋体育时才有了"体育"这术语的出现。体育这一术语最初传入中国时指的是身体教育，但由于最初理解上的偏差人们都把运动比赛等同于体育，其实英语的体育与竞技是有质的区别的。今天人们已从理论上有了新的认识，体育的本质也被人们所理解。

四、体育的效能

体育的效能是指体育的特点作用于人和社会所能产生的良好的影响和功效。

体育是关于身心的教育，有其特有的存在的价值。认识体育的功能与作用，对于当今大学生的学习与发展，对于人类社会的进步具有重要的现实意义。这是体育的自身的特点和社会的需要决定的。概括起来体育效能包括生物效能和社会效能两种。

（一）体育的生物效能

一个人体质的强弱受遗传、营养、劳动、环境的影响，而进行科学的身体锻炼是增强体质，促进健康的最积极、最有效的方法。通过体育锻炼，人的体格、体能和适应能力等方面都会得到显著的改变。

体育锻炼增强体质是由于身体活动引起能量物质的消耗，随着引起的消化作用的增强，人体开始加速恢复。这个过程可以使机体内组织细胞内部得到更多的补充，会合成新的可利用的能源，使机体获得更多的、更旺盛的活力，从而使机体得以发展。适宜的、合理的体育锻炼可以促使机体朝着发达和完善的方向转化。所以说体育具有促使人体更加健康的特殊功效。

（二）体育社会效能

随着社会的发展，体育在精神文明建设、丰富文化生活、培养良好的个性心理、发展人际关系等方面都会产生积极的效果，体育的社会效能主要包括以下几个方面。

1. 体育的教育效能

体育是教育的重要组成部分，教育功能是体育最基本的功能。马克思曾指出："未来教育对所有已满一定年龄的儿童来说，就是生产劳动同智育和体育相结合，这不仅是提高社会生产的一种方法，而且是造就全面发展的人的唯一方法。"我国历来重视体育的教育作用，体育已成了教育不可缺少的部分，高等教育体系把体育作为公共必修课，体育已经成为素质教育的重要组成部分和培养身心健康的合格的社会主义事业的建设者和接班人的重要内容。

2. 体育的教育效能的表现

（1）改造经验。人类生活需要多方面的经验，而人的经验绝不仅限于读、写、说、算。就品格经验而言，不懂得公平竞争、不服从法规制度、不信守诺言、不具备合作习惯等社会品德的人无疑将被社会所排斥。就动作经验而言，简单的如坐立行走、举手投足，复杂的如对距离、速度、时间的判断等种种动作经验，只有在实践中才能培养。就情绪经验而言，文明社会不允许个人的不良情绪以野蛮的原始方式发泄。以上所有品格和经验是一个合格公民所必备的素质，而体育是对人们进行综合性教育的一种有效途径，它可以使个人在心智、情绪、动作经验等方面得到发展。

（2）发展适应能力。体育是帮助个体适应其生活环境的一种训练。虽然不同的人需要不同的适应能力，但在当今的社会里，个人的适应能力应该是全面的。它包括身体、心理、社会等方面。作为生活教育的体育，对上述适应能力都有培养作用。

（3）改变行为。体育运动所带来的经验改造和适应能力发展，可以进一步促进行为的变化。

3. 体育的娱乐效能

娱乐效能是由两个途径来实现的：参与运动与观赏运动。现代体育运动发展迅速，高度体现健、力、美的特征，特别是竞技运动项目。

现代社会为人们的娱乐活动提供优越的条件和各种娱乐方式，使大家在和谐的气氛中获得精神快感，情绪得到释放，从而充分享受生活的乐趣。

4. 体育的政治效能

政治对体育有着主导作用，体育以其特有的方式为政治服务。随着竞争体育的飞速发展，运动成绩从侧面上反映出一个国家的综合国力。另外体育竞赛也能培养民族精神，增强国民的团结和凝聚力，当北京取得了 2008 年奥林匹克运动会的主办权时，多少国人为之欢呼、骄傲和振奋。

5. 体育的经济效能

体育与经济结合对促进经济发展有巨大的推动作用。第一是提高了劳动者的素质，从而促进了生产力的发展；第二是刺激生产，促进经济发展，如北京正建设许多体育设施，必定会拉动内需，刺激相关行业的发展；第三是体育现已作为一种产业得到了广泛的发展，从而直接获得了经济效益。

6. 体育的社会效能

体育的社会效能是通过集体项目的参与和比赛体现的。在这些过程中加深了彼此的友谊、促进了队友之间的情感交流。

第二节　高职院校体育教育

一、高职院校体育的目标和任务

随着社会经济的快速发展，《国务院关于大力发展职业教育的决定》实施加快了高职院校教学改革和新课程设置的步伐。高职院校体育教学系统总目标是由新时期对人才的新要求而决定的。高职院校体育教育的目标是：增强学生体质，促进学生身心和谐发展，培养学生从事体育运动的意识爱好、习惯和能力。为终身体育奠定良好的基础，培养学生较强的运动能力和良好的思想品质，使其成为具有现代精神的、德智体美全面发展的社会主义建设者和接班人。这就要求高职学校的毕业生不仅要具有为祖国建设献身的坚定志向，在所学专业领域内有扎实的基本理论知识和技能，而且还要有强健的体魄。健康的身体不仅是完成学习任务的保证，更是胜任工作的基础。

围绕这一总体目标，高职院校体育教育必须通过教学任务来完成。

（1）高职学生正处于青年期，通过体育教育增强体质，促进健康，促进学生遵守合理的作息制度，参与校园文化活动，重视营养卫生，积极参加体育活动，科学地进行体育锻炼，有效地促进学生身心正常发育，增强身体素质和基本活动能力，提高健康水平和对环境的适应能力，增强对疾病的抵抗能力，从而以强健的体魄和充沛的精力保证当前学习以迎接未来工作。

（2）掌握体育及卫生保健方面的基本知识、技术和技能，养成自觉锻炼身体的习惯，提高锻炼的实效性，提高体育文化素质，为终身体育奠定良好的基础。

（3）培养良好的思想品德和提高道德素养。通过体育运动的具体过程，加强学生的思想品德教育，提高学生的道德素养。

（4）发展体育才能，促进体育普及、提高技术水平。对部分体育基础较好的、有一定运动才能的学生进行有计划的课余运动训练，按照教育和体育的规律，充分利用学校的有利条件和学生在智能和体能上的优势，重视学生的心理、心理特性，坚持科学训练，提高学生的运动技术水平。

二、高职院校体育现状

当前高职院校体育教学与其发展需要很不适应，突出表现在增强学生体质的共性上有余，而在体育与职业技术教育特点联系与需要上的个性不足，使高职院校体育教学失去了职业技术特色。原因如下。

（1）高职院校全属新办或从普通中科学学校改办而来的。高职院校体育教学参照执行的是普通高校的体育教学大纲，没有与职业技术教育特点相适应的体育教学大纲。目前高职院校体育教学内容几乎与普通高校相同，方法手段均以增强学生体质为主，较少考虑学生职业技术特点的需要，要提高高职院校体育教学质量是难以实现的。

（2）高职院校体育教师大多来自中学、普通高校体育院系毕业生，对职业技术的特点、培养规格，以及学生职业学习与工作对身体的特殊要求等方面的认识和了解是不够的，实践上还缺乏科学的指导。仅仅同普通高校体育教学的模式来组织教学，既不切合高职院校的实际也不利于高职院校体育教学的发展。

（3）高职院校部分教师和学生普遍存在重视专业技术，轻视体育的思想，加上体育经费紧张，场地器材不足，体育教学内容重复枯燥，缺乏职业性、实用性和兴趣性，使高职院校体育教学质量提高得不到保证。

三、高职院校体育发展方向

（1）学校体育教学与素质教育是密不可分的，现阶段随着社会经济的不断发展素质被提升到重要的地位上。其中集体主义精神及顽强意志的培养、现代体育理念的形成、良好身体素质的奠定、现代专业技能的培养等，无不与体育教学发展有密切的关系。

①传授体育基本知识，培养体育文化素质。促进学生身体的正常发育，塑造健美的体格、体形，培养正确的身体姿势，提高身体素质，提高生理机能，增强适应环境与反抗疾病的能力。正确处理发展身体与把握基本知识、基础技能和运动能力的关系，把体育文化和卫生保健的基本知识放在重要的位置上。

②集体项目在教学中的设置和运用是培养集体主义精神的主要渠道。可以利用早操、课间操、体育课教学、课外活动等教学环节。设置集体项目，注重培养学生相互配合的集体主义精神，并有意识地培养学生的顽强意志。

③现代体育理念是由终身体育思想和良好的生活习惯的培养所组成。培养对体育运动的爱好，养成自觉锻炼的良好习惯，具备体育锻炼的能力是终身体育的基础。更为重要的是通过学习锻炼，努力使每一个学生都有一项或几项特长，并建立以休闲健身、趣味性比较强的项目为中心的教学模式，改进过去以技能为中心的教学体育，为终身体育奠定基础。

④良好身体素质的形成是坚持不懈地进行体育锻炼的结果。现代专业技能要求学生具有良好的灵敏反应力和耐久力。因此，我们非常注重培养学生综合体育素质，在体育教学中应加强灵敏反应力和耐久力的练习。

（2）体育教学对不同专业特点要求。高职院校人才培养具备它的特点和要求，体育教学同时也应有与之相适应的教学内容。在教学过程中针对不同专业，要有目的地增强相关内容，使学生具有较强的专业适应能力。

①办公型专业，是在高职院校中较常见的一种类型，如财务、文秘、仪表、化验等职业均属此类，长期伏案、低头含胸、精神高度紧张等是这类专业的典型特征。因此，在体育教学中就应该有针对性地增加拳击、健身操、韵律操等锻炼项目。

②竖立型专业，如酒店、食品、纺织、医护、烹调等专业属于这种类型。长时间站立、含胸使人体协调机能和各器官的负担加重。易出现下肢淤血、血流不畅、静脉曲张和心血管疾病多发症状。因此要增加健身走、慢跑、游泳、骑自行车等锻炼项目。

③运动型专业，如物探、地质、交通建设、测量、农林、营销等专业属于这种类型。高强度劳动、条件艰苦复杂使运动系统和心脉功能负担过重，易出现过度疲惫、

肺部以及心血管疾病。因此要增加力量素质和耐力方面的项目，如爬山、郊游、打球、游泳等。

 **思考题** 》》》

1. 何谓体育？
2. 体育锻炼与现代社会发展的关系？
3. 高职院校体育教育对职业教育的影响？

第二章 健康新观念

 **学习目标** >>

1. 了解健康及亚健康的概念及影响健康的因素。
2. 了解不良生活方式的表现及危害，掌握建立健康的生活方式和科学健身的方法。
3. 了解体育锻炼影响学生心理健康及促进对学生社会适应性的培养。

第一节 健康新概念

一、健康的概念与健康观的发展与演化

（一）传统健康概念及健康观

18世纪中叶以前，人们常以身体是否有病作为健康的评价依据：凡是有病就是不健康，无病就是健康。人们普遍认为，健康是在人们的生命活动中没有疾病时的状态。

神灵医学模式阶段：由于古代科学文化水平低下，人们认为生命是神赐予的，人体患病则是神对人的一种惩罚，治疗疾病要求助于神的恩赐和保佑。

自然哲学医学模式阶段：该时期从我国的春秋战国时期开始，此时人们开始用哲学的观点来解释人体患病的原因，将人的病因与其生活的环境相联系起来，从人体的内因与外因寻找矛盾，并解决矛盾，从而达到健康的目的。

生物医学模式阶段：约从16世纪中叶开始，人类开始以生物学的观点阐述生命现象，从血管和细胞组织的损伤中寻找病因，探究和认识疾病并提出治疗对策。

（二）近代健康概念及健康观

18世纪中叶，随着社会的发展和科技的进步，特别是能量守恒定律、细胞学说和生物进化论等自然科学三大发现的提出，揭示了自然规律，动摇了机械性看待健康的认识。当时的健康概念是："人在生理机能完善的情况下，体内所有器官和系统协调地相互配合并发挥作用，使人得以积极从事对社会有益的劳动。"

（三）现代健康概念及健康观

20世纪初，由于社会的发展和医学的进步，以及人类对健康的认识不断提高，健康的概念亦逐步趋向完善。

1948年，联合国世界卫生组织（WHO）提出了"三维健康观"，明确指出"健康不仅是没有疾病和虚弱，而且是保持身体、精神上和社会适应方面的完美状态。"这一概念改变了以往健康仅指无生理功能异常、免于疾病的单一概念。

1978 年，联合国世界卫生组织在《阿拉木图宣言》中修改了健康的概念，将健康定义为"健康不仅仅是疾病与体弱的匿迹，而是身心健康、社会健康的完美状态"，并同时指出"健康是人的基本权利，达到尽可能的健康水平是世界范围内一项重要的社会性目标"。

1989 年，联合国世界卫生组织根据现代社会的发展，再次将健康定义为："健康不仅仅是躯体没有疾病，而且还需要心理健康、社会适应良好和道德健康。"这就是人们常说的"四维健康观"。

20 世纪 90 年代的健康定义强调了环境因素，认为健康是生理、心理、社会、环境的和谐统一。此后，美国学者提出了健康的五要素，即个体健康具有身体、精神、智力、情绪、社会五个方面的健康和完美状态才称为真正的健康。

进入 21 世纪以来，随着医学的空前发展和科技的巨大进步，人们相继发现和阐明了许多疾病的成因和机理，对疾病的防治和对健康的认识有了很大的提高，并逐渐形成了现代的健康观，即人们认为健康远不是身体没有疾病，真正的健康是心理健全和身体强壮的完美结合，是一个人在身心、社会方面的综合反映。

（四）现代健康标准

健康是一个多维化的综合性的概念，除了健康的定义外，联合国世界卫生组织进一步诠释了健康的十条标准：

（1）精力充沛，在日常生活中，在繁重的工作中都不感到过分紧张、疲劳；

（2）乐观、积极、乐于承担责任，工作效率高；

（3）善于休息，睡眠良好；

（4）应变能力强，能适应环境的各种变化；

（5）能够抵抗一般性的感冒、传染病等；

（6）体重适当，身体匀称；站立时，头、肩、臂位置协调；

（7）眼睛明亮，反应敏锐；

（8）牙齿清洁，无孔洞，无痛感，无龋齿；无出血现象，牙龈颜色正常；

（9）头发有光泽，无头屑；

（10）肌肉丰满，皮肤有弹性，走路、活动感到轻松。

（五）影响健康的因素

人类的健康取决于多种因素的影响和制约。影响健康的因素主要有五种，即环境因素、生物学因素、医疗卫生服务因素、行为和生活方式因素及营养因素。

1. 环境因素

环境因素是指围绕着人类的空间以及直接或间接地影响人类生活的各种自然因素和社会因素的总和。因此，环境因素包括自然环境和社会环境两种。

（1）自然环境又称物质环境，是指影响人类生存和发展的各种自然的和经过加工改造的自然因素的总体，如水、空气、土壤、矿藏、森林、野生生物、各种自然和人工区域等。自然环境是人类生存的必要条件。自然环境中，影响人类健康的因素主要有生物因素、物理因素和化学因素。自然环境中的生物因素包括动物、植物及微生物。一些动物、植物及微生物为人类的生存提供了必要的保障，但另一些动物、植物及微生物却通过直接或间接的方式影响甚至危害人类的健康。

自然环境中的物理因素包括气流、气温、气压、噪声、电离辐射、电磁辐射等。在自然状态下，物理因素一般对人体无危害，但当某些物理因素的强度、剂量以及作用于人体的时间超出一定限度时，就会对人体健康造成危害。

自然环境中的化学因素包括天然的无机化学物质、人工合成的化学物质及动物和微生物体内的化学元素，某些化学元素是保证人类正常活动和健康的必要元素；某些化学元素及化学物质在正常接触和使用情况下对人体无害，但当它们的浓度、剂量超过人体能够承受的限度时，将对人体造成严重的危害。

（2）社会环境又称非物质环境，是指人类在生产、生活和社会交往活动中相互间形成的生产关系、阶级关系和社会关系等。在社会环境中，有诸多的因素与人类健康有关，如社会制度、法律、经济、文化、教育、民族及职业等。

2. 生物学因素

生物学因素包括遗传、病原微生物、个体生物学特征等三种。遗传是先天性因素，它与人类诸多疾病的发生有关；病原微生物能使人患传染病和感染性疾病，造成人体的内分泌失调和免疫功能失常等；个体生物学特征包括年龄、性别、形态和健康状况等，相同危险因素对不同生物学特征的个体健康影响程度不同。

3. 医疗卫生服务因素

医疗卫生服务是指促进及维护人类健康的各类医疗、卫生活动。它既包括医疗机构所提供的诊断、治疗服务，也包括卫生保健机构提供的各种预防保健服务。良好的医疗卫生服务对健康起着促进作用；反之，则会危害健康。良好的医疗卫生服务包括健全的医疗机构、完善的服务网络、充足的卫生资源及其合理配置与科学分配，除此之外，个体提高对医疗卫生服务的利用能力也是提高医疗卫生投入与效益的重要因素。

4. 行为和生活方式因素

行为是指机体对内外环境因素刺激所做出的能动反应。生活方式是个体的一种特殊行为模式，它受个体特征和社会关系的制约。行为和生活方式紧密联系，相互贯通。人们自身的不良行为和生活习惯会给个体、社会的健康带来直接或间接的危害。这种危害具有潜伏性、积累性和影响广泛性的特点。不良的行为和生活方式主要包括吸烟、酗酒、吸毒、纵欲、赌博、滥用药物等。

5. 营养因素

合理营养能保证人体健康，营养过剩或不足都有损于健康。日常饮食中要注意脂肪、蛋白质、糖、纤维素及各种微量元素的充足供应和合理搭配，这样既有利于预防疾病，又能够促进健康。

二、亚健康

（一）亚健康的概念

20世纪80年代，有学者发现，在人的一生中，除健康状态和疾病状态之外，还存在着一种介于两者之间的非健康、非患病的状态，并将其称为"亚健康"状态或第三状态、灰色状态。联合国世界卫生组织将亚健康定义为："亚健康是健康与疾病之间的临界状态，虽然各种医学检验结果为阴性，但人体却有各种各样不适的感觉。"

（二）亚健康状态形成的原因

1. 心理失衡

古人云："万事劳其行，百忧撼其心。"随着社会的快速发展，人们生活节奏显著加快，竞争日趋激烈，工作压力明显加大，使人思虑过度，素不宁心，从而导致心理失衡，机体出现各种不良症状。

2. 营养失衡

现代人饮食结构中往往热量过高，营养素不全，加之食品中人工添加剂过多、人工饲养动物成熟期短、激素含量偏高等，造成人体所必需的营养素缺乏以及肥胖症增多、机体的代谢功能紊乱等。

3. 环境污染

大气污染、水污染、土壤污染、噪声污染、光污染、电磁波污染等一系列环境污染均造成人体心血管系统和神经系统功能紊乱，影响健康。

4. 不良生活方式

吸烟、酗酒、吸毒、滥用药物、缺乏体力劳动、过度疲劳、过分安逸、不合理的作息方式、不协调的感情生活等不良生活方式也是造成亚健康的原因。

（三）亚健康的表现

亚健康的表现主要以个体主观感受为主，同时，伴有各种功能性的障碍或者植物神经功能紊乱，症状可以单一出现，也可以同时或交替出现。

（1）失眠或嗜睡：失眠多见于精神紧张；嗜睡多与营养、内分泌、行为、躯体因素和病毒感染有关。

（2）健忘：表现为记忆力下降，主要是短时忘记，长时记忆基本不受影响。

（3）食欲不振：可见于任何因素引起的亚健康状态。

（4）性欲降低：多由个人遭受各种压力而引起，严重者伴有阳痿、早泄、射精困难等。

（5）烦躁：易激怒、情绪不稳定、易于失控或易于极端化。

（6）情绪抑郁：对事物缺乏兴趣，常感到孤独无助，对前途悲观失望，同时缺乏人际交往的欲望。

（7）焦虑不安：往往忧心忡忡、坐卧不安，疲乏无力且休息后不能缓解。

（8）头痛、头晕、胸闷、心悸、气短：此类症状是躯体常见的症状，也是导致人们看病就医的原因。

（9）泌尿系统症状：如尿频、尿急、小便色黄等。

（10）消化系统紊乱：大便稀，轻微腹泻，腹部不适或有痛感等。

（11）免疫功能降低：经常感冒、咽喉不适、口腔黏膜溃疡等。

（12）其他症状：如肢体麻木、皮肤瘙痒、肌肉酸痛或抽搐。

（四）亚健康状态自测

当人体处于亚健康状态时，虽然机体尚无临床症状或器质性病变，但机体的生理功能已经开始下降，比如自感体力下降，反应能力降低，精神状态欠佳，免疫能力低下或者有不同程度的自我感觉不良的症状，此状态下的机体具有发生各类疾病的可能。由于亚健康状态是介于健康和疾病之间的一种状态，机体处于此状态时既可以向健康状态转化，也可以向疾病状态转化。由于对于亚健康状态的诊断很难界定，为此，有亚健康专家专门提出了 30 种亚健康状态的症状供人们作自我检测。如果在以下 30 项现象中，存在 6 项或 6 项以上的症状，即可视为进入亚健康状态。

(1) 精神焦虑，紧张不安。

(2) 忧郁孤独，自卑郁闷。

(3) 注意力分散，思维肤浅。

(4) 遇事激动，无事自烦。

(5) 健忘多疑，熟人忘名。

(6) 兴趣变淡，欲望骤减。

(7) 懒于交际，情绪低落。

(8) 常感疲劳，眼胀头昏。

(9) 精力下降，动作迟缓。

(10) 头昏脑胀，不易复原。

(11) 久站头晕，眼花目眩。

(12) 肢体酥软，力不从愿。

(13) 体重减轻，体虚力弱。

(14) 不易入眠，多梦易醒。

(15) 晨不愿起，昼常打盹。

(16) 局部麻木，手脚易冷。

(17) 掌腋多汗，舌燥口干。

(18) 自感低烧，夜常盗汗。

(19) 腰酸背痛，此起彼安。

(20) 舌生白苔，口臭自生。

(21) 口舌溃疡，反复发生。

(22) 味觉不灵，食欲不振。

(23) 反酸嗳气，消化不良。

(24) 便稀便秘，腹部饱胀。

(25) 易患感冒，唇起疱疹。

(26) 鼻塞流涕，咽喉疼痛。

(27) 憋气气急，呼吸紧迫。

(28) 胸痛胸闷，心区压感。

(29) 心悸心慌，心律不齐。

(30) 耳鸣耳背，晕车晕船。

第二节　健康的生活方式

一、现代人的健康危机

"健康"是 21 世纪最受关注的话题之一。现代社会的快速发展给人类带来文明的同时，也给人类健康带来了威胁，被称为"现代文明病"的非健康因素直接威胁着人类的健康，同时也给快速发展的经济带来了负面影响。

（一）不良行为与生活习惯

现代文明病或称为现代生活方式病，是由不良的生活习惯、饮食习惯所致，它包括体育活动减少、吸烟、酗酒、吸毒、性乱、饮食不当、情绪暴躁等不健康的行为。这些不良行为与生活习惯容易诱发心脑血管疾病、癌症、糖尿病、传染性疾病等，严重危害人类的健康。

大量调查证明，吸烟是目前危害人类健康的一个重要因素。吸烟能诱发多种疾病，降低人体的健康水平，甚至缩短人的寿命。吸烟的危害在于香烟中含有大量的有毒物质，这些有毒物质中危害最大的是烟碱（尼古丁）、焦油和微尘。尼古丁是一种难闻、味苦、无色透明的油质液体，在空气中极易氧化成暗灰色，通过口鼻支气管黏膜很容易被机体吸收，粘在皮肤表面的尼古丁亦可被吸收渗入体内，可以使人成瘾，是人体神经系统和血液循环系统的杀手；焦油是由好几种物质混合成的物质，在肺中会浓缩成一种黏性物质。焦油与喉痛、口腔癌、食管癌、胃癌，特别是肺癌关系密切；微尘则会刺激气管黏膜，引发咽喉炎、咳嗽、支气管炎和声带沙哑等疾病。

医学界将酗酒定义为：一次喝 5 瓶或 5 瓶以上啤酒，或者血液中的酒精含量达到或高于 0.08 克/100 毫升。酒精对肝脏的伤害是最直接也是最大的，它能使肝细胞发生变性和坏死，一次大量饮酒，会杀死大量的肝细胞，引起转氨酶急剧升高；长期饮酒，还容易导致酒精性脂肪肝、酒精性肝炎，甚至酒精性肝硬化；大量酒精会杀死大脑神经细胞，导致记忆力减退；酒精会使心率加快，血压急剧上升，极易诱发脑阻塞；酒精能损害食管和胃的黏膜，会引起黏膜充血、肿胀和糜烂，导致食管炎、胃炎、溃疡病；酒精还会影响脂肪代谢，升高血胆固醇和甘油三酯；长期酗酒还会造成身体中营养失调和引起多种维生素缺乏症。所以，平常应养成少饮或不饮酒的习惯，避免酗酒。

毒品是指鸦片、海洛因、甲基苯丙胺（冰毒）、吗啡、大麻、可卡因以及其他能够使人形成瘾癖的麻醉药品和精神药品。

毒品通常分为麻醉药品和精神药品两大类。其中最常见的主要是麻醉药品类中的大麻类、鸦片类和可卡因类。大麻类毒品主要包括大麻烟、大麻脂和大麻油，其主要活性成分是四氢大麻酚。大麻对人体中枢神经系统有抑制、麻醉作用，吸食后产生欣快感，有时会出现幻觉和妄想，长期吸食会引起精神障碍、思维迟钝，并破坏人体的免疫系统。鸦片，俗称大烟，是罂粟果实中流出的乳液经干燥凝结而成的制品。因产地不同而呈黑色或褐色，味苦。生鸦片经过烧煮和发酵，可制成精制鸦片，吸食时有一种强烈的香甜气味。吸食者初吸时会感到头晕目眩、恶心或头痛，多次吸食就会上瘾。可卡因是从古柯叶中提取的一种白色晶状生物碱，是强效的中枢神经兴奋剂和局部麻醉剂。它能阻断人体神经传导，产生局部麻醉作用，并可通过加强人体内化学物质的活性刺激大脑皮层，兴奋中枢神经，表现出情绪高涨、好动、健谈，有时还有攻击倾向，具有很强的成瘾性。

随着人们思想意识、道德观念、价值观念的改变和人际交往的日益频繁，人们的性行为也更为开放，这也导致由性传播的疾病在世界范围内迅速蔓延，病例逐年增长，对人类的健康和生命造成严重的危害。

性传播疾病已成为严重的公共卫生和社会问题。性传播疾病不仅对人体健康造成严重的危害，包括引起各种并发症和后遗症，如不孕、异位妊娠、早产、流产和死胎等，还促进了艾滋病的传播和流行。性传播疾病的主要传播途径是不洁性交，为防止染上性传播疾病，必须保持良好的个人卫生，采取安全的性行为，最重要的是要洁身自好。

（二）环境的破坏与污染

近百年来，环境污染成为灾难性的问题。20世纪全球水源、湿地减少了50%，而污染上升了50%；全球现有10亿人用不到清洁水，我国城市污水得到处理的只有25%，饮用水中大肠杆菌严重超标；城市噪声污染严重，已远超过国家规定的80分贝，而超过106分贝就会使人的听力丧失79%，进而影响食欲；光污染造成的"光压力"和夜光造成的"不夜天"也威胁着人类的健康。人类不合理的生活方式、生产活动使自然环境的构成及状态发生了变化，扰乱和破坏了生态平衡，人类对有限的自然资源开发过度、森林日益减少、土地荒芜、臭氧层空洞、气候改变、温室效应等都影响着全球的环境。环境质量的下降不但导致传染病、寄生虫病的继续蔓延，而且还导致恶性肿瘤、慢性病、职业病等发病率的上升。

（三）缺乏运动

科学技术革命和现代科技的发展在给人们带来许多便利的同时，也改变了人们的生活节奏和工作方式。交通工具的高速发展和计算机、电梯、电话、传真的诞生，使人们足不出户便可完成日常工作任务。人们在工作中，脑力劳动占据了主要部分，而体力活动却十分缺乏。据有关资料显示，20世纪90年代，人的运动量仅是20世纪60年代的1/3，体力劳动与脑力劳动的比例由机械化初期的9:1发展到全自动化时代的1:9。运动的严重缺乏成为危害人类健康的重要因素之一。

（四）营养不足和营养过剩

由于我国幅员辽阔，地区差异性大，城市和农村差异性也较大。在广大农村，食品种类单一，常导致人体摄入的营养素不足，造成营养不良；而居住在城镇的居民却由于营养过剩而导致肥胖和各种疾病的发生。无论是营养不足还是营养过剩，对人体健康都是一种威胁。

（五）社会心理压力

现代社会是一个竞争激烈的社会，心理紧张感和压抑感成为最具代表性的心理压力现象。在现代社会转型时期，高效率、快节奏、强竞争，导致人们心理压力过大。目前全球有3亿~4亿人正承受精神疾病的痛苦，抑郁症患病率达3%~5%，成为世界四大疾病之一，并以每年11.3%的速度递增，具体表现为情绪低落、思维迟缓、语言和行为减少。另外，由于现代社会科技的高度发展，人与人之间的交往存在着许多障碍和隔阂，形成许多"壁垒"，如交往壁垒、情感壁垒、社交壁垒、友情壁垒等，造成人们感情淡化、对话减少、沟通贫乏。

二、健康生活方式

（一）健康的生活作息制度

人的生活要有规律，否则神经系统就不可能形成"动力定型"，从而导致人的生理机能下降，易使人体各器官处于紧张状态，久而久之，身体健康状况就会受到损害，各种疾病也会发生。所以应养成有规律的、健康的生活作息习惯，有节奏地安排好自己的作息时间。

（二）保证睡眠

睡眠是人生活中的一个重要组成部分。人的一生有 1/3 的时间是在睡眠中度过的，好的睡眠对恢复体力、增强智慧、保证健康十分重要，是机体自我保护的重要生理活动。睡眠不仅能使身体得到休息，恢复体力，还能让大脑得到休息，恢复脑力。

（三）合理营养与平衡膳食

合理营养是健康的基础，而平衡膳食又是合理营养的根本途径。合理营养指通过膳食满足人体生长发育和各种生理需要，以及劳动强度及生活环境的需要，并且在各种营养素间建立起营养生理上的平衡关系所提供的能量和全部营养素的数量。

平衡膳食，又称合理膳食或健康膳食，是指能够提供适宜人体热能和各种营养素需要的膳食。平衡膳食的基本要求：保证人体能量平衡；供给种类全面的各种营养素；满足营养素数量、比例的平衡；食物组成要全面；重视食物的合理搭配；重视合理烹调，减少营养素损失。

（四）戒烟限酒

吸烟对人体健康有百害而无一利，烟草中许多物质对人体有害，仅目前查明的致癌物质就有 40 多种。吸烟的长期危害，主要是引发疾病和死亡，包括诱发多种如肺、喉、口腔、咽、食道、胰腺、膀胱等癌症，使心脏病及脑中风发作，促使慢性阻塞性肺部疾病的发生，酗酒对人体的危害是毋庸置疑的，但适量饮酒有保健作用也是肯定的。酗酒易导致胃癌、肝癌、乳腺癌、恶性黑色素瘤等疾病的发生。因此，生活中应做到戒烟限酒。

（五）劳逸结合

适度的紧张有利于健康，而过度劳累则有损于健康。如果长期处于疲劳、紧张状态，不仅学习、工作的效率会降低，还会引起血压升高、心血管动脉粥样硬化、心律失常、神经衰弱、消化性溃疡等疾病。在当今经济飞速发展、竞争空前激烈的时代，在快节奏的紧张工作与生活中，一定要注意劳逸结合，这样才能够在紧张的学习、工作中既能提高效率，又能预防疾病。

（六）科学锻炼身体

体育锻炼不仅能够强筋健骨，健壮体格，敏捷身手，同时也可以锻炼个人毅力，修身养性，使人们在做事情时能够做到持之以恒。适当的锻炼也是排遣心中压力的一种行之有效的方法。但是体育锻炼也是一把"双刃剑"，如果不遵守人体运动的基本规律，不遵守科学体育锻炼的原则，体育锻炼不仅不会增进人的健康，反而会破坏人的健康。所以，在锻炼身体时，要掌握科学的锻炼方法与原则，以增强体质，增进健康。

（七）心理平衡

人的健康除了身体健康外，还应包括心理健康与社会交往方面的健康。人生活在世界上就会遇到各种各样的心理、社会因素，如果对这些心理、社会因素不能正确处理，就会产生焦虑、抑郁、恐惧、紧张等情绪，甚至诱发疾病。良好的心境是健康的支柱，精神心理状态对身体的健康有重要影响，良好的心理状态有利于保护和稳定中枢神经系统、内分泌系统和免疫系统的功能，从而有利于保持身体健康，减少疾病的发生。要想心理健康就要做到：善良、宽容、乐观、淡泊。

第三节　体育锻炼对学生心理健康的影响

一、心理健康的标准

人们对心理健康的理解存在一定的差异，并且他们对心理健康的评价规范也受社会风俗习惯的影响，因此，心理健康标准也迥然不一。美国著名的心理学家马斯洛等人提出了10条心理健康的标准。我国心理学工作者刘协和提出了5条心理健康的标准。综合国内外专家的观点，我们认为大学生心理健康的标准主要包括下面几个方面。

（一）智力正常

智力是人的各种能力的总和，包括观察能力、记忆能力、思维能力、想象能力和实际操作能力，它是人进行生活、学习和工作的最基本的心理条件，也是一个人与周围环境取得动态平衡最重要的心理保证。智力正常的人才能有望取得成绩，并从中得到满足和快乐。同时，智力正常者才有可能挖掘潜能，充分实现自我。智力正常与否可通过智力测验来判定，若智商在60以下即属于智力低下。

（二）适当的情绪控制能力

人们的情绪是所有心理活动的背景条件和伴随其他心理过程的体验。正如体温可作为生理健康与否的标志之一，情绪也是反映人的心理健康与否的晴雨表。心理健康的大学生能经常保持愉快、开朗乐观、满足的心境，对生活和未来充满希望。虽然也有悲伤、哀愁等消极体验，但能主动调节，同时能适度地表达和控制情绪。

（三）对自己能作出恰当的评价

正确认识和客观评价自己，是对目前自我所处状态和环境、自我未来的发展方向有一个清醒的认识，摆正自我的位置，自信、自觉地发展自我。如果一个人没有发展目标，整天浑浑噩噩，或妄自尊大、好高骛远，或自轻自贱、悲观厌世，自然不能算心理健康的。

（四）能保持良好的人际关系

人际关系最能体现和反映人的心理健康状况。心理健康的学生乐于与他人交往，能用尊重、信任、友爱、宽容、理解的态度与人相处，能接受、给予爱和友谊，与集体保持协调的关系，能与他人同心协力，合作共事，乐于助人。

（五）心理行为符合年龄特征

在人的生命发展的不同年龄阶段，都有相应的心理行为表现。心理健康的人，其认识、情感、言行、举止都符合他所处的年龄段。心理健康的大学生应该是精力充沛、勤学好问、反应敏捷、喜欢探索的。过于老成、过于幼稚、过于依赖都是心理不健康的表现。

二、体育锻炼对学生心理健康的影响

（一）改善情绪状态

体育锻炼可以使人获得一种美的享受。凡是美的事物都可以使人获得精神上的快感，或使人兴奋，或使人忘记一切，或使人陶醉。通过体育锻炼，可以使自身更加健美健康。由于体育锻炼大都在室外进行，因此，可以使人享受环境之美、大自然之美，感受大自然的勃勃生机及旺盛的生命力。许多研究发现，体育锻炼可使个体产生良好的情绪状态。例如，Melnman 等人对锻炼后的被试者立即进行了测量，发现他们的状态焦虑、抑郁、紧张和心理紊乱等水平显著降低，而精力和愉快程度显著提高。相对而言，锻炼的长期情绪效用似乎不曾得到很好的证明，但 Hayden 等人研究发现，有规律的锻炼者比没有规律的锻炼者在较长时间内很少焦虑和抑郁。

（二）改善身体表象和身体自尊

身体表象是指头脑中形成的身体图像。身体自尊主要是指个体对自己身体诸方面的满意程度。关于身体表象和身体自尊的早年研究主要集中在有神经症或身体缺陷的人群，但是不久，人们发现正常人群中也普遍存在身体表象障碍。如 Mendelson 报告54％的大学生对他们的体重不满意；与男性相比，女性倾向于高估她们的身高而低估她们的体重，而且身体肥胖的个体更可能有身体表象和身体自尊方面的障碍。自 1983年以来，一些研究发现身体表象与身体自尊与一般的自我概念有关，无论男性还是女性，对身体表象的不满意会使个体的自尊心降低，并产生不安全感和抑郁症状。Turker的研究表明：肌肉力量与身体自尊、情绪稳定性、外向性格和自信心呈正相关，通过力量练习，个体的自我概念显著增强。

（三）增加社会交往，有利于改善人际关系

随着社会经济的发展以及生活节奏的加快，人们越来越缺乏适当的社会关系，体育锻炼成为增进人与人接触的最好方式。参加体育锻炼可使人们产生亲近感，使社会交往的需要得到满足，这有利于消除精神压力和孤独感，并在体育锻炼中找到知音，给个体带来心理上的益处，有利于改善人际关系。

（四）治疗心理疾病

根据 Ryan 的调查，1750 名心理医生中，有 60％的人认为应将体育锻炼作为一个治疗手段来消除焦虑症；80％的人则认为，体育锻炼是治疗抑郁症的有效手段之一。

（五）促进智力发展

体育锻炼是一种积极、主动的活动过程。在此过程中练习者必须有目的地观察、记忆、思维。因此，经常参加体育锻炼能改善人体中枢神经系统，提高大脑皮质的兴奋与抑制的协调作用，使神经系统在兴奋与抑制的交替转移过程得到加强。从而改善大脑皮质神经系统的均衡性和准确性，使得大脑思维的灵活性、协调性、反应速度等得以改善和提高。

第四节　体育锻炼对学生社会适应性的培养

人既是一个生物的生理的人，又是一个社会的人，每个人都在社会中扮演着各种各样不同的社会角色。人在社会中生活，生活就是与人相处，在形形色色的社会交往中表现出不同的社会适应性。与他人相处得好，就意味着他的社会适应性强，因而也必然生活得好。社会适应不良，对人的身心健康会产生消极的影响。社会适应能力差的人常常因人际关系的矛盾而产生心理上的烦恼，并持续地出现焦虑、压抑、愤怒等不良情绪反应。不良的情绪反应可使人的免疫能力下降，进而使生理疾病的发病率大大增加。有研究显示，70％的高血压患者人际关系不好，经常处于紧张状态之中。交际越广泛，寿命越长。英国哲学家弗兰西斯·培根有句名言："如果你把快乐告诉一个朋友，你将得到两个快乐。而你如果把忧愁向一个朋友倾吐，你将被分掉一半忧愁。"这是哲学家对朋友和社会交往作用的深刻概括。

一、体育锻炼的社会价值取向

（一）实现和平相处的愿望

最早的体育活动是随物质与生存条件改变而逐渐开展起来的，就人的社会属性而言，它又是在语言、意识、情感、理性等各种文化行为产生之后，为享受精神文化生活的必然产物。原始社会后期，随着人类生活领域的不断扩大，原始人为表达对神灵的崇敬，通过祭祀而开展的舞蹈、角力等身体练习；为表达狩猎成功后的喜悦心情，通过集体游戏方式开展的身体娱乐活动等，都已不再单纯以求生为目的，而是集中反映了他们对参与社会生活所持的一种平和心态，即通过这些既不属于生存竞争需要，又高于一般生活技能的身体活动，达到在余暇与亲朋好友和同伴沟通情感、建立友谊、和平相处的目的。

现代社会是高科技开创的文明与繁荣，为人类享受生活奠定了丰富的物质基础。但近十几年间，人们在经历了经济高度繁荣之后，为了进一步提高生活质量，世界各国都希望本着和平相处的愿望，以营造良好的人文社会环境，大力提倡用健康、和谐与富于人文精神的观念从事体育锻炼，把"人人享有体育与健康"作为新生活方式的奋斗目标，在全球范围内掀起了大众体育锻炼的热潮。实践证明，正是强调了体育与文化的结合，才使人们得以通过体育锻炼，寻求友谊、合作、公平与和谐；从表现身体与健康观念相融合的生活方式中，体察心态平衡与乐观欢愉的人生价值，并由此为营造和谐与稳定的社会环境发挥它特有的作用。

（二）建立和谐的人际关系

在现实生活中，人们需要通过各种交往方式相互表达情感和传递信息。社会学的研究表明，影响人际关系的主要因素有沟通能力、对身体语言的理解和使用能力、自我抑制水平和迁移能力等。根据体育锻炼活动性质的动态性，追求目标的共同性，以及表现方式的群聚性等特点，体育在把握好影响人际关系的因素，促成良好人际关系的形成等方面，都具有十分重要的价值。

体育锻炼的最佳方式是置个体于社会群体之中。这种由共同运动欲望和追求目标维系的交往方式，既有利于身体运动的非语言接触和语言激励间的互动，也完全符合现代交往的基本要求，使之成为改善不同个性人群相互关系的纽带。在人际交往方面，大多数的体育锻炼者，都希望与志同道合的同伴一起合作，通过身体练习，或一起交流健身经验，或进行一场体育友谊比赛，使同伴之间或对手之间进行的这种感情沟通，都可以达到相互了解和增进友谊的目的。

（三）寻求社会支持的能力

在社会中，任何人都会遇到困难，是否具有为解决困难而寻求社会支持的能力，同样是社会适应性强弱的表现。体育锻炼作为一种个体行为，要想使它达到规范化要求，在寻求社会支持的努力中，除了需要加强与同伴之间的合作，还必须提高主动获取体育与健康知识，以及自我评价体育锻炼效果的能力。比如，在体育锻炼的实施过程中，我们无法事事依赖于课堂体育教育，只要设法求助于报刊、书籍、电视或互联网等大众传媒，通过查阅与检索资料，或从多媒体虚拟技术中直接获取信息，同样能够从中受益，学会用科学的方法指导自己的体育实践，从而加强了体育锻炼与社会生活之间的联系。

这种社会求助能力一旦在体育锻炼中得到提高，还可以通过迁移作用，间接影响人们的其他日常生活与工作。任何个体行为，如不能打破自我封闭的生存、生活与教育环境，设法提高寻求社会支持的能力，那就无法改变孤立无援的处境，难以使个体从汲取社会的知识与经验中，获得解决问题与适应社会的能力。相反，如果重视体育锻炼在主动获取知识方面的价值取向，就可以设法在指导自我体育锻炼的行为中，更广泛了解社会传媒为之提供的信息资源，学会制定和改进体育锻炼计划等。总之，当你有了这种求助社会支持的能力之后，就可以突破传统教育模式的限制，很自然地把传播体育知识与体育健身、娱乐结合起来，不仅可以加强体育锻炼的社会适应性，还会加速个体的社会化进程。

（四）陶冶良好的道德情操

21世纪已进入人类精神发展的新纪元，为了适应更丰富的人文精神的科学时代对人格教育的要求，体育锻炼尽管以强身健体为目标，但仍必须重视它在陶冶道德情操方面所起的重要作用，按现代生活所追求的"走向繁荣和文化"的总目标，使之直接为完善"人的发展"服务。为此，不仅要重视知识获取与促进健康实效，还应关注人的个性发展与健康人格培养等非智力因素，并按照陶冶道德情操的要求，体验集体活动与个人活动的区别，强调合作精神、友谊关爱、尊重同伴以及表现意志等方面的价值，这样才能更有效地协调、促进健康与品德修养之间的关系，使体育锻炼既影响人的生长和发育，又影响个性发展、行为规范和道德修养。显而易见，正是由于上述价值的充分肯定，故而要求每个体育锻炼者，要把自己的视野扩大到社会领域，通过积极参与社区体育，了解国家的体育与健康政策，提高为公众服务的意识与信念；还应提高社会责任感，把自己的体育锻炼行为作为置身社会环境的一种集体活动，通过主动接受社会行为规范的约束，不断提高思想道德水平。

二、体育锻炼的社会适应性培养

（一）培养适应社会的参与意识

在现实生活中，任何人的某种行为，都必然指向明确的目标，并受自我意识的支配。体育锻炼中的参与意识，即指在实施该行为前对自身状态的确认。鉴于这种确认是在满足内在需要与外在刺激前提下，对什么是正当、合理与有益行为的一种判断，在正确动机产生的同时，使参与体育锻炼的主动意识得到不断提高。体育锻炼的形式多样，内容丰富多彩，且不受更多条件的限制，加之它具有强身健体、娱乐消遣的特殊功能，不仅是人类提高生活质量的需要，也完全符合现代社会的生活理念，所以，不分肤色、贫富、种族、信仰、年龄和性别，几乎人人都有权拥有并乐于接受。这表明，体育锻炼以它鲜明的公众效益和自由运动原则，为每个人提供了平等参与的机会。应该指出的是，尽管体育锻炼的开放性与包容性，可以很容易吸引大多数人，但若仅凭一时兴趣，而无适应社会需要的主动参与愿望，那即便是从事跑步、做操、打拳这样简单的体育锻炼，也会因缺乏明确的参与动机，使参与者难以忍受锻炼中的艰苦、乏味，不能体味成功后的喜悦和领悟它对适应社会的真正价值。

（二）培养适应社会的个性特征

个性是个体在其生理和心理先天素质的基础上，受一定社会环境条件影响，通过实践锻炼和陶冶，逐步形成的观念、态度、习惯和行为。通常认为，个性又以个体在生活空间的人性或行为方式为基本特征，除具有相当稳定的统一性外，也是个体能否适应社会或被社会接受的关键因素。人们的个性心理特性包括人的能力、气质和性格等内容，其中尤以性格产生的影响最为重要。人的性格多种多样，有的人热情、坚定、果断，有的人冷漠、动摇、懦弱，有的人固执、自信、骄傲，也有的人优柔、谦和、自卑。但不管哪一种性格，都有很强的遗传性倾向，且依其和环境因素的相互作用而形成和改变。至于它和体育锻炼之间的联系，主要表现在对参与体育锻炼的兴趣、态度、动机与完成运动的能力等方面。研究表明，具有外向、活泼性格特征的人，通常易激发自己的运动兴趣；凡自卑感重、攻击性少、不活泼、不稳定，具有温顺、内向等消极性格特点的人，则较少有主动从事体育锻炼的欲望。不同的性格，对运动态度的影响更为明显，如求胜欲望过高的人，往往在人与人之间的关系方面处于不适应状态，且具有以自我为中心、控制能力差、易出现冲动行为、对别人的需要和感情很少关心等特点。

实践中，若将个体锻炼与集体从事体育锻炼相比，通常个体行为易表现控制性、冒险性、感受性、内向性、急进性和自我满足性等性格特征；而集体锻炼则更具有社会的外向性，参与者大都能表现比较开朗的性格，但想要取得主导地位的人也相对较多，致使他们经常会处于矛盾与冲突中。因此，为了培养适应社会需要的个性特征，在参加集体运动项目的锻炼中，强调相互协调与配合，加强个性的自我约束机制，不断提高公众意识、集体荣誉感、道德责任感等，如此才能在复杂情感的体验中，按照集体利益的行为准则，使自己的个性获得理性上的转移，最终在行动上达到与同伴合作的目的。

（三）培养适应社会的角色观念

在复杂的社会结构中，需要有多种特定权利、义务和行为规范的人员组成。每个人若要在社会中生活，就必须凭借自己的知识与能力，在工作岗位上充当一名角色，各司其职地为社会公众服务。体育锻炼的社会性功能，就在于它能为培养适应社会的角色观念创造优越的环境与适宜的条件，其中有许多特定的锻炼方式与组合，又为参与者提供了尝试充当各种角色的机会。假如，你采取的锻炼方式属于个体行为，那就需要有独立"扮演"角色的能力，学会按科学规律制定锻炼计划、掌握运动负荷与评价锻炼的效果，在遇到困难时，如何去寻求社会支持系统的帮助。但即使是独立的个体角色扮演，同样也会给你提供一种以自愿的方式与别人进行练习交流的机会。比如，你独自在篮球场练习投篮，一旦得到"三缺一"的信息，你就会非常乐意接受别人的邀请，加入到群体活动的行列。这表明，体育锻炼的任何个体行为不可能完全脱离社会环境的制约，特别在以群团组合的社会关系中，每个人都必须尽其所长为自己选择一个角色，并竭尽全力按其所处地位体现其权利、义务和相应的行为，设法尽力显示自己的才华与能力，在竞争中巩固自己的角色地位。必须指出，凡属群团组合的体育锻炼，无论个体想要扮演什么角色，他们都必须分工明确且又互为关联。至于其组合是否合理，也不完全取决于个人对承担角色的认可，而是要以被群团其他成员接受为前提，并以能否实现群团目标作为检验每个成员是否胜任角色的标准。这表明，在与同伴合作体育锻炼中，唯有使个体的角色行为被同伴信赖，或能够产生良好的综合效应，才算这种角色分工具有真正的社会价值。比如，无论是组织锻炼小组、开展游戏活动，或相约同伴举行一场友谊比赛，究竟应由谁承担组织领导者，由谁充当追随支持者，都要根据每个人的特长与能力，在事前有个明确的分工。如果各自的角色一旦确定，那每个成员就有在该位置上发挥作用的权利，同时也要对角色要求承担相应的义务，这样才能通过不同角色行为的协调，产生有利于互动的社会关系。其实，我们通常强调的协作意识和团队精神，就是通过体育锻炼对培养角色观念的一种具体要求。

（四）培养适应社会的生活方式

人类进入 21 世纪，随着生产方式的根本转变，由高科技开创的文明与繁荣，使人们的生活水平有了极大的提高。此时，尽管空闲时间不断增多，但由于劳动性质改变、生活节奏加快与人际关系复杂等因素，导致现代文明病多有发生。基于这种现状，为了防止体力衰退，重新学会生存，提高生活质量，人们急需选择文明、和谐、健康、活泼的活动方式去善度余暇。人们在对各种活动方式进行认真比较之后，更寄希望于丰富多彩的体育锻炼，把它作为现代生活方式的一种重要手段，成了未来社会发展中人类最明智的选择。由体育锻炼表现的动态性、趣味性、娱乐性、保健性与休闲性，不仅可以通过人的肢体活动，使高度疲劳的神经系统得以休息，而且还有缓释精神紧张、调节身心平衡、提高健康水平的功能。

面对现代生活节奏加快的不可逆转性，为了解决身体对社会的不适应性，人们通过体育锻炼掌握运动技能，并以这种快速、敏捷的活动方式，提高人体对快节奏生产、生活的应变与耐受能力；为了消除精神对社会的不适应性，人们通过户外运动拓宽生活领域，并以这种回归自然本原的活动方式，克服对快节奏生活的抵触、恐惧、烦怨和焦虑等心理障碍。正是体育锻炼的这种特性，才使它在现代化生产劳动中，能够预防和消除许多精神和肉体的不适应症。实践证明，体育锻炼所具有的自我肯定和激励情感以及对抑制焦虑、缓释消极情绪所起的积极作用，体育锻炼在培养团结协作、改善人际关系方面所具有的功能，体育锻炼在转移受压抑、挫折心境时所起的良好作用，体育锻炼在改善血液循环和中枢神经系统功能等方面，都为建立"体育生活方式"、增进身心健康、适应生存竞争和享受生活乐趣提供了科学依据。

思考题 »»

1. 健康的标准是什么？大学生如何树立正确的健康观？
2. 阐述影响健康的因素。
3. 大学生如何应对亚健康状态？
4. 阐述体育锻炼对人的身体健康有哪些影响。
5. 阐述体育锻炼如何促进人的心理和行为的健康？

第三章　奥林匹克运动

学习目标 »»»

1. 了解奥运会的起源、标志、会旗、格言和精神等，了解古代奥运会的历史和概况。
2. 了解现代奥运会的诞生和发展；奥运会的仪式和比赛项目。
3. 了解中国与奥林匹克运动的早期历史；重返奥运的历程和扬威奥运的历史篇章。
4. 铭记 2008 年北京奥运会的历史意义。

第一节　奥林匹克运动由来

一、奥运会概述

奥林匹克运动会（Olympic Games），简称"奥运会"，是一个由国际奥林匹克委员会主办的国际性综合运动会，包括夏季奥林匹克运动会、冬季奥林匹克运动会、青少年奥林匹克运动会、残疾人奥林匹克运动会、听障奥林匹克运动会和特殊奥林匹克运动会。奥林匹克运动会每四年举办一次（曾在两次世界大战中中断三次，分别为公元 1916 年、1940 年和1944 年），每届会期不超过 16 天。

奥林匹克运动会因起源于古希腊奥林匹亚（Olympia）而得名。古代奥运会从公元前776 年到公元 394 年，共举行了 293 届，后被罗马皇帝狄奥多西一世以邪教活动罪名而废止。1894 年在巴黎召开的国际体育会议，根据法国贵族皮埃尔·德·顾拜旦（Pierre de Coubertin）的倡议成立了国际奥委会，并决定恢复奥运会。现代第一届奥运会于 1896 年在希腊雅典举行，此后在世界各地轮流举行。由于 1924 年开始设立了冬季奥林匹克运动会，因此奥林匹克运动会习惯上又称为"夏季奥林匹克运动会"。

（一）奥运会标志

奥运五色环标志象征着五大洲团结。奥林匹克运动有一系列独特而鲜明的象征性标志，如奥林匹克标志、格言、奥运会会旗、会歌、会徽、奖牌、吉祥物等。这些标志有着丰富的文化含义，形象地体现了奥林匹克理想的价值取向和文化内涵。《奥林匹克宪章》规定，奥林匹克标志、奥林匹克会旗、奥林匹克格言和奥林匹克会歌的产权属于国际奥委会专有。国际奥委会可采取一切适当措施使奥林匹克标志、会旗、格言和会歌在各国和国际上获得法律保护。

（二）会旗

奥林匹克会旗于 1913 年由顾拜旦亲自设计，长 3 米，宽 2 米。1914 年为庆祝现代奥林匹克运动恢复 20 周年，在巴黎举行的奥林匹克代表大会上首次升起。1920 年安特卫普奥运会正式采用。奥林匹克会旗上面是蓝黑红三环，下面是黄绿两环。五环代表五大洲的团结和全世界的运动员在奥林匹克运动会上相聚一堂。

（三）会歌

该圣歌在 1896 年第一届夏季奥林匹克运动会开幕式上首次演唱，但当时并未确定其为奥运会会歌。20 世纪 50 年代后有人建议重新创作新曲，作为永久性的会歌，但几经尝试都不能令人满意。国际奥委会在 1958 年于东京举行的第 55 次全运会上最后确定还是用《奥林匹克圣歌》（《撒马拉斯颂歌》）作为奥林匹克会歌。其乐谱存放于国际奥委会总部。从此以后，在每届奥运会的开、闭幕式上都能听到这首悠扬的古希腊乐曲。

（四）格言

奥林匹克格言（Olympic Motto）亦称奥林匹克口号。奥林匹克运动有一句著名的格言："更快、更高、更强（Citius，Altius，Fortius）"。这一格言是顾拜旦的好友、巴黎阿奎埃尔修道院院长迪东（Henri Didon）在他的学生举行的一次户外运动会上，鼓励学生们时说过的一句话，他说："在这里，你们的口号是：更快、更高、更强。"

顾拜旦借用过来将这句话用于奥林匹克运动。他曾经对此提出自己的理解，这或许是对奥林匹克精神最好的阐释：奥运会最重要的不是胜利，而是参与；正如在生活中最重要的事情不是成功，而是奋斗；最本质的事情并不是征服，而是奋力拼搏。

1920 年，国际奥委会将其正式确认"更快、更高、更强"为奥林匹克格言，在 1920 年安特卫普奥运会上首次使用。此后，奥林匹克格言的拉丁文"Citius，Altius，Fortius"出现在国际奥委会的各种出版物上。奥林匹克格言充分表达了奥林匹克运动所倡导的不断进取、永不满足的奋斗精神。虽然只有短短的 6 个字，但其含义却非常丰富，它不仅表示在竞技运动中要不畏强手、敢于斗争、敢于胜利，而且鼓励人们在自己的生活和工作中不甘于平庸，要朝气蓬勃、永远进取、超越自我，将自己的潜能发挥到极限。

（五）精神

《奥林匹克宪章》指出，奥林匹克精神就是相互了解、友谊、团结和公平竞争的精神。奥林匹克精神对奥林匹克运动具有十分重要的指导作用。首先，奥林匹克精神强调对文化差异的容忍和理解。其次，奥林匹克精神强调竞技运动的公平与公正。人人平等，实现更高、更快、更强的理想。正如已故美国著名黑人田径运动员杰西·欧文斯所说"在体育运动中，人们学到的不仅仅是比赛，还有尊重他人、生活伦理、如何度过自己的一生以及如何对待自己的同类。"

二、古代奥运会

（一）古代奥运会的历史

古希腊人于公元前 776 年规定每 4 年在奥林匹亚举办一次运动会。运动会举行期间，全希腊选手及附近的黎民百姓相聚于奥林匹亚这个希腊南部风景秀丽的小镇。公元前 776 年在这里举行第一届奥运会时，多利亚人克洛斯在 192.27 米短跑比赛中取得冠军，成为国际奥林匹克运动会荣获第一个项目的第一个桂冠的人。后来，古希腊运动会的规模逐渐扩大，并成为显示民族精神的盛会。比赛的优胜者获得月桂、野橄榄和棕榈编织的花环等。

从公元前 776 年开始，到公元 394 年止，历经 1000 多年，共举行了 293 届古代奥林匹克运动会。按其起源、盛衰，大致分为三个时期。

1. 公元前 776 年至公元前 388 年，发起和兴盛

公元前 776 年，伯罗奔尼撒的统治者伊菲图斯努力使宗教与体育竞技合为一体。它不仅革新宗教仪式，还组织大规模的体育竞技、活动，并决定每 4 年举行一次。时间定在闰年的夏至之后。所以公元前 776 年的古代奥林匹克运动会就正式载入史册，成为古代奥运会的第 1 届。当时仅有一个比赛项目，即距离为 192.27 米的场地跑。

这一时期各城邦之间虽有纷争，但希腊是一个独立的国家，政治、经济、文化都较发达，是运动会的黄金时期。特别是公元前 490 年，希腊雅典在马拉松河谷大败波斯军之后，民情奋发，国威大振，兴建了许多运动设施、庙宇等，参赛者遍及希腊各个城邦，奥运会盛极一时，成为希腊最盛大的节日。

2. 公元前 388 年至公元前 146 年，开始衰落

由于斯巴达和雅典长期的伯罗奔尼撒战争（公元前 431 年至公元前 404 年），希腊国力大减，马其顿逐渐吞并了希腊。马其顿君王菲利普还亲自参加了赛马。随后亚历山大大帝虽自己不喜爱体育活动，仍积极支持，并视奥运会为古希腊的最高体育活动开幕式，为其增添设施。不过，这一时期古奥运会精神已大为减色，并开始出现职业运动员。

3. 公元前 146 年至公元 394 年，古奥运会由衰落走向毁灭

罗马帝国统治希腊后，起初仍举行运动会，但奥林匹亚已不是唯一竞赛地了。如公元前 80 年第 175 届奥运会，罗马独裁者苏拉就把优秀竞技者召集在罗马比赛，而奥林匹亚只举行了少年赛。这时职业运动员已开始大量出现，奥运会成了职业选手的比赛，希腊人对之失去了兴趣。公元 2 世纪后，基督教统治了包括希腊在内的整个欧洲，倡导禁欲主义，主张灵肉分开，反对体育运动，使欧洲处于一个黑暗时代，奥运会也随之更趋衰落，直至名存实亡。公元 393 年罗马皇帝狄奥多西一世宣布基督教为国教，认为奥运会有违基督教教旨，是异教徒活动，翌年宣布废止古奥运会。公元 395 年，拜占庭人与歌德人在阿尔菲斯河发生激战，使奥林匹亚各项设施毁失殆尽。公元 426 年，狄奥多西二世烧毁了奥林匹亚建筑物的残余部分。公元 522、511 年接连发生的两次强烈地震，使奥林匹亚遭到了彻底毁灭。从此顺延了 1000 余年的古代奥运会不复存在，繁荣的奥林匹亚变成了一片废墟。

（二）古代奥运会概况

1. 古代奥运会的比赛场地

最初的奥运会比赛是在奥林匹亚村的阿尔齐斯神域内进行的，后来在神域的东北角修建了一块长方形运动场，周围有依天然地形修成的看台。运动场跑道宽 32 米，每次可供 20 名选手同时比赛，长为 192 米。起跑线用石条铺成，上面刻有两道平行的小槽，供运动员起跑时使用。

2. 古代奥运会的盛况

古代奥运会不仅是一种竞技大会，在它延续一千多年的时间里，实际上是古希腊人的一个全国性节日。"神圣休战"宣布之后，成千上万的人便向奥林匹亚涌去，在那里，各城邦的代表参加祭祀活动和游行；政治使节缔结条约；艺术家展出作品；学者和教师研讨学术；雄辩家发表演说；商人展售商品；人们穿着最华贵的衣服，带着最珍奇的珠宝，彼此炫耀自己的富裕。

　　各城邦派出的优秀选手则在竞技场上奋勇拼搏，他们赤身裸体进入赛场，向神和观众展示他们超人的体能、健美的身体和良好的教养。

　　奥运会的盛况大大超出了竞技比赛的范围，它是希腊宗教、政治、经济和文化的重要组成部分，起到了推动政治交流、促进贸易发展、繁荣希腊文化、融合民族感情的作用，它使全希腊人民在和平的气氛中欢聚一堂，其丰富的内容和壮观的场面，形成了全希腊最盛大的节日。

　　最初，奥运会竞技比赛项目主要是田径，后来逐渐增加了摔跤、五项全能、拳击、赛马、角斗，以及战车赛、武装赛跑等等，最多时达23项。

3. 古代奥运会授奖仪式

　　古代奥运会的授奖仪式庄严而隆重。授奖台设在宙斯像前，橄榄冠放在一个特制的三脚台上。授奖时，先由报道官宣布运动员的姓名、比赛成绩、所属的城邦及运动员父母的名字。然后由司仪把优胜者领到主持人面前，主持人起身，将橄榄冠从三脚台上取下来，给优胜者戴上。这时，观众唱歌、诵诗、奏乐、欢呼，并向运动员投掷鲜花。古代奥运会对获胜运动员的奖励，虽曾多次改变，但原则都是着重于精神奖励。物质奖励也有，但相当微薄。

　　以橄榄枝作为古代奥运会的精神，作为奥林匹克运动精神的象征，寓意深刻，影响久远。古希腊人认为，橄榄树是雅典保护神雅典娜带到人间的，是神赐予人类和平与幸福的象征，因此用橄榄枝编织的橄榄冠是最神圣的奖品，能获得它是最高的荣誉。据说，用于编织桂冠的橄榄枝必须得由一个双亲健在的12岁儿童，用纯金刀子从神树上割下来，然后精心编制。

　　在奥林匹亚举行的授奖仪式结束后，优胜者便可陆续还乡。这时，各城邦还将为他们的优胜者凯旋归来而组织盛大的庆典活动。后来希腊还规定免去优胜运动员对国家的义务，在剧场或节日盛会上为他们设置荣誉座位，个别城邦还发给有功绩的运动员终身津贴。

4. 古代奥运会的圣火

　　古代奥运会召开前，依照宗教规定人们聚集在奥林匹亚宙斯神庙前，举行庄严肃穆的仪式，从祭坛点燃火炬，然后奔赴希腊各个城邦。火炬手高举火炬，一边奔跑，一边呼喊：停止一切战争，参加运动会！火炬像一道严格的命令，有至高无上的权力，火炬到哪里，哪里的战火就熄灭了。即使是在激烈厮杀的城邦也都纷纷放下武器，神圣休战开始了。希腊又恢复了和平的生活，人们忘记了仇恨，忘记了战争，都奔向奥林匹亚参加奥林匹克运动会。

5. 古代奥运会的特色

　　古代奥运会有三大特色。第一，古代奥运会是以祭神为主，内容丰富多彩，是形式多样的全希腊综合盛会。包括祭祀天神宙斯、朝拜、祝寿众神、诗人朗诵作品、演说家发表祝词、开展集市贸易等活动，体育竞技仅作为其中的一项内容。第二，古代奥运会是希腊各民族文化的一部分，它起到了团结各族人民，维护国家统一，减少和制止战争的积极作用，与政治有着极为密切的关系。第三，由古希腊的风俗习惯、艺术风格、地理环境和物质生产等因素决定，"赤身运动"是它的一大特色。比赛时，要求裸体的运动员全身涂上橄榄油，以使身体在阳光的照射下熠熠生光，肌肉更富有弹性，更加显示运动员健美的体态。另外，古希腊奥运会的规则规定：禁止女子参加和参观比赛，违反者要受到极刑处置。

第二节　现代奥林匹克运动

一、现代奥林匹克运动的诞生

1893 年，根据"奥运之父"顾拜旦的建议，在巴黎举行了讨论复兴奥运会问题的国际性体育会议。1894 年 1 月，顾拜旦草拟了复兴奥运会的具体步骤和需要探讨的 10 个问题，致函各国体育组织和团体。6 月 16 日，"国际体育运动代表大会"在巴黎索邦神学院开幕，到会代表 79 人，代表着 12 个国家的 49 个体育组织。有 2000 人参加了开幕式。大会通过了《复兴奥林匹克运动》的决议。6 月 23 日成立了国际奥林匹克委员会。国际奥林匹克委员会的成立，标志着奥林匹克运动的诞生。

奥林匹克运动是在奥林匹克主义指导下，以体育运动和四年一度的奥林匹克庆典——奥运会为主要活动内容，促进人的生理、心理和社会道德全面发展，沟通各国人民之间的相互了解，在全世界普及奥林匹克主义，维护世界和平的国际社会运动。奥林匹克运动包括以奥林匹克主义为核心的思想体系，以国际奥委会、国际单项体育联合会和各国奥委会为骨干的组织体系和以奥运会为周期的活动体系。

1894 年 6 月 23 日，当顾拜旦与 12 个国家的 79 名代表决定成立国际奥委会、开创奥林匹克运动时，这一壮举曾一度成为人们讽刺的对象。而在百年之后的今天，奥运会已成为普天同庆的节日，奥林匹克运动也吸引了 202 个国家和地区的积极参与。

1998 年，著名的《生活》杂志刊载了历史学家精选的过去千年中最重要的 1000 个事件和人物，1896 年顾拜旦恢复奥运会的壮举也跻身其中，被誉为千年盛事之一。

奥林匹克运动是人类社会的一个罕见的杰作，它将体育运动的多种功能发挥得淋漓尽致，影响力远远超出了体育的范畴，在当代世界的政治、经济、哲学、文化、艺术和新闻媒介等诸多方面产生了一系列不容忽视的影响。奥林匹克运动不仅构成了现代社会所特有的体育文化景观，以其特有的文化魅力愉悦人们的身心，更以其强烈的人文精神催人奋进，生生不已。

奥林匹克运动是时代的产物，工业革命大大扩展了世界各民族之间在经济、政治和文化等方面的联系，各国交往日益密切，迫切需要以各种沟通手段来加强国际间的相互了解。奥林匹克运动正是为适应这种社会需要而出现的，是人类社会发展到一定阶段的必然产物。

二、现代奥林匹克运动的发展

奥林匹克运动自 1894 年国际奥委会成立至今，已有一个世纪的历程。其发展可分为四个阶段。

（一）奥林匹克运动的初创时期（1894～第一次世界大战）

从 1894 年到 1914 年第一次世界大战前，正值世界性的政治经济关系发生急剧变化时期，各种民族主义和排外心理妨碍了正常的国际交往。现代运动项目仅在少数欧洲国家有所开展，世界范围的体育竞赛活动很少进行。奥林匹克运动尚处于一种摸索阶段。奥运会也还未形成一定的举办模式，如项目设置稳定性差、场地设施简陋、财政困难、会期不固定、裁判员执法不公，以及参赛资格缺乏明确规定等。

1908 年奥运会实施了标准化和规范化管理，为未来奥运会的举办构建了基本框架。1912 年奥运会是这一时期最成功的奥运会，从参赛国家、运动员人数、场地设施到组织工作都有较大提高，第一次实现了顾拜旦所期望的：没有事故、没有抗议、没有民族沙文主义仇恨的奥运会。

这一时期存在的主要问题是国际奥委会、国际单项体育组织和国家奥委会还都只是一个松散的机构。国际奥委会尚未认识到奥运会是国际奥委会委托给某个城市承办的，放弃了领导和监督权，以致奥运会一切事宜均由东道主随意安排。由于不允许妇女正式参加奥运会，不但使奥运会的广泛性存在重大的缺陷，而且也使女子体育发展受到阻碍。

（二）奥林匹克运动的形成时期（1914～第二次世界大战）

因第一次世界大战而中断的奥林匹克运动会于 1920 年重新进行。国际奥委会从实践中意识到奥运会规范化的重要性，整个奥运会的基本框架、运行机制和基本性在这一时期基本形成，具体表现在：比赛项目的设置逐渐趋向合理；比赛设施进一步完善；会期基本固定；申办、举办程序基本确立，并基本解决了有关运动员的参赛资格问题。先进的技术开始应用到比赛中去，如电子计时器、终点摄影仪、自动打印机、闭路电视转播等。自 1928 年起，女子田径项目纳入正式比赛，这一重要变化对奥林匹克运动的普及性和号召力起到了推动作用。另一重要发展是有了冬季奥运会，它使奥林匹克运动的覆盖面大大增加。

这一时期，奥林匹克运动的组织机构也得到发展，国家奥委会由第一次世界大战前的 29 个增加到 60 个，为奥林匹克思想在世界各地的传播作出了重要贡献。与此同时，各国际单项体育组织也相继成立，通过国际奥委会与各国际单项体育组织和各国家奥委会的协调，使国际奥委会摆脱了每届奥运会都存在的具体技术事务，而更多地在领导、协调、决策等更高的层次发挥作用。

这一阶段存在的一个重要问题是政治对奥林匹克运动的影响日益加重，如 1936 年柏林奥运会，虽在许多方面优于以往各届，但被希特勒用以向世界炫耀自己的实力，违背了奥林匹克和平、友谊、进步的宗旨。

（三）奥林匹克运动的发展时期（1946～1980 年）

第二次世界大战结束后，世界政治格局形成了东西方两大政治集团对峙的局面，这对奥林匹克运动的发展产生了重大影响。另一方面，战后各国经济振兴和科技发展，促进了奥林匹克运动的发展。

由于苏联及新兴独立国家的参加，这一时期奥运会每届参赛国家和人数以及竞赛项目都在增加；与此同时，顾拜旦关于在各大洲轮流举办奥运会的设想得以实现；各洲范围的运动会、伤残人奥运会也相继产生。随着竞技运动的普及，竞技运动水平也迅速提高，非洲体育开始崛起。在奥运会上形成美国和苏联争强的局面。奥运会比赛场地及各种配套设施较之前有很大的发展，奥运会向大型化、艺术化方向发展。先进的电子设备，以及性别和违禁药物检查，使比赛的公正性得到加强。历届奥运会，促使举办城市的各种市政建设也大为改善，并为其在比赛后继续发挥作用奠定了基础。奥运会的举办资金也由单纯的政府拨款和私人捐赠向以政府拨款、社会捐资和出售电视转播权、发行彩票相结合的多种形式方向转变。

这一时期的奥林匹克组织已不单纯是一个体育机构，它与国家、社会各部门的关系日益密切。政治对奥运会的影响也更趋明显、复杂、尖锐、各种势力集团都想通过这个舞台来达到自己的目的。此外，兴奋剂问题、奥运会承办国财政负担过重等问题都提到重要议程。三大支柱之间出现了裂痕，经济上也危机四起，这种局面从 1972 年基拉宁担任主席后才有所改变。

（四）奥林匹克运动的改革时期（1980 年～至今）

进入 80 年代，在萨马兰奇的领导下，针对奥林匹克运动所面临的各种问题进行了大规模的变革。过去的那种"独立性"原则，即在经济上不谋利，政治上不同政府联系的做法已不适应新时期的需要。人们对奥林匹克运动的要求不只限于 4 年一度的奥运会，奥林匹克运动已参与了更加广阔的领域。国际奥委会在文化教育、科学技术方面注重了奥林匹克思想的传播。通过一系列活动，如举办奥林匹克艺术节，建立博物馆，举办"奥林匹克日"纪念活动，定期召开奥林匹克科技大会等，都起到很好的宣传作用。1992 年巴塞罗那奥运会参加国家和地区已增至 172 个，比赛项目达 257 个。

在组织结构上的自我更新与完善，使国际奥委会同其他各个机构的联系日益密切，自 80 年代以来，国际奥委会建立了包括主席、各类专业人员在内的长驻机构——洛桑总部，保证了总部机构对各方面的领导。自 1981 年起国际奥委会第一次有了正式的法律地位，从而得以法人的身份参与处理各种重大事务，经济上大胆进行商业性开发，利用各种活动创造财富，为奥林匹克运动的发展创造一个良好的经济基础。从 23 届奥运会开始连续几届的奥运会主办国均未出现赤字。经济上的盈利，极大地调动了主办国家搞好奥运会的积极性。

这一时期发生的重要变化是在肯定政治对体育的作用的同时，强调体育不应听命于任何一个国家的指挥；在肯定商业化的同时，对商业化采取一定的限制措施，并废除了参赛者业余身份的原则，使奥运会向所有优秀的运动员开放。这种务实的态度，促进了奥林匹克运动向健康的方向发展。

奥林匹克运动从初期的探索到自身模式的基本形成，从第二次世界大战后的发展到停滞，以后又经 80 年代以来的改革，终于进入了一个生机勃勃的发展阶段。

三、现代奥林匹克运动会仪式

（一）开幕式

（1）进场。奥运会组委会主席宣布开幕式开始。国际奥委会主席和奥运会组委会主席在运动场入口迎接东道国国家元首，并引导他们到专席就座。各代表团按主办国语言的字母顺序列队入场，但希腊和东道国代表团例外，希腊代表团最先入场，东道国最后。

（2）讲话升旗。奥运会组委会主席讲话，国际奥委会主席讲话，东道国国家元首宣布奥运会开幕。奏《奥林匹克圣歌》，同时奥林匹克会旗以水平展开形式进入运动会场，并从赛场的旗杆上升起。

（3）点燃火炬。奥林匹克火炬接力跑，进入运动场，最后一名接力运动员沿跑道绕场一周后，点燃奥林匹克圣火，然后放飞和平鸽。

（4）运动员宣誓。各代表团的旗子绕讲台形成半圆形，主办国的一名运动员登上讲台。他左手执奥林匹克旗的一角，举右手，宣读以下誓言："我以全体运动员的名义，保证为了体育的光荣和我们运动队的荣誉，以真正的体育道德精神参加本届奥林匹克运动会，尊重并遵守指导运动会的各项规则"。

（5）裁判员宣誓。紧接着，主办国的一名裁判员登上讲台，以同样的方式宣读以下誓言："我以全体裁判员和官员的名义，保证以真正的体育道德精神，完全公开地执行本届奥林匹克运动会的职务，尊重并遵守指导运动会的各项规则"。

（6）奏乐退场。奏或唱主办国的国歌，各代表团依次退场。

（7）文艺表演。这些仪式结束以后，是团体操或其他文艺表演。这是历届奥运会开幕式工作量最大、准备时间最长、花费最多的项目。东道国往往提前一两年即开始准备，并挖空心思，以期能以恢弘的气势、独特的民族精神吸引来宾。开幕式的成败与否，在很大程度上取决于团体操和文艺表演的效果。

（8）运动员入场。

（二）闭幕式

闭幕式首先由各代表团的旗手按开幕式的顺序一列纵队进场，在他们后面是不分国籍的运动员队伍，旗手在讲台后形成半圆形。

国际奥委会主席和当届奥运会组委会主席登上讲台，希腊国旗从升冠军国旗的中央旗杆右侧的旗杆升起，主办国国旗从中央旗杆升起，下届奥运会主办国的国旗从左侧旗杆升起。主办城市市长登上讲台，并把会旗交给国际奥委会主席，国际奥委会主席把旗交给下届奥运会主办城市的市长。

奥运会组委会主席讲话，国际奥委会主席致闭幕词。紧接着，奥林匹克圣火在号声中熄灭，奏《奥林匹克圣歌》的同时，奥林匹克会旗徐徐降下，并以水平展开形式送出运动场，旗手紧随其后退场。同时奏响欢送乐曲，各代表团退场。

最后，进行精彩的文艺表演。由主办国把奥运会旗帜转交给下届主办国代表。缓缓熄灭圣火。

（三）颁奖仪式

在奥运会期间，奖章应由国际奥委会主席（或由他选定的委员）在有关的国际单项体育联合会主席（或其代表）陪同下颁发。通常情况下，在每项比赛结束后，立即在举行比赛的场地以下述方式颁奖：获得前三名的运动员身着正式服装或运动服登上领奖台，面向官员席。冠军所站的位置稍高，然后宣布他们的名字。冠军代表团的旗帜应从中央旗杆升起，第二名和第三名代表团的旗帜分别从紧靠中央旗杆右和左侧的旗杆升起。奏响冠军代表团的国歌时，奖章获得者应面向旗帜。

四、现代奥林匹克运动会比赛项目

（一）夏季奥运会比赛项目

田径、篮球、足球、摔跤、柔道、举重、射击、射箭、击剑、赛艇、马术、拳击、手球、网球、棒球、垒球、跆拳道、羽毛球、皮划艇、乒乓球、曲棍球、自行车、帆船帆板、体操（含艺术体操）、排球（含沙滩排球）、游泳（含跳水、水球、花样游泳）、铁人三项、现代五项。

（二）冬季奥运会比赛项目

速度滑冰、短跑道速度滑冰、高山滑雪、自由式滑雪、越野滑雪、北欧两项、跳台滑雪、现代冬季两项、雪橇、雪车、花样滑冰、冰壶、冰球、滑板滑雪。

（三）成为奥运会正式项目的基本条件

一个项目如果要设置为奥运会正式比赛项目，就必须满足以下基本条件。

只有在至少四个洲75个以上国家开展的男子体育运动项目/分项和至少在三个洲40个以上国家开展的女子体育运动项目/分项才能被列为夏季奥运会比赛项目。

只有在至少三个洲25个以上国家中开展的体育运动项目才能被列为冬季奥运会比赛项目。

奥运会中运动小项是运动项目或分项中的一项比赛，在奥运会中需要产生名次，并颁发奖章和奖状以作为奖励。运动小项在被列为奥运会的正式比赛项目之前，首要的也是最重要的要求是在世界范围内有足够的开展这个项目的人数和地域，并且已经举行过至少两次洲际锦标赛。主要依赖机械动力推进的项目、分项和小项不能被列为奥运会比赛项目。

除正式比赛项目外，国际奥委会还授权东道国，可将本国开展较为普及的非奥运会正式项目的1～3个列为当届奥运会的表演赛，其他国家亦可派队参加。作为非正式比赛，获胜者不发给奖牌。

第三节　中国与奥林匹克运动

一、早期历史——历尽沧桑 历史作证

中国与奥林匹克运动的联系最早可以追溯到1894年。当时，中国清政府曾经接到了希腊王储和近代奥运会发起人皮埃尔·德·顾拜旦代表国际奥委会发出的邀请书。但由于昏庸的清政府不知"体育"为何物而未作答复。

1904年许多中国报刊曾报道过第三届奥运会消息。1906年中国的一家杂志介绍了奥林匹克历史。

1907年10月24日著名教育家中国奥委会第一任主席张伯苓先生在天津学界运动会发奖仪式上，以奥林匹克为题发表了著名的演说。他指出，虽然许多欧洲国家获奖机会甚微，但仍然派出选手参加奥运会。他建议中国组队参加奥运会。

1908年伦敦奥运会后，天津一家报纸再次介绍了奥林匹克运动的历史，还提出要争取这一盛会在中国举行。天津体育界人士用幻灯展示了伦敦奥运会的盛况，举办了奥林匹克专题演讲会。

1910年10月18日至22日，在"争取早日参加奥运会"和"争取早日在中国举办奥运会"口号的鼓舞下，在南京举办了中国历史上第一次全国运动会——"全国学校区分队第一次体育同盟会"。

1913年开始举办的远东运动会（最初名为"远东奥林匹克运动会"），是奥林匹克运动在亚洲的先驱，中国是发起者之一。在远东运动会上中国运动员取得了较好的成绩，表现了良好的体育道德。

1915年国际奥委会致电远东运动会组委会，承认了远东体协，并邀请中国参加下届奥运会和奥委会会议。1922年，我国的王正延当选为国际奥委会委员。

1924年中华全国体育协进会成立后，中国陆续加入了田径、游泳、体操、网球、举重、

拳击、足球、篮球等8个国际单项体育联合会。在第8届奥运会上，我国3名选手参加了表演赛。

1928年第9届奥运会上，我国派观察员宋如海参加，并进行了考察工作。

1931年，当时的中华全国体育协进会被国际奥委会承认为"中国奥林匹克委员会"。中国正式参加奥运会的历史由此开始。

1932年，第10届奥运会在美国洛杉矶举行。我国本不想派选手参加，仅由当时的全国体育协进会总干事沈嗣良前往观礼。而日本帝国主义扶持的伪满，为了骗取世界各国的承认，竟然电告国际奥委会：拟派刘长春、于希渭作为"满州国"的选手参加奥运会。举国一片哗然，刘长春也予以拒绝。在强大的舆论压力下，国民党政府决定，刘长春、于希渭作为运动员，宋君复为教练员，沈嗣良为领队，代表中国参加奥运会。在开幕式上，刘长春执旗前导，沈嗣良、宋君复以及中国留学生和美籍华人刘雪松、申国权、托平等6人组成了中国代表团。于希渭因日方阻挠破坏，未能成行。刘长春在100米、200米预赛中位于小组的第五、六名，未能取得决赛权，但他以我国第一位参加奥运会的选手而留名于中国奥运会史。

1936年，第11届奥运会在德国柏林举行。中国派出了140人组成的代表团，其中运动员69人，参加篮球、足球、游泳、田径、举重、拳击、自行车等7个项目的比赛。另外，还有11人的武术表演队和34人组成的体育考察团。其中篮球比赛胜过法国队，撑竿跳高选手符宝卢取得复赛权。中国武术队的多次表演轰动了欧洲。

1945年抗日战争胜利后，中国第一位国际奥委会委员王正廷和体育家袁敦礼、董守义等提出请求第15届奥运会（1952年）在中国举行，引起了国人的兴奋。

1948年，第14届奥运会在英国伦敦举行。我国派出了33名男运动员参加了篮球、足球、田径、游泳和自行车等5个项目的比赛，但没有一人进入决赛。奥运会结束后，代表团在当地华侨总会的帮助下，解决了路费，运动员才得以返回祖国。

1952年，第15届奥运会在芬兰的赫尔辛基举行。中国正式接受邀请较晚，只派出了40人的代表团，可当代表团到达赫尔辛基时，比赛已接近尾声。只有吴传玉参加了百米仰泳比赛，但是将五星红旗升起在赫尔辛基奥林匹克体育场，就是新中国的骄傲。

1954年在雅典举行的国际奥委会第50届全会上，国际奥委会以23票赞成21票反对通过决议，接受中国奥委会，中华人民共和国在国际奥委会中的合法地位得到承认。但是，与此同时，以当时的国际奥委会主席美国人布伦戴奇为首的少数人的操纵之下，却又将台湾所谓的"中华奥委会"继续保留在国际奥委会承认的成员名单上，继续搞"两个中国"。中国奥委会于1958年8月19日宣布断绝与国际奥委会的关系。

1956～1979年，中国奥委会没有派代表参加奥运会。但是中国台北选手杨传广在1960年罗马奥运会上夺取十项全能比赛的银牌。他是第一位获得奥运会奖牌的中国运动员。1968年墨西哥城奥运会上，台北女选手纪政获80米栏铜牌，她是第一位获得奥运会奖牌的中国女子运动员。

二、重返奥运——迂回抗争 重获尊重

新中国成立之后，尽管中国派出代表团首次参加了1952年赫尔辛基奥运会，但是在奥运会上还是出现了"一中一台"的问题，为此，中国奥委会向国际奥委会发出抗议，要求解决这一问题。

1955年6月，当时的中国奥委会副主席和秘书长荣高棠在国际奥委会执委会与各国奥

委会联席会议上，正式向国际奥委会提出，允许台湾在国际奥委会中拥有合法地位是在搞"两个中国"，这是违法的，但是布伦戴奇却以"这是政治问题"为由，没有对中国的抗议进行任何表态。

与此同时，中国奥委会开始了第 16 届奥运会的备战工作，并向台湾发函，表示愿意提供一切帮助，希望台湾选派优秀的运动员来北京集训，以组建统一的代表团参加比赛。

而国际奥委会依然在文件中不断使用"中国北京"的字样，更有甚者，布伦戴奇在给中国国际奥委会委员董守义的信中，竟然说台湾"不是中国的领土"。在国际奥委会的支持下，包括国际足联、国际田联、国际举联、国际泳联、国际篮联、国际射联、国际自联和国际摔联在内的国际单项体育联合会也承认了台湾所谓的合法地位。

为了维护中国领土的统一和完整，中国奥委会于 1958 年 8 月 19 日宣布断绝与国际奥委会的关系，并从 1958 年 6 月至 8 月，先后退出了 15 个国际单项体育组织。当时的中国国际奥委会委员董守义毅然辞去了国际奥委会委员的职务。

在以后的 20 余年里，中国都无法参加许多国际体育比赛。为了打破这层坚冰，中国团结第三世界的体育力量，开始了漫长的破冰之路。第一个突破是在 1962 年夏天，印度尼西亚举办第四届亚运会，拒绝了台湾以中华奥委会的名义参加。为此，一些国际单项体育联合会取消了印度尼西亚的会员资格，禁止其参加奥运会。面对这样的现实，印度尼西亚总统苏加诺提议，举办新兴力量运动。第一届新兴力量运动会于 1962 年 9 月在雅加达举行，来自亚洲、非洲、拉丁美洲和欧洲的 48 个国家和地区的 2404 名运动员参加比赛，中国派出了一支新中国历史上最大的体育代表团参加比赛。在这次运动会上，创造了几项世界纪录。之后，在 1966 年 11 月，首届亚洲新兴力量运动会举行，此外，中国也承办了几个单项的新兴力量运动会。

第二个突破口是被广为流传的"乒乓外交"。由于"文化大革命"，中国没有参加第 29 届和第 30 届世界乒乓球锦标赛，中国在亚洲乒乓球联合会的位置被台湾占有。1972 年在中国、日本和朝鲜乒乓球协会的支持下，一个名叫"亚洲乒乓球联盟"的机构成立，在其中中华人民共和国拥有合法的席位。这是在"两个中国"的斗争中，中国赢得的又一大胜利。

此时，新中国与美国的关系也在逐步地改善。1970 年 10 月 25 日，美国总统尼克松通过巴基斯坦总统齐亚·哈克向中国领导人表达愿意与中国方面私下接触的愿望，并在不久后的一次外交宴会上，第一次称中国为"中华人民共和国"。到了 1971 年，中国已经在考虑如何与美国改善关系。那么，以什么作为最好的媒介呢？

正好第 31 届世界乒乓球锦标赛将于 1971 年 3 月 28 日～4 月 7 日在名古屋举行，于是中国有关领导人想到以此为契机。3 月 11 日，由周恩来总理亲自主持，有外交部和国家体育运动委员会代表出席的特别会议举行，会议上指出，尽管中国与日本还没有建交，但是我们可以派出代表团参加比赛。在名古屋，美国乒乓球运动员与中国运动员互相交换纪念品，而双方官员之间更是进行了充分的沟通。美国运动员表示，非常希望能够访问中国。这一些情况都直接反馈给了毛泽东主席。当本届世界锦标赛结束时，毛泽东主席决定立即邀请美国乒乓球队来北京访问。

4 月 17 日，周恩来总理亲自在人民大会堂接见了来自美国、加拿大、哥伦比亚和尼日利亚的乒乓球运动员。就这样，乒乓球和体育为中美最后建交拉开了序幕，也为中国最后成功重返奥运会大家庭打下了基础。

作为"乒乓外交"的硕果，1972 年中国恢复了在联合国中的合法席位。同年，国际奥委会迎来了一位新主席、爱尔兰人基拉宁。国际奥委会意识到，应该尽快恢复中华人民共和国最新国际奥委会的合法地位，就必须解决台湾问题。基拉宁和国际奥委会副主席萨马兰奇在 1977 年 9 月和 1978 年 4 月两次访问中国，对中国政府加深了了解。1979 年，中国奥委会向国际奥委会正式提出关于解决中国合法席位的建议。这一建议得到了包括国际奥委会主席基拉宁在内的大多数人的赞同。同年 11 月，国际奥委会以通讯表决方式让国际奥委会全体委员投票，结果以 62 票赞成，17 票反对，2 票弃权通过了国际奥委会执委会于 10 月 25 日在日本名古屋做出的有关恢复中华人民共和国在国际奥委会合法席位的决议。这一著名的名古屋决议指出：中国奥委会在参加奥运会时使用中华人民共和国的国旗和国歌，同时允许台湾作为我国的一个地方性组织在国际体育组织中占有席位，以"中国台北奥林匹克委员会"出现。国际奥委会的这一决定，最终扫清了中国重返奥林匹克大家庭的障碍。从此，中国奥委会与国际奥委会建立了良好的、密切的合作关系。

三、扬威奥运——零的突破 为国争光

中国在 1979 年重返奥运大家庭之后，就开始积极备战奥运会。

1980 年 2 月，在国际奥委会中恢复席位的中国体育代表团首次出现在奥运会赛场上——参加了第 13 届冬季奥运会。

1984 年，第 23 届奥运会在美国洛杉矶举行。中国有史以来第一次派出大型代表团参加这项体坛盛事。开赛第一天，射击选手许海峰在男子自选手枪慢射比赛中勇夺冠军，从而实现了中国在奥运会历史上零的突破。而在 2002 年盐湖城冬奥会上，中国女选手杨扬又为中国队实现了在冬季奥运会上金牌零的突破。而回顾中国运动员在参加奥运会的故事，细看他们的突破和取得的成绩，无疑是我国竞技体育的实力和水平的最好证明。在从"东亚病夫"到世界冠军的变化中，我们见证了中国体育发生的翻天覆地的变化。

从 1979 年恢复席位以来到 2014 年，中国体育健儿已经参加了 9 届夏季奥运会，获得了 201 枚金牌、144 枚银牌和 133 枚铜牌。中国还参加了 10 届冬季奥运会，一共赢得了 12 枚金牌、22 枚银牌和 19 枚铜牌。

在新中国体育健儿扬威奥运会赛场的同时，有三名中国人先后当选了国际奥委会委员。1981 年中国的体育领导人何振梁当选为国际奥委会委员，他还于 1989～1993 年担任国际奥委会副主席，并多次担任执委。1996 年当时的国际羽毛球联合会主席吕圣荣也以国际单项体育联合会主席的身份当选为中国第一位国际奥委会女委员。2000 年国家体育总局副局长于再清当选为国际奥委会委员，成为中国活跃在国际奥委会舞台上的又一中坚力量。

中国重返奥运大家庭，标志着新中国体育的又一次腾飞，同时也为奥林匹克运动注入了新的活力。

四、2008 年北京奥运会

2008 年北京奥运会即第 29 届夏季奥林匹克运动会于 2008 年 8 月 8 日 20 时开幕，2008

年 8 月 24 日闭幕。这届奥运会口号为"同一个世界，同一个梦想"（One World，One Dream），主办城市是中国北京。参赛国家及地区 204 个，参赛运动员 11 438 人，设 302 项比赛项目。

1. 北京奥申委成立

（1）1999 年 9 月 6 日，北京 2008 年奥运会申办委员会（简称奥申委）在京成立。奥申委由 76 人组成，刘淇任主席，伍绍祖任执行主席。袁伟民、刘敬民为常务副主席，何振梁为顾问，张发强、于再清、李志坚、林文漪、汪光焘、张茅任副主席，屠铭德、王伟任秘书长。2000 年 5 月 8 日，国务院总理朱镕基明确表示，中国政府对北京申办 2008 年奥运会十分重视、全力支持，并将从各个方面为申办工作创造良好条件。

（2）北京正式递交申请报告。2000 年 6 月 20 日，北京奥申委秘书长王伟在瑞士洛桑向国际奥委会正式递交申请报告。报告回答了国际奥委会向申请城市提出的 22 个问题，陈述了关于北京筹办 2008 年奥运会的计划和构想，是北京市申办 2008 年奥运会向国际奥委会递交的第一份正式答卷。2000 年 12 月，北京奥申委聘请香港著名演员成龙为申奥形象大使，随后又与杨澜、巩俐、邓亚萍和桑兰四位杰出女性签订协议，她们和后来加盟的刘璇、王治郅等一道竭力宣传北京申奥，并利用各自的国际关系，帮助北京在申办 2008 年奥运会的竞争中获得胜利。

（3）国际奥委会评估团充分肯定北京申奥工作。由荷兰人海因·维尔布鲁根和瑞士人吉尔贝·费利领衔的国际奥委会评估团 17 名成员，从 2001 年 2 月 19 日至 2 月 24 日对北京申奥工作进行考察。评估团在新闻发布会上评价说，北京申办奥运会得到了中国政府和北京市民的强有力支持。中国国家主席江泽民在会见评估团时强调了中国政府对北京申办奥运会的支持和承诺。北京奥申委提供了一份调查结果，有 94.9％的市民支持北京申办奥运会。我们在北京的考察，也证实了这个数据是准确的、真实的。北京还提出了一个非常好的比赛规划以及场馆建设方案，这将给奥林匹克运动的发展和北京人民的生活留下一笔宝贵的财富。

（4）2001 年 7 月 13 日，北京在莫斯科举行的国际奥委会第 112 次全会上，国际奥委会投票选定北京获得 2008 年奥运会主办权。

2. 2008 年北京奥运会概要

第 29 届奥林匹克运动会于 2008 年 8 月 8～24 日在中国首都北京举行。此次奥运设置了三大理念：绿色奥运、科技奥运、人文奥运。举行了 28 个大项、38 个分项的比赛，产生 302 枚金牌（其中中国获得 51 枚）。2008 年，有 2 万多名运动员、教练员和官员参加北京奥运会。除大部分比赛在北京举行外，帆船比赛在青岛举行，马术比赛在香港举行，部分足球预赛在天津、上海、沈阳和秦皇岛举行。2005 年 7 月 8 日，在新加坡举行的国际奥林匹克委员会第 117 次全会上，决定由香港协办 2008 年奥运马术项目，这是奥运历史上第二次由不同地区的奥委会承办。

3. 2008 年北京奥运会口号

"同一个世界，同一个梦想"（One World，One Dream），集中体现了奥林匹克精神实质和普遍价值观——团结、友谊、进步、和谐、参与和梦想，表达了全世界在奥林匹克精神的感召下，追求人类美好未来的共同愿望。尽管人类肤色不同、语言不同、种族不同，但我们共同分享奥林匹克魅力与欢乐，共同追求着"人类和平的理想，我们同属一个世界，我们拥有同样的希望和梦想"。

"同一个世界 同一个梦想"（One World，One Dream），深刻反映了北京奥运会的核心理念，体现了作为"绿色奥运、科技奥运、人文奥运"三大理念的核心灵魂的人文奥运所蕴含的和谐的价值观。建设和谐社会、实现和谐发展是我们追求的梦想。"天人合一""以和为贵"是中国人民自古以来对人与自然，人与人和谐关系的理想与追求。我们相信：和平进步、和谐发展、和睦相处、合作共赢和美好生活是全世界的共同理想。

"同一个世界，同一个梦想"（One World，One Dream），文简意深，既是中国的，也是世界的。口号表达了北京人民和中国人民与世界各国人民共有美好家园，同享文明成果，携手共创未来的崇高理想；表达了一个拥有五千年文明，正在大步走向现代化的伟大民族致力于和平发展，社会和谐，人民幸福的坚定信念；表达了13亿中国人民为建立一个和平而更美好的世界做出贡献的心声。

4. 2008 年北京奥运会吉祥物

福娃（英语：Fuwa 或 Friendlies）是 2008 年在北京举行的第 29 届奥运会的吉祥物，作家郑渊洁提议，本次奥运会吉祥物数量应该最多，后来他提议与奥运五环相匹配，之后画家韩美林设计完成。

福娃向世界各地的孩子们传递友谊、和平、积极进取的精神和人与自然和谐相处的美好愿望。他们的造型融入了鱼、大熊猫、奥林匹克圣火、藏羚羊以及燕子的形象。每个娃娃都有一个朗朗上口的名字："贝贝""晶晶""欢欢""迎迎"和"妮妮"，当把五个娃娃的名字连在一起，你会读出北京对世界的盛情邀请"北京欢迎你"。

5. 北京 2008 年奥运会举办意义

（1）中国是世界上人口最多的国家，但从未举办过奥运会。如果 2008 年奥运会在拥有世界上五分之一人口、4 亿青少年的中国北京举办，奥林匹克理念和精神将得到更广泛的普及和发展。

（2）具备举办奥运会的经济实力。北京是一座极具发展潜力的城市，近十年来经济始终以两位数的速度增长，1999 年全市国内生产总值为 240 亿美元，人均国内生产总值在 2000 美元以上。

（3）出色的体育成绩。已连续在近两届奥运上获得金牌和奖牌总数第四的好成绩。迄今为止，中国运动员共获得 1317 个世界冠军、超破世界纪录 1026 次。

（4）政治稳定，社会安定。在世界主要首都城市中，北京是刑事犯罪率、交通死亡率、火灾发生率最低的城市之一，城市安全保障具备举办大型体育赛事的能力。

（5）灿烂的文化。北京有着 3000 年建城史、800 年建都史，拥有众多的名胜古迹和丰厚的文化底蕴。

（6）举办大型运动会的丰富经验。北京不仅成功举办了 1990 年第 11 届亚运会、1994 年第六届远南残运会，并且获得了 2001 年第 21 届世界大学生运动会的主办权。

（7）一个美丽的奥林匹克公园正在设计中。北京在城市环境最优美的北部兴建奥林匹克公园，占地 1215 公顷，其中包括容纳 8 万人的主体育场、14 个体育场馆、运动员村和国际展览中心等，连同 760 公顷的森林绿地，将非常适合运动员比赛和休息。

（8）一流的通讯、交通、饭店及其他社会服务设施。北京共有星级饭店 344 家、客房 7.2 万间（套），奥运会期间接待能力为 40 万人，首都机场的年客运能力为 3500 万人次，航线连接世界上任何一个通航的国家或城市。

（9）中央政府的支持。2000 年 5 月 8 日，朱镕基总理表示：中国政府全力支持北京申奥，将从各个方面为北京申办工作创造良好的条件。

（10）民众的大力支持。据一家独立的调查公司对北京市民进行的入户调查显示：94.6％的市民支持北京申办 2008 年奥运会。

 思考题 »»

1. 奥运会的起源哪里？其标志、会旗、格言和精神是什么？
2. 古代奥运会的历史分哪几个阶段？
3. 简述现代奥运会的诞生和发展。
4. 举办 2008 年北京奥运会具有哪些历史意义？

第四章　学生体质健康标准与评价

 学习目标 》》》

1. 了解体质与健康的区别。
2. 了解大学生的体质评价指标。

第一节　体质健康标准简介

一、体质与健康

（一）体质

体质，即人体质量，是指在遗传性和获得性的基础上表现出来人体形态结构、生理功能、身体素质、适应能力和心理因素的综合的相对稳定的特征。对体质影响的因素是多方面的，其中遗传、环境、体育锻炼这三个方面起了重要的作用。

体质的范畴包括人体形态结构、生理功能、身体素质、适应能力和心理因素等方面。体质的强弱，就是由这些方面综合反映出来的。一个人体质的好坏，通常主要表现在以下五个方面。

身体形态发育水平：包括体型、姿势、营养状况、体格及身体成分等。

生理功能水平：即机体新陈代谢水平以及各器官、系统的工作能力。

身体素质和运动能力发展水平：即耐力、柔韧性、力量、速度、平衡、灵敏、协调、反应时等素质，及走、跑、跳、投、攀爬等身体基本活动能力。

心理发育（或发展）水平：即本体感知能力、个性、意志等。

适应能力：即对内外环境条件的适应能力、应急能力和对疾病的抵抗力。

这五个方面的状况，决定着人们的不同体质水平。在进行体质测量和评价，以及检查增强体质的实际效果时，必须看到体质的综合性的特点，以及测量和评定的多指标性质。

（二）体质与健康

如前所述，体质和健康是从不同侧面、不同范畴来看待人体状况的两个相互关联的概念，健康要大于体质的范畴。从体质的范畴来看，它更趋向于人体的形态发育、生理机能、心理发展、身体素质、运动能力，以及对内外环境的适应和抵抗疾病的能力等。从健康的范畴看，它除了包括体质的范畴以外，还强调对环境（包括自然环境和社会环境）的适应、心理卫生、对疾病的预防、卫生保健以及生活方式对健康的影响等。

二、体质健康评价的意义

大学生体质健康评价是高等学校体育工作中的重要环节，也是整个学校教育评价体系的重要组成部分。建立全面、科学的学生体质健康的评价体系，可以使学生及时了解自己的体质健康状况，调整学习和锻炼的目标。同时，通过评价可以使家长、学校、社会及时了解学生的体质健康状况，引起家长和社会的重视和关心，为学校和教育管理部门制定和调整有关学生体育教育方面的政策提供科学的依据，使学生体质、健康问题引起全社会的关注。所以说，正确、合理地对大学生进行体质健康评价，对促进学校体育和教育工作有着极为重要的意义。

三、学生体质健康标准

自新中国成立以来，党和政府历来非常关心和重视青少年的体质健康工作。从 20 世纪 50 年代开始，国家先后推行了《青少年体育锻炼标准》《国家体育锻炼标准》《大学生体育合格标准》等一系列规章制度。这些制度的推行对促进全社会关注学校体育，督促学生积极地参加体育锻炼，养成良好的体育锻炼习惯，保证学生身体正常发育和增强体质起到了积极地促进作用。

然而，随着时代的发展和人们对健康的认识越来越深刻，原有的标准和评价体系已经不能完全适应社会发展的趋势。为了全面贯彻《中共中央国务院关于深化教育改革全面推进素质教育的决定》，树立"健康第一"的指导思想，促进学生积极参加体育锻炼，养成经常锻炼身体的习惯，提高自我保健能力和体质健康水平，教育部和国家体育总局于 2002 年 7 月正式颁布了新的《学生体质健康标准（试行方案）》和实施办法。

新颁的《标准》是激励学生积极地进行身体锻炼的教育手段。新颁《标准》采用个体评价标准，能够清晰地看出学生个体差异与自身某些方面的不足，这十分有利于通过测试促进学生积极参加体育锻炼，通过锻炼改善健康状况，弥补差距，促进身体健康全面发展。新颁的《标准》突出了对发展和改善学生健康有直接影响且关系密切等指标，体现了现代社会对健康的具体要求，实现了测试指标由"运动技术指标"向"健康指标"的过渡。新颁《标准》是在认真总结以往《标准》执行过程中取得成绩和存在问题的基础上，参考了国际上有关研究的成功经验和先进做法，建立了以健康素质为主要指标的新的评价体系。

第二节　体质健康的个体评价

一、身体形态的评价

反映身体形态发育的指标主要有身高、坐高、体重、胸围、肩宽、骨盆宽、四肢的围度和径长等。在《学生体质健康标准》中，身高和体重是必测的项目，而身高标准体重则是身体形态和营养状况的评价指标。

（一）身高

身高是指人站立时头顶正中线上最高点到地面的最大垂直距离，它是反映人体骨骼的发育状况和人体纵向发育水平的重要指标。

测量时，受试者应赤足立正姿势站在身高计的底板上（上肢自然下垂，足跟并拢，足尖分开，组成60度角）。足跟、骶骨部及两肩胛区与立柱相接触，躯干自然挺直，头部正直，耳屏上缘与眼眶下缘呈水平位。测量者的两眼应与水平压板呈水平位进行读数，以厘米为单位，精确到小数点后一位，测试误差不得超过0.5厘米。测量身高最好在上午，因为身体受重力影响，身高存在1.5～2.0厘米的差异。

（二）体重

体重是人体横向发育指标，它反映人体骨骼、肌肉、脂肪及内脏重量的综合情况和身体的发育程度。体重大小受到年龄、性别、身高、季节、生活条件、营养状况、工作环境等因素的影响。测量体重应采用经过检验和核对的杠杆称或电子体重计，计量以千克为单位，准确度要求误差不超过0.1千克。测试体重时，受试者应赤足，男性身着短裤；女性则身着短裤、短袖衫，站在称台中央，上下杠杆称或电子体重计时要轻，不要晃动。

（三）身高标准体重

采用身高标准体重，可以评定学生的身体匀称度，生长发育水平和营养状况；可以间接反映学生的身体成分、肥胖状况；可以引导学生关注自己的身体形态和健康状况。身高标准体重是将身高和体重综合起来，以每厘米身高的体重分布，确定学生的体形匀称度，可反映学生是营养不良、正常体重，还是超重和肥胖。它以大规模调查的统计数据为依据，采用了以学生的每厘米身高为单位，利用标准差，增减间距为1厘米，以离差法方式，制定了对身高、体重进行综合评价的评分表。

评价该指标时，身高的单位为厘米，测试时保留一位小数；体重的单位为千克，测试时保留一位小数，然后用测试值直接查大学生身高标准体重表（表4-1和表4-2）评分。这种方法的好处是直接查表就可以判断学生体形的匀称度，而且可以知道学生体重是否超重，超了多少千克；是否体重过轻或营养不良，轻了多少千克。该指标对于学生形成正确的身体形态观具有非常直观的教育作用。

表4-1　高校男生身高标准体重（体重单位：千克）

身高段（厘米）	营养不良	较低体重	正常体重	超重	肥胖
	7分	9分	15分	9分	7分
145	＜34.0	34.0～42.7	42.8～49.5	49.6～51.7	≥51.8
146	＜34.4	34.4～43.3	43.4～50.1	50.2～52.3	≥52.4
147	＜35.0	35.0～43.9	44.0～50.8	50.9～53.1	≥53.2
148	＜35.6	35.6～44.5	44.6～51.4	51.5～53.7	≥53.8
149	＜36.2	36.2～45.1	45.2～52.2	52.3～54.5	≥54.6
150	＜36.7	36.7～45.7	45.8～52.8	52.9～55.1	≥55.2
151	＜37.3	37.3～46.2	46.3～53.4	53.5～55.8	≥55.9
152	＜37.7	37.7～46.8	46.9～54.0	54.1～56.4	≥56.5
153	＜38.2	38.2～47.4	47.5～54.6	54.7～57.0	≥57.1
154	＜38.9	38.9～48.1	48.2～55.3	55.4～57.7	≥57.8
155	＜39.6	39.6～48.8	48.9～56.0	56.1～58.4	≥58.5

续表

身高段 （厘米）	营养不良	较低体重	正常体重	超重	肥胖
	7分	9分	15分	9分	7分
156	<40.4	40.4~49.6	49.7~57.0	57.1~59.4	≥59.5
157	<41.0	41.0~50.3	50.4~57.7	57.8~60.1	≥60.2
158	<41.7	41.7~51.0	51.1~58.5	58.6~61.0	≥61.1
159	<42.4	42.4~51.7	51.8~59.2	59.3~61.7	≥61.8
160	<43.1	43.1~52.5	52.6~60.0	60.1~62.5	≥62.6
161	<43.8	43.8~53.3	53.4~60.8	60.9~63.3	≥63.4
162	<44.5	44.5~54.0	54.1~61.5	61.6~64.0	≥64.1
163	<45.3	45.3~54.8	54.9~62.5	62.6~65.0	≥65.1
164	<45.9	45.9~55.5	55.6~63.2	63.3~65.7	≥65.8
165	<46.5	46.5~56.3	56.4~64.0	64.1~66.5	≥66.6
166	<47.1	47.1~57.0	57.1~64.7	64.8~67.2	≥67.3
167	<48.0	48.0~57.8	57.9~65.6	65.7~68.2	≥68.3
168	<48.7	48.7~58.5	58.6~66.3	66.4~68.9	≥69.0
169	<49.3	49.3~59.2	59.3~67.0	67.1~69.6	≥69.7
170	<50.1	50.1~60.0	60.1~67.8	67.9~70.4	≥70.5
171	<50.7	50.7~60.6	60.7~68.8	68.9~71.2	≥71.3
172	<51.4	51.4~61.5	61.6~69.5	69.6~72.1	≥72.2
173	<52.1	52.1~62.2	62.3~70.3	70.4~73.0	≥73.1
174	<52.9	52.9~63.0	63.1~71.3	71.4~74.0	≥74.1
175	<53.7	53.7~63.8	63.9~72.2	72.3~75.0	≥75.1
176	<54.4	54.4~64.5	64.6~73.1	73.2~75.9	≥76.0
177	<55.2	55.2~65.2	65.3~73.9	74.0~76.8	≥76.9
178	<55.7	55.7~66.0	66.1~74.9	75.0~77.8	≥77.9
179	<56.4	56.4~66.7	66.8~75.7	75.8~78.7	≥78.8
180	<57.1	57.1~67.4	67.5~76.4	76.5~79.4	≥79.5
181	<57.7	57.7~68.1	68.2~77.4	77.5~80.6	≥80.7
182	<58.5	58.5~68.9	69.0~78.5	78.6~81.7	≥81.8
183	<59.2	59.2~69.6	69.7~79.4	79.5~82.0	≥82.1
184	<60.0	60.0~70.4	70.5~80.3	80.4~83.0	≥83.1
185	<60.8	60.8~71.2	71.3~81.3	81.4~84.0	≥84.1
186	<61.5	61.5~72.0	72.1~82.2	82.3~85.6	≥85.7
187	<62.3	62.3~72.9	73.0~83.3	83.4~86.7	≥86.8
188	<63.0	63.0~73.7	73.8~84.2	84.3~87.7	≥87.8
189	<63.9	63.9~74.5	74.6~85.0	85.1~88.5	≥88.6
190	<64.6	64.6~75.4	75.5~86.2	86.3~89.8	≥89.9

表 4-2 高校女生身高标准体重（体重单位：千克）

身高段 （厘米）	营养不良 7分	较低体重 9分	正常体重 15分	超重 9分	肥胖 7分
140	<36.5	36.5～42.4	42.5～50.6	50.7～53.3	≥53.4
141	<36.6	36.6～42.9	43.0～51.3	51.4～54.1	≥54.2
142	<36.8	36.8～43.2	43.3～51.9	52.0～54.7	≥54.8
143	<37.0	37.0～43.5	43.6～52.3	52.4～55.2	≥55.3
144	<37.2	37.2～54.7	54.8～52.7	52.8～55.6	≥55.7
145	<37.5	37.5～44.0	44.1～53.1	53.2～56.1	≥56.2
146	<37.9	37.9～44.4	44.5～53.7	53.8～56.7	≥56.8
147	<38.5	38.5～45.0	45.1～54.3	54.4～57.3	≥57.4
148	<39.1	39.1～45.7	45.8～55.0	55.1～58.0	≥58.1
149	<39.5	39.5～46.2	46.3～55.6	55.7～58.7	≥58.8
150	<39.9	39.9～46.6	46.7～56.2	56.3～59.3	≥59.4
151	<40.3	40.3～47.1	47.2～56.7	56.8～59.8	≥59.9
152	<40.8	40.8～47.6	47.7～57.4	57.5～60.5	≥60.6
153	<41.4	41.4～48.2	48.3～57.9	58.0～61.1	≥61.2
154	<41.9	41.9～48.8	48.9～58.6	58.7～61.9	≥62.0
155	<42.3	42.3～49.1	49.2～59.1	59.2～62.4	≥62.5
156	<42.9	42.9～49.7	49.8～59.7	59.8～63.0	≥63.1
157	<43.5	43.5～50.3	50.4～60.4	60.5～63.6	≥63.7
158	<44.0	44.0～50.8	50.9～61.2	61.3～64.5	≥64.6
159	<44.5	44.5～51.4	51.5～61.7	61.8～65.1	≥65.2
160	<45.0	45.0～52.1	52.2～62.3	62.4～65.6	≥65.7
161	<45.4	45.4～52.5	52.6～62.8	62.9～66.2	≥66.3
162	<45.9	45.9～53.1	53.2～63.4	63.5～66.8	≥66.9
163	<46.4	46.4～53.6	53.7～63.9	64.0～67.3	≥67.4
164	<46.8	46.8～54.2	54.3～64.5	64.6～67.9	≥68.0
165	<47.4	47.4～54.8	54.9～65.0	65.1～68.3	≥68.4
166	<48.0	48.0～55.4	55.5～65.5	65.6～68.9	≥69.0
167	<48.5	48.5～56.0	56.1～66.2	66.3～69.5	≥69.6
168	<49.0	49.0～56.4	56.5～66.7	66.8～70.1	≥70.2
169	<49.4	49.4～56.8	56.9～67.3	67.4～70.7	≥70.8
170	<49.9	49.9～57.3	57.4～67.9	68.0～71.4	≥71.5
171	<50.2	50.2～57.8	57.9～68.5	68.6～72.1	≥72.2
172	<50.7	50.7～58.4	58.5～69.1	69.2～72.7	≥72.8
173	<51.0	51.0～58.8	58.9～69.6	69.7～73.1	≥73.2
174	<51.3	51.3～59.3	59.4～70.2	70.3～73.6	≥73.7
175	<51.9	51.9～59.9	60.0～70.8	70.9～74.4	≥74.5

身高段 （厘米）	营养不良	较低体重	正常体重	超重	肥胖
	7分	9分	15分	9分	7分
176	<52.4	52.4～60.4	60.5～71.5	71.6～75.1	≥75.2
177	<52.8	52.8～61.0	61.1～72.1	72.2～75.7	≥75.8
178	<53.2	53.2～61.5	61.6～72.6	72.7～76.2	≥76.3
179	<53.6	53.6～62.0	62.1～73.2	73.3～76.7	≥76.8
180	<54.1	54.1～62.5	62.6～73.7	73.8～77.0	≥77.1
181	<54.5	54.5～63.1	63.2～74.3	74.4～77.8	≥77.9
182	<55.1	55.1～63.8	63.9～75.0	75.1～79.4	≥79.5
183	<55.6	55.6～64.5	64.6～75.7	75.8～80.4	≥80.5
184	<56.1	56.1～65.3	65.4～76.6	76.7～81.2	≥81.3
185	<56.8	56.8～66.1	66.2～77.5	77.6～82.4	≥82.5
186	<57.3	57.3～66.9	67.0～78.6	78.7～83.3	≥83.4

注：身高低于表中所列出的最低身高的下限值时，身高每低 1 厘米，实测体重增加 0.5 千克，实测身高增加 1 厘米，再查表确定分值。身高高于表中所列出的最高身高段时，身高每高 1 厘米，其实测体重需减去 0.9 千克，实测身高需减去 1 厘米，再查表确定分值。

二、身体机能的评价

身体机能是指机体新陈代谢的水平和各器官系统的工作能力。主要指标脉搏、血压和肺活量，可以从静态和动态两个方面来进行评定。

（一）脉搏

脉搏是心脏节律性收缩和舒张，由大动脉内的压力变化而引起四肢血管壁扩张和收缩的一种搏动现象，故也称为心率。它主要反映心脏和动脉的机能状态。安静脉搏是相对安静状态下的脉搏频率，即单位时间内（分钟）动脉管壁搏动的次数。它可以检查心脏生长发育的程度。测量安静脉搏前应静坐 10 分钟以上，保持情绪安定。测量人员用食、中、无名指端摸准受试者腕部的桡动脉处，连续测 3 个 10 秒，其中 2 次脉搏次数相同，并与另一次相差不超过 1 次时，即可以认为是相对安静脉搏。然后再测 30 秒脉搏，所得数值乘以 2 后即为每分钟心率。

（二）血压

血压是指血液在血管内流动时对动脉血管壁产生的侧压力，也称为动脉血压。血压与心脏搏动的力量、动脉血管的弹性、末梢血管的抵抗力和血液黏滞性有密切关系，它反映了心脏、血管的功能状况。

血压的测量一般采用水银血压计测量。测量血压时，要求被测者右臂自然前伸，使血压计零位与被测者心脏和右臂止血袖带处于同一水平，先将止血袖带围于受测者上臂，充气加压使血液暂行停止流动，然后慢慢减压，同时用听诊器听肱动脉的搏动声，第一次听到跳动声时压力为收缩压，继续减压到完全听不到跳动声的瞬间时的水银柱高度为舒张压。记录以毫米汞柱为单位，精确到个位数。

（三）肺活量

肺活量是指一个人全力吸气后，然后全力呼气，呼出的最大气体量。肺活量是一种常用的反映呼吸机能的指标，它和身高、体重、胸围成正相关。一般情况下，体重和胸围大的人，肺活量也大。因此，在对学生进行评分时，多采用肺活量体重指数来进行评价。采用电子肺活量计测试时，应站立测试，中途不得二次吸气。每位受试者测三次，间隔15秒，选取最大值为测试结果。记录以毫升为单位，不保留小数。

（四）评价标准

1. 脉搏和血压的正常范围（表4-3）

表 4-3　脉搏和血压的上限和下限值（16～25 岁）

性别	年龄（岁）	脉搏（次·分）		收缩压（毫米汞柱）		舒张压（毫米汞柱）	
		上限	下限	上限	下限	上限	下限
男	16	99	—	140	95	90	—
	17	98	—	140	95	90	—
	18～25	96	—	140	95	90	—
女	16	100	—	134	88	89	—
	17	99	—	134	88	90	—
	18～25	97	—	130	86	86	—

2. 肺活量体重指数

肺活量体重指数＝肺活量÷体重（表4-4）

表 4-4　肺活量体重指数评分标准

性别	优秀		良好		及格		不及格
	15	13	12	11	10	9	8
男	＞75	74～70	69～64	63～57	56～54	53～44	＜43
女	＞61	60～57	56～51	50～46	45～43	41～32	＜31

3. 台阶试验指数

台阶试验是一项定量负荷机能试验，主要用于测定心血管系统的功能也可以间接推断机体的耐力。由于台阶的高度和频度是固定的，因此相对于每个受试者来说，台阶试验是在固定时间内完成固定的负荷。受试者以每分钟30次的速度上下台阶，因而节拍器的节律为120次/分（每上、下一次是四动），要求受试者必须按节拍器的节律完成试验，用2秒上下一次的速度连续做3分钟。做完后，立刻坐在椅子上测量运动结束后的1分钟至1分半钟、2分钟至2分半钟、3分钟至3分半钟的3次脉搏数。测完后用下列公式求得评定指数计算结果包含有小数的，对小数点后的一位四舍五入，取整评分。然后，根据评定指数，查台阶试验的评分标准表（表4-5）。

表 4-5　台阶试验的评分标准

性别	优秀		良好		及格		不及格
	20	17	16	15	13	12	10
男	＞59	58～54	53～50	49～46	45～43	42～40	＜3～9
女	＞56	55～52	51～48	47～44	43～42	41～25	＜24

三、身体素质的评价

身体素质是指人体在运动、工作和生活中所表现出来的力量、速度、耐力、灵敏性、平衡性、柔韧性等素质，和走、跑、跳、投、攀登、爬越等身体基本活动能力的总称，是人的体能状态的反映。

（一）50 米跑

50 米跑是国际上通行的测试项目，它通过较短距离的高强度跑测试速度素质。它可以反映人体中枢神经系统的机能状态和神经与肌肉的调节能力，也可以综合地反映人体的爆发力、灵敏、反应、柔韧等素质。同时，50 米跑还可以反映人体无氧代谢的能力和水平。50米跑测试成绩以秒为单位，保留 1 位小数，小数点后第二位数非"0"则进 1，例如 9.01 秒应为 9.1 秒。大学生 50 米跑评价标准如表 4-6 所示。

表 4-6　高校学生 50 米跑的评分标准

性别	优秀		良好		及格		不及格
	30	26	25	23	20	18	15
男	＜6.8	6.9～7.0	7.1～7.3	7.4～7.7	7.8～8.0	8.1～8.4	＞8.5
女	＜8.3	8.4～8.7	8.8～9.1	9.2～9.6	9.7～9.8	9.9～11.0	＞11.1

1000 米跑（男）和 800 米跑（女）是测试人体持续工作能力，即耐力水平的项目。由于耐力是衡量人的体质健康状况和劳动工作能力的基本因素之一，是从事各项运动必不可少的一种运动素质，因此，测试耐力水平对于评价学生体质健康状况有非常重要的意义。

1000 米跑（男）和 800 米跑（女）的测试和评价以分、秒为单位记录成绩，不计小数。然后进行查表评分，例如，5 分 30 秒 8，按 5 分 30 秒查表评分（表 4-7）。

表 4-7　高校学生 1000 米和 800 米跑的评分标准

性别	优秀		良好		及格		不及格
	20	17	16	15	13	12	10
男	＜3′39″	3′40″～3′46″	3′47″～4′00″	4′01″～4′18″	4′19″～4′29″	4′30″～5′04″	＞5′05″以上
女	＜3′37″	3′38″～3′45″	3′46″～4′00″	4′01″～4′19″	4′20″～4′30″	4′31″～5′03″	＞5′04″

（二）立定跳远

立定跳远是测试爆发力的项目。爆发力是指人体在最短时间内发挥最大力量的能力，爆发力的大小不仅取决于力量，而且取决于力量和速度的结合。

测试立定跳远时，应两脚原地同时起跳，丈量起跳线后缘至最近着地点后缘的垂直距离。每人试跳三次，记录成绩最好的一次。

立定跳远的测试和评价以厘米为单位，不计小数，例如，158.7厘米，按158厘米查表评分（表4-8）。

表4-8　高校学生立定跳远的评分标准

性别	优秀		良好		及格		不及格
	30	26	25	23	20	18	15
男	>255	254~250	249~239	238~227	226~220	219~195	<194
女	>196	195~187	186~178	177~166	165~161	160~139	<138

（三）握力和握力体重指数

握力是反映被测者上肢肌肉力量素质的项目。过去测上肢力量一般是采用引体向上，考虑到这一指标区分度较差，所以现在把测握力列为测试项目。因为握力的大小与人的体重有关，所以采用了握力体重指数进行评价（表4-9）。

表4-9　握力体重指数的评分标准

性别	优秀		良好		及格		不及格
	20	17	16	15	13	12	10
男	>75	74~70	69~63	62~56	55~51	50~41	<40
女	>57	56~52	51~46	45~40	39~36	35~29	<28

握力体重指数＝握力（千克）÷体重（千克）×100 测握力要求受试者成直立姿势，两臂自然下垂。一手持握力计，要全力紧握，不能让握力计接触衣服和身体。要用有力手握两次，取最大值，以千克为单位，测试时保留1位小数。

（四）仰卧起坐（女）

仰卧起坐是反映被测试者腹肌耐力的一个项目。腰腹肌力量素质的强弱对于女生将来生育等方面有着十分重要的作用。仰卧起坐要求受测者全身仰卧于垫上，两腿稍分开，屈膝呈90度角左右。两手指交叉贴于脑后，另一同伴压住其踝关节，以固下肢。受试者起坐时，两肘必须触及或超过双膝才为完成一次。仰卧时，两肩胛必须触垫。测试人员记录1分钟内完成次数，精确到个位。女大学生仰卧起坐评分标准见表4-10。

表4-10　仰卧起坐的评分标准

性别	优秀		良好		及格		不及格
	20	17	16	15	13	12	10
女	>44	43~41	40~35	34~28	27~24	23~20	<19

（五）坐位体前屈

坐位体前屈是测量人体在静止状态下的躯干、腰、髋等关节可能达到的活动幅度，主要反映这些关节，韧带和肌肉的伸展性和弹性，反映身体柔韧素质的发展水平。

测试采用坐位体前屈计进行。测试时，受试者两腿伸直，两脚平蹬测试板，坐在平地上，两脚分开约10～15厘米，上体前屈，两臂伸直向前，用两手中指尖逐渐向前推动游标，直到不能推动为止。测试计的蹬板内沿平面为0点，向内为负值，向前为正值。记录以厘米为单位，保留一位小数。测试两次，取最好成绩。坐位体前屈评分标准见表4-11。

表4-11　座位体前屈的评分标准

性别	优秀		良好		及格		不及格
	20	17	16	15	13	12	10
男	>18.1	18.0～16.0	15.9～12.3	12.2～8.9	8.8～6.7	6.6～0.1	<0.0
女	>18.1	18.0～16.2	16.1～13.0	12.9～9.0	8.9～7.8	7.7～3.0	<2.9

大学生男、女各测试项目评分标准见表4-12、表4-13。

表4-12　大学男生各测试项目评分标准

等级	单项得分	肺活量体重指数	1000米(分·秒)	台阶试验	50米跑(秒)	立定跳远(米)	掷实心球(米)	握力体重指数	引体向上(次)	坐位体前屈(厘米)	跳绳(次/1分钟)	篮球运球(秒)	足球运球(秒)	排球垫球(次)
优秀	100	84	3′27″	82	6.0	2.66	15.7	92	26	23.0	198	8.6	6.3	50
	98	83	3′28″	80	6.1	2.65	15.2	91	25	22.6	193	9.0	6.5	49
	96	82	3′31″	77	6.2	2.63	14.4	90	24	22.0	186	9.6	6.9	46
	94	81	3′33″	74	6.3	2.62	13.6	89	23	21.4	178	10.3	7.3	44
	92	80	3′35″	71	6.4	2.60	12.5	87	22	20.6	168	11.1	7.7	41
	90	78	3′39″	67	6.5	2.58	11.5	86	21	19.8	158	12.0	8.2	38
良好	87	77	3′42″	65	6.6	2.56	11.3	84	20	18.9	152	12.4	8.5	37
	84	75	3′45″	63	6.8	2.52	10.9	81	19	17.5	144	12.9	8.9	34
	81	73	3′49″	60	7.0	2.48	10.5	79	18	16.2	136	13.5	9.3	32
	78	71	3′53″	57	7.3	2.43	10.0	75	17	14.3	124	14.3	9.9	29
	75	68	3′58″	53	7.5	2.38	9.5	72	16	12.5	113	15.0	10.4	26
及格	72	66	4′05″	52	7.6	2.35	9.3	70	15	11.3	108	15.6	10.7	25
	69	64	4′12″	51	7.7	2.31	8.9	66	14	9.5	101	16.6	11.2	23
	66	61	4′19″	50	7.8	2.26	8.5	63	13	7.8	94	17.5	11.7	21
	63	58	4′26″	48	8.0	2.20	8.0	59	12	5.4	85	18.8	12.3	18
	60	55	4′33″	46	8.1	2.14	7.5	54	11	3.0	75	20.0	12.9	15
不及格	50	54	4′40″	45	8.2	2.12	7.3	53	9	2.4	71	20.6	13.3	14
	40	52	4′47″	44	8.3	2.09	7.0	51	8	1.4	64	21.6	13.8	12
	30	51	4′54″	43	8.5	2.06	6.7	49	7	0.5	58	22.5	14.3	10
	20	49	5′01″	42	8.6	2.03	6.2	47	6	−0.8	49	23.8	15.0	8
	10	47	5′08″	40	8.8	1.99	5.8	44	5	−2.0	40	25.0	15.7	5

表 4-13　大学女生各测试项目评分标准

等级	单项得分	肺活量体重指数	800 米(分·秒)	台阶试验	50 米跑(秒)	立定跳远(米)	掷实心球(米)	握力体重指数	仰卧起坐(次/分钟)	坐位体前屈(厘米)	跳绳(次/1分钟)	篮球运球(秒)	足球运球(秒)	排球垫球(次)
优秀	100	70	3′24″	78	7.2	2.07	8.6	74	52	21.1	190	11.2	7.3	46
	98	69	3′27″	75	7.3	2.06	8.5	73	51	20.8	184	11.5	7.8	44
	96	68	3′29″	72	7.4	2.05	8.4	72	50	20.3	175	12.0	8.6	41
	94	67	3′32″	69	7.5	2.03	8.2	71	49	19.8	166	12.6	9.4	38
	92	65	3′35″	64	7.7	2.01	8.0	69	47	19.2	154	13.3	10.5	34
	90	64	3′38″	60	7.8	1.99	7.8	67	45	18.6	142	14.0	11.5	30
良好	87	63	3′42″	59	7.9	1.97	7.7	66	44	17.7	137	14.6	11.9	29
	84	61	3′46″	57	8.0	1.93	7.6	63	43	16.3	130	15.6	12.5	27
	81	59	3′50″	55	8.2	1.89	7.5	61	42	15.0	122	16.5	13.2	25
	78	57	3′54″	52	8.3	1.84	7.4	58	40	13.1	112	17.8	14.0	23
	75	54	3′58″	49	8.5	1.79	7.2	55	38	11.3	102	19.0	14.9	20
及格	72	53	4′03″	48	8.6	1.76	7.1	53	37	10.1	98	19.8	15.6	19
	69	51	4′08″	47	8.7	1.72	7.0	50	35	8.3	92	20.9	16.7	17
	66	49	4′13″	46	8.8	1.69	6.8	48	33	6.5	86	22.0	17.8	15
	63	46	4′18″	44	8.9	1.63	6.6	44	31	4.1	78	23.5	19.3	13
	60	43	4′23″	42	9.0	1.58	6.4	40	28	1.7	70	25.0	20.8	10
不及格	50	42	4′30″	41	9.1	1.56	6.2	39	27	1.5	66	25.8	21.2	9
	40	41	4′37″	40	9.3	1.53	6.0	38	26	1.3	59	26.9	21.9	8
	30	39	4′40″	39	9.5	1.50	5.7	36	25	1.0	53	28.0	22.5	7
	20	37	4′51″	38	9.8	1.46	5.4	34	23	0.6	44	29.5	23.4	6
	10	35	5′00″	36	10.0	1.42	5.0	32	21	0.2	35	31.0	24.3	4

思考题 》》》

1. 《学生体质健康标准》的测试项目包括哪些内容？

2. 如何正确地评价自己的体质健康状况？

3. 提高人体肺活量的有效锻炼方法有哪些？

第五章　健康体适能

 学习目标 》》

1. 了解体适能的定义与内容。
2. 了解体适能对学生的重要性，掌握健康体适能评价标准。
3. 掌握改善健康体适能的科学锻炼方法。

第一节　体适能概述

一、体适能定义

体适能从英文 Physical Fitness 而来。体适能是指个人能力足以胜任日常工作以外，还能有余力享受休闲，及能够应付突如其来的变化及压力之身体适应能力。也可以说是身体适应外界环境能力之简称，可视为身体适应生活、运动与环境（例如；温度、气候变化或病毒等因素）的综合能力。体适能较好的人在日常生活或工作中，从事体力性活动或运动皆有较佳的活力及适应能力，而不会轻易产生疲劳或力不从心的感觉。在科技进步的文明社会中，人类身体活动的机会越来越少，营养摄取越来越高，工作与生活压力和休闲时间相对增加，每个人更加感受到良好体适能和规律运动的重要性。

二、体适能的内容

体适能一般分为三类：与健康有关的，我们称之为健康体适能，包括心肺耐力（心肺适能）、柔韧性、肌肉力量和肌肉耐力（肌肉适能），以及身体组成；而与动作技能有关的，我们称之为运动技能体适能，包括灵敏性、平衡感、协调性、速度、肌肉爆发力、反应时间等；针对老年及体弱人群的功能性体适能。

（一）健康体适能

即与健康有关的体适能，主要包括以下四个方面。

1. 心肺适能

心肺适能是指身体摄取氧和利用氧的能力。通常心肺适能与有氧工作能力是同一词。心肺适能越强，完成学习、工作、走、跑、跳、劳动时就会越轻松，并能够胜任强度较大的工作，而对较为激烈的运动能够逐步适应。

2. 肌肉适能

包括肌肉力量与肌肉耐力。肌肉的力量是竭尽全力从事抵抗阻力的活动能力。肌肉强壮有助于预防关节的扭伤、肌肉的疼痛和身体的疲劳。肌肉耐力是肌肉承受某种适当负荷时运动的重复次数的多少，持续运动时间的长短的能力。肌肉适能的重要性在于避免肌肉萎缩、松弛。维持较匀称的身材，有利于防止身体疲劳、减少运动伤害发生、提升身体活动能力、提高生活质量。

3. 柔韧性

柔韧性是指用力做动作时扩大动作幅度的能力，包括身体各个关节的活动幅度以及跨过关节的肌肉、肌腱、韧带、皮肤和其他组织的弹性和伸展能力。

柔韧性对提高身体活动水平、维持正确的体姿、减少运动器官损伤、改善动作效果都有重要意义。

4. 身体成分

身体成分指组成人体各组织器官的总成分。总重量为体重，含脂肪成分和非脂肪成分。体适能与体内脂肪比例的关系最为密切。脂肪过多，心肺功能的负担就越重，要维持适宜的体内脂肪，就必须注意能量的吸收与消耗的平衡。

人体脂肪重量占体重的百分比称体脂百分比，余下的包括骨、水分、肌肉等，称为去脂体重。体适能的强弱与合理的控制体重和体脂百分比关系密切。体重得当，体成分适宜是健康的标志。肥胖给健康带来威胁，但体重过轻也不利于健康，对脑力、体力均有负面影响，还会出现体质虚弱，骨密质较差的现象。

因此，衡量健康体适能状况的四大要素为心肺适能、肌肉适能（包括肌肉力量与肌肉耐力）、柔韧性、身体成分。

（二）运动技能体适能

包括灵敏性、平衡感、协调性、速度、肌肉爆发力、反应时间，称为六要素。

（1）灵敏性：指身体或身体某部位迅速移动，并快速改变方向的能力。

（2）平衡感：指人体在静止站立或运动时能够维持身体稳定性的能力。

（3）协调性：指肌肉系统表现的正确、和谐、优雅的活动动作，这主要反应一个人的视觉、听觉和平衡感觉与熟练的动作技能相结合的能力。

（4）速度：指人体进行快速移动的能力或最短时间完成某种运动的能力。

（5）肌肉爆发力：指肌肉在最短时间收缩时所产生的最大张力，通常用肌肉单位时间的做功量来表示。

（6）反应时间：指对某些外部刺激作出生理反应的时间。体适能较好的人，动作协调、轻巧、灵活、敏捷，在活动中动作准确，变换迅速。

（三）功能性体适能

主要针对老年及体弱人群，在此不做过多的介绍。

三、体适能对学生的重要性

（1）有充足的体力来适应日常工作、生活或读书。学生平常读书、上课的精神专注程度和效率，皆与体适能有关，尤其是有氧（心肺）适能，一般而言，有氧适能较好的人，脑部获取氧的能力较佳，看书的持久性和注意力也会佳。

（2）促进健康和发育，体适能较好的人，健康状况较佳，抵抗力较强。拥有良好体适能，身体运动能力亦会较好。身体活动能力较强或较多，对学生身心的成长或发展都有正面的帮助。

（3）有助于各方面的均衡发展。身体、心理、情绪、智力、精神、社交等状况皆相互影响，有健康的身体或良好的体适能，对其他各方面的发展皆有直接或间接的正面影响。目前教育趋势强调全面均衡的发展，更不能忽略体适能的重要性。

（4）提供欢乐活泼的生活方式。教育要让学生有足够的时间和机会去学习和体验互助合作、公平竞争和团队精神等宝贵的经验，从运动和活动中享受 欢乐、活泼、有生机的生活方式，进而提升体适能。

（5）养成良好的健康生活方式和习惯。学生时期对饮食、生活作息、注意环境卫生和压力处理行为习惯，能有良好的认知、经验和态度，对将来养成良好的生活方式有深远的影响。

第二节　体适能与健康

一、心肺适能

（一）心肺适能与健康

心肺适能是身体整体氧气供输系统能力的优劣。包括肺呼吸、心脏以及血循环系统的机能。因此，在健康上特别受到重视。

1. 增强心肌

心肺和骨骼肌类似，经由运动的刺激，可以变得较强而有力。所以，心肺适能好的人，心脏的尺寸和收缩力量会增大，在健康上有益。具体的表现是每搏输出量增多，因此每分钟的心跳次数会减少。

2. 有益于血管系统

血管系统的责任是使由心脏挤送出来的血，沿动脉微血管至组织，再由组织汇回静脉，流返心脏的顺畅流程。心肺适能好，表现为良好的血管弹性及通畅无阻的血管口径为基础。另外，微血管在组织中的生长分布也较密，比较有利于血液的供应。血管口径变窄，血管壁逐渐硬化失去弹性，是造成健康威胁的直接因素。

3. 强化呼吸系统

心肺适能好，肺呼吸量大，肺泡与微血管间进行气体的交换，效率较高。

4. 改善血液成分

心肺适能好的人，血液中的血红素含量较多，有利于氧的输送。也可增加血中高密度脂蛋白与低密度脂蛋白之比值，可减少心脏病的发病率。

5. 有氧能量的供应较为充裕

日常生活中，无论运动时间的长短，都要依赖有氧能量系统供应能源，而有氧能量系统的运作与心肺适能关系密切。因此心肺适能好，长时间的身体活动不会提早出现疲劳现象。

6. 减少心血管循环系统疾病

由于心脏、血管以及血液成分都因心肺适能的改善而好转，因此有助于减缓心血管循环系统机能退化性疾病的威胁。即使不幸发生此类疾病，心肺适能好的人其寿命高，即使患病其康复率也较高。

（二）提高心肺适能的有氧运动

1. 何为有氧运动

有氧运动是指有节律的全身主要肌群参与的、恒常的耐力运动。它以增加人体吸入、运输和利用氧气的能力为锻炼目的。

2. 有氧运动的特点

有氧运动的特点是长时间（一般持续在 20～60 分钟）、全身性的大肌肉活动、有稳定性的中低强度运动、有律动的肢体活动。

一般说来，有氧运动对技巧的要求不高，在有氧运动过程中，机体吸入氧气量与所消耗的氧气量基本相等，即达到平衡。使身体在运动的过程中处于有氧的状态下，又不至于上气不接下气，稍微出汗，又不至于大汗淋漓。感到全身舒展，不觉肢体劳累，能有效地改善心、肺与血管的机能，提高肌肉利用氧的能力，对人的健康起到良好的促进作用。这一运动主要包括步行、健身跑、中低速游泳、骑自行车、爬楼梯、水中运动等。

3. 有氧运动对身体机能具有良好影响

（1）提高心肺功能。通过有氧运动可以提高呼吸系统的功能，表现为肺活量水平明显增加，肺交换效率提高。对心脏功能的影响表现为安静时心率下降或不变，心脏的收缩力量增加，心脏容积增大，可预防并减少心血管疾病的发生。

（2）促进生长发育、延缓衰老。有氧运动由于改善身体的血液循环，加强体内的新陈代谢。坚持体育锻炼其身高、体重、胸围都较同年龄的人有不同程度的增长。老年人进行有氧运动，可以调节神经系统的功能，加强体内的代谢功能，使老年人保持旺盛的精力和充沛的体力，从而达到延年益寿的效果。实践证明，以有氧运动为主要形式的体育锻炼是增强体质，提高人体健康水平的最常用、最有效的方法。

（3）提高机体的免疫功能。人体抗疾病能力与机体的免疫系统功能有关，有机体的免疫机能主要是通过免疫细胞完成的。采用小强度的有氧运动形式对提高机体免疫功能的效果最好，免疫功能的提高可以预防和治疗一些一般性疾病。

（4）减肥。运动减肥的效果主要与体育锻炼的时间和体育锻炼的总工作量，而与运动强度关系不大。由于有氧运动的强度相对较小，不容易疲劳，可以保证较长的体育锻炼时间，同时有氧运动消耗的脂肪类物质较多，所以减肥的效果最明显。以减肥为主要目的体育锻炼都应该以有氧运动为主。

二、肌肉适能

（一）肌肉适能与健康

肌肉适能主要包括肌肉的两大能力，肌力和肌耐力。肌力表示肌肉一次所能产生的最大力量。而肌耐力则是以肌肉承受某种适当的负荷时，视肌肉运动反复次数的多少或持续运动时间的长短为代表。肌力与肌耐力同时并列为与健康有关的体适能要素，健身运动时，绝不能忽略肌肉适能。那么肌肉适能对人体有哪些益处呢？

（1）使肌肉变得比较结实而有张力，避免肌肉萎缩松弛。

（2）肌力的运动可以阻止肌肉流失，有助维持比较匀称的身材。

（3）肌肉适能好，身体的动作效率较佳。肌力、肌耐力较好，使肌肉在应付同样的负荷时比较省力，也较耐久。

（4）肌肉适能好，肌肉、关节等部位有较好的保护，有减缓受伤的防护功效。尤其是运动员，肌肉适能是避免运动伤害的重要因素。

（5）肌肉适能好，是维持好的身体姿势的基本条件。

（6）腹部和背部的肌肉适能与背部疼痛有密切关系。尤其是腹部肌力，肌耐力不好，骨盘即无法被悬吊在正常的位置而出现前倾，会迫使下背部位的腰椎过度前弯可能压迫脊髓神经造成疼痛。

（7）肌肉适能好有助于提升身体运动能力，这种运动能力，能够让你充分享受到运动的成就感与乐趣。

（二）影响肌肉力量的生理基础

1. 肌肉体积

肌肉体积与肌肉力量有着密切的关系，肌肉体积的大小可用肌肉横断面积的大小来表示，肌肉横断面积越大，肌肉的体积就越大，肌肉力量也就越大，而且这种关系不受年龄、性别的影响。体育锻炼或体力劳动在提供肌肉力量的同时，总是伴随着肌肉体积的增加。

影响肌肉的因素主要有两个：一是单个肌纤维的直径，二是肌肉中肌纤维的数量。体育锻炼，特别是有针对性的力量练习可以促进体内蛋白质的代谢，增加蛋白质的合成，提高肌肉蛋白质的含量，通过增加单个肌纤维的直径而使肌肉体积增加，也可以通过增加肌纤维的数量，使肌肉体积增加。

2. 肌纤维类型

骨骼肌的肌纤维可分为红肌纤维和白肌纤维两种类型，白肌纤维收缩产生的力量大，红肌纤维收缩产生的力量小。肌肉中肌纤维类型的比例受遗传因素的影响，肌肉中白肌纤维的比例越大，肌肉收缩力量也就越大。力量和速度练习可以增加肌肉中白肌纤维比例。

3. 神经调节

肌肉收缩力量，除决定于肌肉本身的形状、机能特点外，还与神经系统的调节机能有关。神经系统可以通过两种方式调节肌肉力量：一种是通过发放强而集中的兴奋，动员尽量多的肌纤维参与收缩，以增大肌肉力量，有些人在肌肉最大收缩时也仅能动员 60％的肌纤维参与收缩，而有些人则可动员 80％以上的肌纤维参与收缩，显然在其他条件相同的情况下，后者的肌肉力量更大；二是通过增加神经中枢发放神经冲动的频率增加肌肉力量，神经冲动频率越高，肌肉力量越大。神经系统对肌肉力量的影响作用可以解释为什么有些人看上去虽然肌肉体积并不大，但肌肉力量却较大的现象。

三、柔韧性

（一）柔韧性与健康

柔韧性指的是关节可动范围。柔韧性在体适能的要素里，常常被忽略了；通常，认为比赛选手才需要有好的柔韧性，而一般人则不需要，这是错误的看法。虽然我们目前尚无法很精确地指出柔韧性到底要多好才符合标准，但是，很重要的观念与做法就是，任何人在他的人生过程中，绝对不能因岁月的增加而让他的关节变得越来越僵硬，这样，在健康上会遭受不利的威胁。所以，柔韧性被公认为与健康有关的体适能的要素之一，是人体保持健康的不可忽视的重要因素。人体关节保持适当的柔韧性，具有以下好处。

（1）避免关节僵硬及肌肉缩短，保持适当的柔韧性是使身体的活动将更灵活，并能减少肌肉紧张所带来的提早疲劳与疼痛。

（2）柔韧性好的人，身体动作比较优美，表现年轻，并充满活力。

（3）柔韧性好的人，有助于减少运动伤害。肌肉的延展性较佳，关节活动的范围较大，在用力运动状况下，安全不易出现危险。

（4）柔韧性好的人，有助于提升运动能力。如跨栏选手髋关节柔韧性要好；游泳选手的肩关节和肘关节的柔韧性是游泳运动的重要因素。

（二）柔韧性练习的要求

（1）掌握柔韧素质发展的最佳程度，不必达到最大程度。

（2）处理好柔韧素质与力量素质的关系，强调肌肉的弹性，保持肌肉的收缩力量。

（3）贯彻循序渐进的原则，协调好拉伸力量的强度、重复次数、练习时间等有关因素的关系，不可用力过猛。

（4）运用主动力性牵拉与静力性牵拉相结合的方法。

（5）柔韧性练习要坚持不懈，经常进行。

（6）注意柔韧性与温度、时间和疲劳的关系。

（三）改善柔韧性的方法

根据运动科学理论，具有可变性而且又能使关节活动范围增大的是关节周肌群的延展性。因此，提高柔韧性的主要方法是做牵拉练习，牵拉练习可分为两种。一种是动力性牵拉，动力性牵拉主要是节奏较快、并多次重复同一动力的练习，如连续踢腿、摆腿等。动力性练习可以提高关节在运动中的活动幅度，以适应专项体育活动的需要。另一种则是静力性牵拉，静力性牵拉主要是一些缓慢的牵拉练习，如静力压腿等，静力性牵拉比较安全，一般不容易出现运动损伤，在提高柔软性练习时，最好两种方法相结合使用。

四、身体成分

（一）身体成分与健康

身体成分指组成人体组织器官的总成分。总重量为体重，含脂肪成分和非脂肪成分。体脂重量占体重的百分比称体脂百分比；余下的包括骨、水分、肌肉为去脂体重。

大量流行病学调查显示：由于膳食结构不合理、运动不足导致脂肪堆积的肥胖症倾向对人类健康造成了极大威胁。从健康的角度出发，肥胖不仅是体重超标，也包括体脂百分比超过正常水平，因而身体成分的测量与评价一直是医生和体质专家评价健康的依据。

（二）肥胖原因

（1）遗传性因素。人类脂肪细胞数量在生命的早期既已确定，脂肪细胞一旦形成，其数量基本不变，它是由遗传因素决定的。

（2）病理原因。

（3）过度进食和膳食结构不合理。

（4）运动不足。

（三）肥胖的危害

美国医学联合会会长路易斯郑重向人们宣告：我们人类面临的最大威胁并不是癌症，而是对人的健康构成最大威胁的肥胖症。肥胖者的寿命低于体重正常人。脂肪堆积在腹腔，使横膈升高，导致心肺活动受阻，影响心肺功能。脂肪堆积在心脏，导致心肌收缩无力，血流速度减慢，易引起头晕、乏力、头痛。脂肪堆积在血管壁，使血管弹性下降，形成动脉粥样硬化。脂肪堆积在肝脏，易形成脂肪肝。肥胖会导致各种并发症，如过重负荷引起的骨关节疾患等。

（四）减肥要点

（1）持之以恒。持之以恒是减肥成功的重要因素。

（2）运动与科学饮食相结合。减肥在于科学合理的运动，合理的强度全身性的运动，消耗身体较多的能量，加上适量的饮食控制容易取得满意的减肥效果。运动强度和时间要科学。减肥的效果与运动所消耗的能量有关，为此，减肥运动的关键是能持续一定长的时间，研究表明：中强度的长时间持续运动，消耗的总能量明显上升，并以脂肪氧化供能为主。减肥应选择有氧运动为主，同时，也应注意改善减肥者各关节的活动范围和进行伸展性、灵活性运动。

（五）减肥处方

1. 运动减肥的机理

运动作为减肥的最有效方法之一，是因为人体运动时主要能源来自于糖和脂肪。有氧运动中，肌肉收缩活动初期能源为糖，当持续运动达 120 分钟以上时，游离脂肪酸供能达 50%～70% 之多。因此时肌肉对血中游离脂肪酸和葡萄糖的摄取和利用增多，导致脂肪细胞释放大量的游离脂肪酸，使脂肪细胞瘦小；同时使多余的血糖被消耗而不能转化为脂肪，结果体内脂肪减少，体重下降。

研究表明，体育运动能改善脂质代谢。运动时肾上腺素、去甲肾上腺素分泌量增加，可提高脂蛋白酶的活性，加速富含甘油三酯的乳糜和低密度脂蛋白的分解，故而降低血脂而使高密度脂蛋白升高，最终加快游离脂肪酸的消耗。

经常从事耐力运动的人，外围组织，尤其是肌肉细胞膜上的胰岛素受体敏感性提高，与胰岛素的结合能力增强，胰岛素对脂肪的分解有很强的抑制作用，它的减少伴有儿茶酚胺和生长激素等的升高，最终加快游离脂肪酸消耗。

减肥的关键在于运动。目前，专家们认为，要减肥一是节制饮食，二是加强运动，即减少摄入的热量或者努力消耗体内的热量。所以说值得大力提倡的是两个方面：一个是平衡膳食，另一个就是运动。美国专家的调查表明，要使减肥持久支持下去，除了有节制地减少摄入的热量外，必须增加运动量。

2. 科学节食与运动相结合

一般限制饮食，适当减少碳水化合物及脂肪摄入，仅对轻度肥胖者有效。对较重肥胖者严格限制饮食减肥效果不能持久，单纯靠饮食能控制体重者一般不到 20%，大约 50% 的人在 2～3 年内恢复以前的体重。

3. 选择适合的运动项目

选择适合自己的运动项目，如长距离步行、慢跑、自行车和游泳等。

4. 减肥目标和计划

美国运动生理学家莫尔豪斯认为：减肥必须采取理智和稳健的方法，即根据自己的实际情况制定切实可行的减肥目标和计划，然后逐渐调整热量消耗与饮食的关系。他提醒减肥者，在 1 周内减体重不应超过 0.45 千克，否则不能真正长久地减肥。

有了目标即可实行每周 0.45 千克的减肥计划。由于 0.45 千克脂肪可以产生 14649 千焦耳（3500 千卡）的热量，所以，平均每天要比摄取量多消耗 20927 千焦耳（5000 千卡）。消耗这些热量的最佳办法是：每天减少 8371 千焦耳（2000 千卡）热量的食物，再用运动多消耗 12556 千焦耳（3000 千卡）热量。

准备活动 5 分钟，可作些腰、腿髋关节轻微活动。

慢走与快走交替 20 分钟，如步行由慢-快-慢，用 10 分钟走完 1200 米，速度 2 步/秒，再用 10 分钟，走完 1300 米。

基础体力练习 15 分钟：仰卧起坐 20 个（手抱头或不抱均可）；俯卧撑 20 个；俯卧抬起上体 20 个；提脚跟 50 次；立卧撑 20 次；蹲跳起 20 次。

以上全部内容锻炼 45 分钟，共消耗热量约 12556.5 千焦耳（300 千卡），此热量相当于米饭 90 克或 3 个煎鸡蛋。

注意事项：锻炼时轻松或过于吃力，可稍调节内容和次数；锻炼后第二天不感到疲劳为宜，可每周适当增加运动量；严寒、酷暑或身体不适时，应停止锻炼，不可蛮干。

运动种类：步行、慢跑、自行车、游泳、滑冰等。

辅助项目：太极掌（套路）、乒乓球、羽毛球、网球、健身操等。

运动强度：慢跑速度开始由 100～110 米/分，逐渐增到 120～180 米/分。运动时心率控制在 20～30 岁 150～160 次/分；40 岁 140 次/分；50 岁 130 次/分；60 岁 120 次/分以内为宜。

运动时间与频度：每次 30～40 分钟、每周 3～5 次。

第三节 健康体适能评价

一、身体成分评价

（一）体重指数

体重指数：实际体重（千克）/身高平方（米²）。

国际上常用的是世界卫生组织（联合国世界卫生组织）建立的标准：成人正常值为 19～25；小于 18.5 为体重偏轻，大于 26 为超重。

（二）身高标准体重

中国人的身高标准体重为：

165 厘米以下者标准体重＝身高（厘米）－100；

166～175 厘米者标准体重＝身高（厘米）－105；

176 厘米以上者标准体重＝身高（厘米）－11；

超过标准体重的 15％为Ⅰ度肥胖（轻度肥胖），超过标准体重的 30％为Ⅱ度肥胖（中度肥胖），超过标准体重的 50％为Ⅲ度肥胖（重度肥胖）。

可以用下列公式计算成人肥胖度：

$$肥胖度＝[实际体重（千克）/标准体重（千克）－1]×100％$$

（三）腰臀比

使用卷尺环绕腰（平脐水平），在吸气末时测量腰围，再把卷尺下移至臀部最宽处，测量臀部。

研究发现：身体脂肪过多以及沉积分布的部位与健康有密切关系，如果腰腹部有过多脂肪细胞沉积，容易引起人体动脉硬化，引发高血压、高血脂、冠心病等，死亡率较同龄的正常人高出 25％～50％。人体研究还提示：腹部脂肪堆积比臀部或大腿部脂肪聚集有发生慢性病更大的风险。

中国成人腰围。应控制在男小于 85 厘米；女小于 80 厘米

成年男女标准腰臀比。应为男小于 0.90；女小于 0.80。腰臀比计算公式如下：

$$腰臀比＝腰围/臀围$$

另外，对身体成分评价还包括体脂的测量与评价、体姿的检查等。

二、心肺适能评价

（一）静态心跳率

把食指及中指放在该动脉上便可感到搏动，计时 15 秒便停，将读数乘以 4 就是每分钟的脉搏次数了，正确的静态心跳率应在连续三个早上醒来时立即量度足 1 分钟，连续量度三天取平均值即可。静态心率应约 60～100 次/分。

（二）以三分钟踏台阶测试评估其心肺功能

完成 3 分钟踏台阶后，5 秒内立刻开始量度一分钟的脉搏，然后记下心跳次数，并可查出其等级所属。若动态后心率越低，你的心肺功能便会越好。详见下列三分钟台阶测试心率常模表（表 5-1）。

表 5-1　18～25 岁三分钟台阶测试心率常模表

男性	评价	女性	评价
＞115	欠佳	＞125	欠佳
105～114	尚可	117～124	尚可
98～104	一般	107～116	一般
89～97	良好	98--106	良好
＜88	优异	＜97	优异

（三）最大摄氧量

最大摄氧量是反映机体吸入氧、运输氧和利用氧的能力，以十二分钟耐力跑测试心肺耐力（表 5-2）。

表 5-2　20～29 岁十二分钟耐力跑测试心肺耐力常模表（米）

男性	评价	女性	评价
＜1900	欠佳	＜1500	欠佳
1901～2100	尚可	1501～1700	尚可
2101～2400	一般	1701～2000	一般
2401～2600	良好	2401～2600	良好
2601	优异	＞2201	优异

（四）肺活量

最大深吸气后，再做最大吸气时所呼出的气量，为肺活量（VC）。肺活量可以评价人的呼吸系统机能。

三、肌肉适能评价

（一）最大力量测试：手握力测试（表5-3）

表 5-3　20～29 岁手握力测试前臂肌力常模表（握力/体重％）

男性	评价	女性	评价
≤60	欠佳	≤34	欠佳
61～69	尚可	35～39	尚可
70～81	一般	40～47	一般
82～91	良好	48～54	良好
≥92	优异	≥55	优异

（二）肌肉耐力测试：1分钟仰卧起坐测试（表5-4）

表 5-4　18～29 岁 1 分钟仰卧起坐测试常模表

男性	评价	女性	评价
≤16	欠佳	≤13	欠佳
17～28	尚可	14～21	尚可
29～40	一般	22～26	一般
41～50	良好	27～34	良好
≥51	优异	≥35	优异

（三）柔韧性评价：坐位体前屈测试（表5-5）

表5-5　20～29岁坐位体前屈测试常模表（厘米）

男性	评价	女性	评价
≤1	欠佳	≤2	欠佳
1～8	尚可	2～9	尚可
8～13	一般	9～14	一般
13～20	良好	14～20	良好
≥20	优异	≥20	优异

第四节　职业实用性体能训练

一、开展职业实用性体能训练的意义

职业实用性体能训练是指利用身体练习为基本手段，根据职业人在从事职业工作和活动时对一般身体素质和基本活动能力的特殊需要，而开展的旨在保障身体活动水平、工作水平和社会适应能力的专门性教育途径和手段。开展职业教育实用性体能训练，可以充实和完善对职业活动有益的基本活动能力和身体素质储备，强化发展对职业重要的垂体能力及其相关能力，在此基础上保障身体活动水平的稳定性，提高机体对不良劳动环境条件的耐受力和适应能力，以此保持和增进未来劳动者的健康。

二、职业实用性体能训练的主要途径和手段

（一）主要途径

（1）一般实用性练习。借助它可以形成在一般职业活动条件下和可能出现的极端情况下使用的运动技能。

（2）职业实用性体操和职业实用性运动项目。职业实用性体操不仅要符合职业活动的要求，而且必须预防职业活动对身体和姿势所造成的不良影响。职业实用性运动项目则无论在操作方式或身体能力方面，均需与职业特点相似的运动项目。

（3）自然环境锻炼。对提高机体适应水平和抵抗职业活动特殊条件不良影响是十分必要。

（4）根据职业活动对身体素质和技能的特殊要求，采取不同职业活动时身体活动方式的辅助性或针对性练习，以提高职业活动时的身体素质与心理素质。

（二）主要手段

职业实用性身体训练的手段，主要采用一般体育运动和竞技运动中的各种各样的身体练习动作，以及根据职业活动的特点进行改造和专门设计的练习。许多劳动类型是采用细小的动作、局部性的动作和区域性的动作，其本身不会有效地发展身体运动能力，当然，职业实

用性身体训练并不一味排斥模仿劳动活动的某些特点。但是，模仿并不是简单地形式上对劳动动作的模仿，而主要应有针对性地动员对于职业必要的身体机能能力、运动能力及相关能力。正是这些练习直接决定着具体职业活动的效果。

三、职业实用性体能训练的基本内容

目前我国的职业达到一千多个，不同的职业其工作方式各不相同，对体能的要求也不尽一样，就是同一职业内部也存在不同的工种。因此，在开展职业实用性体能训练时需对职业分工的具体特点进行选择，现按职业工作时的身体姿势、工作种类、"准"职业种类以及职业体能的任务分别进行阐述。

（一）根据职业岗位工作的身体姿势进行分类的职业体能训练内容（表 5-6）

表 5-6 按身体姿势进行分类的职业体能训练内容

职业类型	职业示例	工作特征	体能的特殊要求	体能训练的主要手段
伏案型	文秘、金融、家电维修、计算机信息、财务会计、管理等	大多在室内较长时间坐着进行职业活动，以脑力劳动为主	能较长时间保持充沛体力、精力和注意力，反应敏捷地进行相对静止状态的脑力劳动。长时间工作容易导致精神紧张、体力不支、代谢水平降低，眼睛、脖子、背部酸疼，反应迟钝，肠胃功能降低等不良反应	定位运动：①颈部旋转运动；②手臂旋转运动；③双臂背后拉伸；④耸肩运动；⑤扩胸运动；⑥体侧运动；⑦体转运动 髋运动活动性练习：①俯卧撑；②对墙倒立；③仰卧举腿；④健身跑
站立型	警察、服务、建筑、机械制造、纺织、化工	在特殊环境中工作，以站立或行走为主要身体姿势	需具有较强的体魄、充沛的体力、良好的心理素质以及在不利环境中保持职业性工作的能力。长时间工作容易患静脉曲张、关节炎、髌骨和腰肌劳损、腰椎间盘突出症，甚至出现驼背、塌腰、屈膝等职业病	定位运动：①伸展运动；②体前屈运动；③抱膝运动；④旋转运动；⑤摇摆双臂；⑥拍打双腿运动；⑦合脚掌压膝 活动性练习：①长跑；②仰卧起坐；③登山；④健身练习；⑤站立起踵；⑥拔背行走；⑦向后行走
综合型	地质、海洋、交通运输、营销、护理等	无固定身体姿势	具有充沛的体力以适应连续工作的要求，对身体各部位的协调性和灵活性要求较高。长时间工作对身体的影响是多方面的，其疲劳多为全身性的	定位运动：①上肢运动；②下蹲运动；③体侧运动；④体转运动；⑤全身运动 活动性练习：①俯卧撑；②仰卧举腿；③游泳；④健身运动；⑤定向越野

（二）按"准"职业进行分类的职业体能训练内容（表5-7）

表5-7 按"准"职业进行分类的职业体能训练内容

专业	体能的特殊需要	体能训练的主要手段
金融	腰背肌力量、颈部肌力量、尿道刮约肌、手指灵敏性、脸部笑肌张力等	硬拉（从地面把杠铃拉起至身体挺直），负重转体，颈部"米"字形弯屈，健身球练习，脸部肌肉运动操，瑜伽，小球类运动
保险、营销	下肢力量、一般耐力、攀登能力、灵敏素质、脸部笑肌张力	各种跑跳练习，各种跳绳，垫上前滚翻、后滚翻、横滚、向左右侧滚、跪跳起、各种越障碍跑、跳、钻活动，攀爬练习，脸部肌肉运动操，各种距离定时速跑，小球类运动
经营管理	一般耐力、腰背肌力量、下肢力量、协调素质	各种跑跳练习，各种跳绳，各种距离定时速跑，各种负重练习，仰卧起坐，俯卧挺身，小球类运动
国际商务	灵敏性、协调性、脸部笑肌张力	各种跳绳，垫上前滚翻、后滚翻、横滚，向左右侧滚、跪跳起、各种越障碍跑、钻活动，脸部肌肉运动操，小球类运动
会计信息	腰背肌肉力量、手指灵敏性、协调性	仰卧起坐，俯卧挺身，各种方式提拉重物，负重转人本，健身球练习，各种跳绳，小球类运动
文秘	一般耐力、腰背肌肉力量、脸部笑肌张力	仰卧起坐，俯卧挺身，各种方式提拉重物，负重转体，各种距离定时速跑，脸部肌肉运动操
民航乘务	平衡能力（抗眩晕）、一般耐力、脸部笑肌张力	体操运动、技巧运动、各种距离定时速跑，越野跑，脸部肌肉运动操
社区服务	攀登能力、一般耐力、腰背肌肉力量	登山、仰卧起坐，俯卧挺身，各种方式提拉重物，负责重转体，各种距离定时速跑，越跑，攀爬练习

（三）按职业工种分类的职业体能训练

按职业工种进行分类的职业体能训练内容见表5-8。

表5-8 按职业工种进行分类的职业体能训练内容

职业工作	体能的特殊需求	体能训练的主要手段
地质	高山缺氧对工作能力的影响、无氧耐力、野外生存基本知识	登山、远足、定向越野、拓展训练
医学	体育运动的一般医务、救护知识	体育活动中的医务监督、运动按摩、运动损伤与急救
河运、水文、海洋	无氧耐力、自然力锻炼方法	竞技游泳、实用游泳、水上救生
建筑工程	身体本体感觉与平衡能力	竞技体操、技巧运动
法律	爆发力、速度反应、抗挫能力、灵敏	散打、拳击运动、小球类运动
金融	反应速度、抗击、防卫能力、形体礼仪、抗疲劳能力	防身术、拳击、散打、太极拳、瑜伽、形体礼仪
林业	定向能力、耐力练习方法	远足、登山、定向运动、拓展训练
乘务	身体本体感觉与平衡能力、速度反应、空中逃生、交际能力	体操运动、技巧运动、形体礼仪、拓展训练

职业工作	体能的特殊需求	体能训练的主要手段
物业社区管理	腰背力量、意志力、抗挫能力、抗疲劳能力、交际能力	登山、仰卧起坐、形体礼仪、小球类运动
保险、营销	下肢力结构图一般耐力、交际能力、表达能力、快速反应能力	各种跑跳练习、跳绳、远足、登山、形体礼仪、各种小球类运动
车工、铣工、切削工、钻工	要求发展肩带肌、躯干肌和脚掌肌力量，发展平衡能力、一般耐力、下肢静力性耐力、上肢动作的协调性和准确性、目测力、注意力的专注	各种走、左脚和右脚交换跳跃、体操棒、环、实心球、哑铃练习、爬绳滚、翻、头手倒立、重物投掷目标、装配和摆放物件等、田径运动、篮球和手球
无线电安装员、装配工、绘图员、缝纫工、种表工	要求发展一般耐力、手指协调性、动作的准确性、触觉的敏感性、注意力的专注、反应的速度	300米跑、1000米跑、跳绳、体操凳练习、俯卧体后屈、两手耍网球、篮球运球、投篮、排球、乒乓球、手球
吊车司机、洗车司机、建筑和农业机械驾驶员	要求发展上肢和下肢协调性、上肢和肩带肌肉静力性耐力、一般耐力、简单和复杂反应、注意力的转换能力	实心球、哑铃、橡皮缓冲装置练习、加速运球和听信号急信、左右手同时运球、听信号加速、听信号蹲踞式、站立式起跑、体操、篮球
木工、瓦工、粉刷工、油漆工、石工	发展肩带和下肢肌肉、静力性耐力、前庭稳定性、灵敏性、在高空和有限地点、爬楼梯、爬绳、爬竿和跳跃中保持平衡的能力	沿纵放、斜放、横放的梯上作攀爬练习、肋木练习和爬绳练习、头手倒立和手倒立、窄木行走、负重和对抗练习、在不高处跳下练习、竞技体操、技巧运动、跳水
传送带装配工	要求发展动作速度和准确性，动作的灵敏性和协调性。	30米跑、按标记跳远、支撑跳跃、篮球变换方向、速度运球、传球、投篮、滑雪、排球、足球、田径
安装工、调整工、修理工	发展手指灵巧性、上肢动力性和静力性耐力、上肢、肩带和躯干的力量和耐力、平衡和一般耐力	哑铃、实心球、橡皮减震器、体操凳和肋木练习、杠铃、壶铃练习、举重和搬运重物、投掷小球、手榴弹、推铅球、运动准确性和灵活性练习
采矿工	要求发展肩带肌、背肌力量和耐力、灵敏和柔韧	器械练习（体操棒、实心球、哑铃）、攀爬练习、跳远、体操、摔跤
控制台操作员、畜牧业工人、农艺师和其他农业工人	发展动作速度、反应速度、协调性、躯干肌肉的静力性耐力、培养在紧张的情况下完成动作的能力	徒手、器械体操练习、体操凳、肋木练习、接力、耐力性、准确性、灵敏性游戏、篮球、手球、排球、乒乓球

（四）按职业体能任务分类的职业体能训练

按职业体能的任务进行分类的职业体能训练内容见表5-9。

表5-9　按职业体能任务进行分类的职业体能训练内容

特殊体能需求	训练手段	活动方式与作用
塑形体健美 发展腰背肌力量 发展颈部肌力量	健身运动 健美运动	健身与健美运动是根据职业工作中特殊身体素质的需要，利用一定的器械设备，为发展身体腰背肌肉力量和颈部肌肉力量而进行的身体锻炼或训练女性以有氧运动（平衡操、健美操、仰卧起坐等项目）为首选，还可考虑现在的体型，如瘦高者多做投掷、器械操等，矮胖者多练跳远、短跑、单杠、引体向上

续表

特殊体能需求	训练手段	活动方式与作用
发展手指灵巧性上肢动、静力耐力躯干肌力量	综合运动	网球，篮球运球、投篮、哑铃、实心球、橡皮减震器、体操凳和肋木练习，杠铃、壶铃练习，兴趣重和搬运重物，投掷小球、手榴弹，推铅球、球类运动动作，运动准确性和灵活性练习，注意力游戏，体操、击木游戏，体操、击木游戏、冰球，在健身房进行
反应速度动作速度防卫能力	跆拳道防身术安全教育	培养由外来暴力或自然因素引起的，在国家财产受到侵害或人身安全受到威胁时，具有的迅速反应能力、应急能力、随机应变能力、安全防卫能力以及擒拿格斗技能，较熟练地掌握格斗技术
发展体能	有氧运动	运用身体大肌肉的有氧运动，如游泳、慢跑、骑自行车等，每分钟最大心跳率控制在150～160次/分，这类运动较不激烈，但对体能的提升很有帮助，最好每个星期至少3天，每次至少做20～30分钟
抗视疲劳	运动按摩	将无名指的指尖放在太阳穴上，轻轻地使力按压5次。然后再合上双眼，将无名指及中指的指尖放在上眼的眼睑处，由眼头位置开始轻轻按压至眼尾，重复动作做7～8次，从而促进眼部血液循环，加快生理性疲劳的消除，建议每隔1小时一次
发展体能	非隔网球类项目	通过非隔网性球类项目（如篮球、足球等），在充分发展体能的同时，对培养团结协作精神、提高竞争意识和遵守行为规范能力有积极作用，建议每周一次
工作耐力运动减肥	跳强运动	跳绳能增强人体心血管、呼吸和神经系统的功能，可以预防诸如糖尿病、关节炎、肥胖症、骨质疏松、高血压、肌肉萎缩、高血脂、失眠症、抑郁症、更年期综合征等多种病症，也有利于女性的心理健康。从运动量来说，持续跳绳10分钟，与慢跑30分钟或跳健身舞20分钟相差无几，可谓耗时少，耗能大的需氧运动。在业余休闲时间，初学时，在原地跳1分钟；3天后即可连续跳3分钟；3个月后可连续跳上10分钟；半年后每天可实行"系列跳"（如每次连跳3分钟，共5次），直到一次连续跳上半小时。一次跳半小时，就相当于慢跑90分钟的运动量，已是标准的需氧健身运动

四、职业实用性体能训练的主要练习方法

结合职业活动中力量素质、动作速度和位移速度的速度素质、耐力素质、柔韧素质和协调素质的练习方法，提高学生一般身体素质，主要练习方法有以下几种。

（一）发展上肢、肩速肌群力量的练习

1. 俯卧撑

俯卧，两足跟并拢，脚前掌着地，两手撑地与肩同宽，四指向前，收臀紧腹连续臂屈伸。

2. 斜身引体

仰卧，两臂与肩同宽手正握低单杠，收腹、挺胸、屈两臂，引体使胸部贴单杠，然后伸直，两臂还原成仰卧开始姿势，如此重复进行。

3. 坐撑举腿

坐立两手体后撑，两腿屈膝并拢，向上交替或同时举两腿。

4. 立卧撑

由直立姿势开始，下蹲两手撑地，伸直腿成俯撑，然后收腿成蹲撑，再还原成直立。

（二）灵敏性练习

（1）各种游戏。

（2）各种不同方向的变向跑。

（3）进行篮球、足球或手球比赛。

（4）垫上前滚翻、后滚翻、横滚、向左右侧滚、跪跳起等。

（5）各种跳绳。

（6）各种越障碍跑、跳、钻活动。

（7）两人一组，面对面站立，互相摸对方的背部，要求积极主动摸对方，同时尽量不让对方摸着自己。

（8）两人一组，一人连续做各种动作，另一人模仿做同样动作。

（三）柔韧性练习

（1）两手手掌相对，手指接触的互相压振。

（2）手腕绕环，脚腕绕环，腰及肩绕环。

（3）两臂上下摆振。

（4）直体体前屈，手摸脚尖或摸地。

（5）手扶肋木做各种压肩、压腿等。

（6）跪坐在脚跟上，压踝关节。

（7）坐在地上做各种压伸动作。

（四）协调性练习

（1）各种身体练习的组合练习。

（2）专项技术的组合练习。

（五）力量素质练习

1. 发展上肢、肩带肌群力量

（1）各种方式俯卧撑、俯卧撑移动。

（2）横梯悬垂移行、双杠支撑移行、双杠上下追逐跑。

（3）各种方式推举哑铃。

（4）双杠支撑摆动臂屈伸。

（5）单杠引体向上、只用手或手脚并用爬绳（杆）。

（6）利用肋木做各种拉引动作。

（7）绕腕练习——手持哑铃于体前或体侧作绕8字练习。

（8）哑铃快速推举、头后举、前平举、绕肩、前臂屈伸、手腕屈伸。

（9）转臂练习——手持哑铃于体侧作旋内、旋外练习。

2. 发展腹、背肌群力量

（1）徒手或利用器械做各种方式的仰卧起坐。

（2）仰卧两头起、仰卧起坐。

（3）利用各种器械做各种方式的收腹举腿。

（4）各种方式提拉重物。

（5）传接球练习——两人背靠背分腿站立，其中一人手拿实心球，两人同时向一个方向转体，将球传给另一个人，轮换做。

（6）屈伸练习——肩负杠铃分腿站立作屈伸练习。

（7）俯卧挺身练习——俯卧于垫上，两手相握放于背后，头部和上体作后仰；

（8）负重转体，一肩负杠铃分腿站立，身体向左右旋转。

3. 发展下肢肌群力量

（1）立定跳远、跨步跳、多级跳、纵跳摸高。

（2）各种方式跳绳。

（3）徒手越过障碍物的各种方式单、双脚跳。

（4）负重深蹲起——下蹲较慢，起立加快。

（5）负重半蹲提踵。

（6）负重跨步走。

（7）负重半蹲跳。

（8）跳台阶练习。

4. 发展全身肌群力量

（1）立卧撑。

（2）举重物（女生 12.5 千克，男生 20 千克）。

（3）各种方式投掷沙袋、实心球（女生 1.5 千克；男生 2 千克）。

（4）低单杠和高单杠连续翻身上。

（六）速度素质练习

1. 反应速度

（1）听口令，看信号的各种起跑——如站立、蹲式、背向跳起落下后马上起动。

（2）听哨音变速跑，快速冲跑 10～15 米。

（3）听口令变向跑——在快速移动中听信号后突然变向冲跑 10 米。

（4）听口令快速转身跑，反复几次。

（5）听、看信号后突然作出相应的动作——如教练员喊 1、2、3、4 中某一个数字时，运动员应及时做出事先规定的相应动作。

2. 动作速度

（1）按慢—快—最快—快—慢的速度节奏进行原地 5、3、5、3、5 步小跑、高抬腿跑。

（2）高频率跑楼梯台阶。

（3）快速立卧撑。

（4）高频率跨越障碍物（羽毛球）：10 个羽毛球一字排开，两球间距离 1.2～1.5 米。

（5）20 次一米十字跳。

（6）单、双摇跳绳，两脚交替跳绳。

3. 移动速度

（1）各种距离（30 米、50 米、60 米、100 米、200 米）的快速跑。

（2）10～15 米往返折回跑（要求快速转身）。

（3）越过障碍的速度练习——以最快速度迂回 20 米中若干个障碍物（球筒）。

（4）前后跑——向前跑 8 米，后退跑 8 米。

（5）四角跑——边长约 6 米，要求在拐角处变换方向。

（6）接力跑。

（七）耐力素质练习

（1）跑走交替。

（2）越野跑和自然地形跑。

（3）定时跑。

（4）规定距离与速度的重复跑。

（5）一分钟立卧撑。

（6）连续半蹲跑。

（7）连续跑台阶。

（8）原地间歇高抬腿跑。

（9）长距离多级跳。

（10）连续跳深。

（11）连续跳起投篮。

（12）连续跳栏架。

（13）变速跑。

（14）两人追逐跑。

思考题

1. 体适能定义？

2. 健康体适能包括哪四个方面？

3. 柔韧性练习的要求？

4. 身体成分评价的标准？

5. 运动减肥的机理？

第六章　生命安全教育

学习目标 >>>

1. 了解在职业工作过程中造成各类伤害的原因、症状及相应的处理措施。
2. 学会科学安排体育锻炼，防止不必要的体育伤害事故发生。
3. 了解常见运动损伤产生的原因及防治措施。
4. 了解日常生活中的安全常识，掌握预防与应急处置的措施。

第一节　职业实用性安全防护

在职业工作中，常常会因为外界或自身原因造成各类不同的损伤和意外伤害事故。根据其引起的主要原因可分为中毒类伤害、工作类伤害、动物类伤害和自然类伤害等，应自觉做好安全防护工作。

一、中毒类伤害

（一）腐蚀剂中毒

（1）原因与症状。腐蚀剂包括强酸和强碱，它们与身体组织接触后立即发生强烈的腐蚀作用。腐蚀剂经口而入者可造成唇、口腔、咽、食管、胃肠的糜烂、出血及穿孔，吸入大量强酸蒸气或氨气等可引起喉头水肿、肺水肿，甚至窒息。摄入腐蚀剂后患者会感到胃肠道剧痛，吐出血性的腐烂黏膜，严重者可有休克；稍后可发生穿孔，甚至因继发感染而死亡。如能幸存，常遗有食管狭窄、消化道梗阻等并发症。

（2）临场处理与急救。腐蚀剂中毒的患者应立即送医院急救，但如在送医院前作些初步处理，将有利于减轻病情。如服强酸者给予氢氧化铝凝胶、乳类等，服强碱者给予稀醋酸等中和；如一时难得，对服强酸者可给予石灰水、服强碱者可给予食醋中和；如再没有，则给予牛奶、生鸡蛋、植物油等口服，无论对于哪一种腐蚀剂，均有效果。眼及皮肤灼伤者应即用大量清水冲洗，然后再送医院作进一步处理。腐蚀剂中毒的治疗，除上述措施外还需给予止痛、输液、预防继发感染等，有喉头水肿者应作气管切开，以保持呼吸道的通畅。

（二）铅中毒

（1）原因与症状。铅中毒后，患者常出现明显的症状，如溶血性贫血、肝损伤、黄疸、齿龈与牙齿交界边缘出现暗蓝色铅线等。酸性铅中毒主要是长期吸入高浓度铅烟尘所致，患者早期往往无典型症状，中、晚期常可出现头晕、乏力、失眠、口中甜味感、腹部隐痛和便秘等症状。

（2）治疗与预防。铅中毒的防治应采取综合性防治措施，如定期监测铅作业车间空气中铅烟尘或铅化合物的浓度。对发现铅中毒早期患者进行驱铅治疗等。预防慢性铅中毒首先应以无毒或低毒物质代替铅；对必须用铅做原料的产品应改革生产工艺，以自动化、机械化手段代替手工操作，生产场地密闭化，以减少接触机会；熔铅炉上方安装合理的排气罩，防止铅烟外逸。此外，还要加强个人防护，注意个人卫生，不在车间内进食、吸烟，不穿工作服回家，下班后淋浴等，以防铅污染家庭环境，从而影响家中儿童的健康。

（三）硫化氢中毒

（1）原因与症状。硫化氢是工业生产中常见的废气，在硫化物遇酸、制造硫化染料或使用硫化染料时都可有硫化氢废气逸出。此外在处理腐败的鱼、肉、禽蛋或疏通阴沟、清除粪窖、清洗咸菜池等也有可能接触到硫化氢。硫化氢气体主要经呼吸道吸入。低浓度的硫化氢气体能溶解于黏膜表面的水分中，与钠离子结合生成硫化钠，对黏膜产生刺激，引起眼睛刺痛、怕光、流泪、咽喉痒和咳嗽等症状。吸入高浓度的硫化氢可出现头昏、头痛、全身无力、心悸、呼吸困难、口唇及指甲青紫，严重者可出现抽筋，并迅速进入昏迷状态，常因呼吸衰竭而死。

（2）临场处理。防治硫化氢气体中毒，首先在生产过程中要防止硫化氢气体外溢和发生意外事故；车间里产生的硫化氢气体不应直接排放到周围大气中，应采取净化措施，以免影响居民的健康和农作物的生长。如发生急性中毒事故，应迅速将患者移至空气新鲜处，注意安静、保暖，呼吸暂停者应施行人工呼吸。在深沟等处抢救中毒患者时，抢救者必须戴供氧式面具和腰系安全带（或绳子）并有专人监护，以免抢救者自己中毒和贻误救治患者。

（四）氰化物中毒

（1）原因与症状。氰化物的用途很广泛，常用于电镀业、金属渗碳和提炼金银等贵重金属等。氰化物蒸气主要由呼吸道吸入，高浓度氢氰酸也可经皮肤吸收，生产中如不慎将氢氰酸溅入眼内，可经黏膜迅速吸收。氰化物经胃肠道吸收也很迅速。氰化物大多数属剧毒类，人口服1～2滴即可致死。一般氰化物急性中毒多见于意外事故或误服含氰化物的食物（苦杏仁、白果等）。吸入氰化氢气体时，开始主要表现为眼、咽、喉黏膜等刺激症状；经口误服时，开始主要表现为流涎、恶心、呕吐、头昏、前额痛、乏力、胸闷、心悸等，继而出现呼吸困难、神志不清或昏迷，严重者可出现抽筋、大小便失禁，最后死于呼吸衰竭。若大量摄入氰化物，可在数分钟内引起呼吸、心跳停止，即所谓"闪电型"中毒；长期小量接触氰化物，有时可产生头昏、头痛、睡眠差、食欲不振、胸闷、心悸等神经衰弱症状；皮肤长期接触氰化物，可引起斑疹、丘疹或疱疹。

（2）临场处理与急救。在生产和使用氰化物的车间、仓库内，必须严禁吸烟和进食，严防氰化物经手污染食品并经口摄食。平时注意加强个人防护、严格遵守安全操作规程等。一旦发生急性中毒事故，要立即组织抢救，越快越好。

（五）汞中毒

（1）原因与症状。金属汞主要以蒸气形式经呼吸道进入体内，不易通过消化道吸收；氯化汞溶解度大，可迅速经消化道吸收。进入体内的汞可随血液分布于肝、肾、脑、头发等部位。体内的汞主要通过尿、粪便排泄，少量汞随唾液、汗液和乳汁排出，所以女工在哺乳期和妊娠期不应接触汞，以免影响下一代的健康。短时间内吸入高浓度汞蒸气（如镏金作业、制造高温仪表）可引起急性汞中毒，但目前已少见。长期接触汞蒸气可产生慢性汞中毒，早期可有头昏、头痛、失眠、记忆力减退、乏力等神经衰弱症状以及如胆怯、害羞、易怒等精神改变，此外，流涎、口腔炎和齿龈炎也是慢性汞中毒的早期表现。肌肉震颤是汞中毒的特征性症状，初期表现为手指、眼睑和舌细微震颤，严重时可发展到上肢。

（2）治疗与预防。汞中毒可用二巯基丙磺酸钠或二巯丁二钠等药物治疗。轻度慢性汞中毒是可以治愈的，患者不必顾虑重重。预防方面应采用综合性措施。用无毒或低毒原料代替汞，如用电子仪表代替汞仪表，用酒精温度计代替金属汞温度计。冶炼或灌注汞时应设有排气罩或密闭装置，以免汞蒸气逸出。及时清除和回收流散残留在桌面、地面、墙壁上的汞。定期测定车间空气中汞浓度。汞作业工人应每年体格检查一次，及时发现汞吸收和早期汞中毒患者，以便及早治疗。含汞的废气、废水、废渣要处理后排放。

（六）沥青中毒

（1）原因与症状。沥青一般分为天然沥青、石油沥青、页岩沥青和煤焦油沥青四种，以煤焦油沥青毒性最大。如直接接触受到阳光照射的沥青易产生过敏，接触了它的粉尘或烟雾易造成中毒。沥青中毒局部皮损主要表现为皮炎、毛囊角化、黑头粉刺及痤疮样损害、色素沉着、赘生物等，也可出现咳嗽、胸闷、恶心等全身症状，还可见眼睛流泪、畏光、异物感及鼻咽部灼热干燥、咽炎等症。

（2）临场处理与急救。对沥青中毒者应立即撤离沥青现场，避免阳光照射。对出现皮炎者可内服抗组胺药物或静脉注射葡萄糖酸钙、维生素 C 及硫代硫酸钠等；局部视皮损程度对症处理，如皮炎平外搽；毛囊性损害可外搽 5％硫黄炉甘石水粉剂或乳剂；有色素沉着者可外搽 3％氢醌霜或 5％氧化氨基汞软膏；对赘生物可不处理或手术切除。对全身及眼、鼻、咽部症状可对症适当处理。

（七）煤气中毒

（1）原因与症状。煤气中毒又称一氧化碳中毒。凡含碳有机物质，如煤、石油、木柴等燃烧不完全时都能产生一氧化碳，炼钢、炼铁、炼焦过程中也可产生一氧化碳。此外，用火炉、煤炉取暖时，缺乏通风排烟设备或设备陈旧失修；在使用煤气红外线取暖器时，缺乏安全使用知识或产品本身不合规格，都有可能发生一氧化碳中毒。一氧化碳中毒可分为轻、中、重三度。

（2）临场处理与急救。对煤气中毒者，应先将患者撤离现场，移至空气新鲜、通风良好处。若呼吸停止，宜立即进行人工呼吸。昏迷者应注意吸出口腔及呼吸道的分泌物，以保持呼吸道通畅。应尽快给患者吸入氧或含 5％二氧化碳的氧气；有条件者应尽快进行高压氧舱治疗。还可配合针刺太阳、列缺、人中、少商、十宣等穴位进行治疗。在寒冷季节室内生炉取暖时，应安装排烟管道，让烟气充分排出；用煤气红外线炉时，要注意橡皮管的密封性。易产生一氧化碳的场所应加强通风。

（八）食物中毒

（1）原因与症状。食物中毒以呕吐和腹泻为主要表现，常在食后 1～24 小时内出现恶心、剧烈呕吐、腹痛、腹泻等症，继而可出现脱水和血压下降，可致休克。肉毒杆菌污染所致食物中毒病情最为严重，可出现吞咽困难、失语、复视等症。食物中毒是细菌污染食物而引起的一种以急性胃肠炎为主症的疾病，最常见的为沙门菌类污染，以肉食为主。

（2）治疗与预防。对食物中毒者要及早进行救治。中毒早期可考虑洗胃，以减少毒素的吸收。剧烈呕吐、腹痛、腹泻不止者可注射硫酸阿托品。有脱水征兆者应及时补充体液，可饮用加入少许食盐、糖的饮品，或静脉输液；也可选用适宜抗生素。肉毒杆菌食物中毒者应速送医院急救，给予抗肉毒素血清等。预防食物中毒应禁食霉腐变质的食品；食物宜新鲜、清洁卫生，鱼肉类食物煮熟蒸透后方可食用。一旦发生食物中毒，早期应禁食，但禁食时间不宜过长。

（九）急性酒精中毒

（1）原因与症状。由于饮酒过量易造成急性酒精中毒，早期出现面红、脉快、情绪激动、语无伦次、恶心、呕吐、嗜睡等症，还可发生高热、惊厥及脑水肿等，严重者可出现昏迷，甚至因呼吸衰竭而死亡。

（2）临场处理与治疗。急性酒精中毒者可刺激舌根部以催吐，轻者饮用咖啡或浓茶可缓解症状，对症状较重者可用温水或2％碳酸氢钠溶液洗胃。一般醉酒者经休息、饮茶即可较快恢复，中毒症状重者应送医院诊治。对昏睡者可在洗胃后注入浓茶。对严重中毒者可静脉注射50％葡萄糖溶液100毫升和胰岛素20单位，同时肌注维生素B6和烟酸各100毫克，以加速体内酒精氧化，促进患者清醒；必要时可进行血液透析。如酒精中毒伴有脱水者可给予静脉补液。

二、工作类伤害

（一）烧伤

（1）原因与症状。烧伤可分为烧伤和水烫伤两种类型。除日常生活中常见的开水和火焰、蒸气等高温灼伤外，还包括工业上的强酸、强碱等化学灼伤，电流、放射线和核能等物理灼伤。面积愈大，深度愈深，对全身和局部的影响也愈大、愈严重。

（2）临场处理与治疗。烧伤处理的原则是首先除去热源，迅速离开现场。用各种灭火方法，如水浸、水淋、就地卧倒翻滚等；立即将湿衣服脱去或剪破衣服淋冷水，肢体浸泡在冷水中，直到疼痛消失为止；还可用湿毛巾或床单盖在伤处，再往上喷洒冷水，不要弄破水泡。对局部较小面积轻度烧伤，可在家中施治，在清洁创面后，可外涂红花油、京万红、美宝润湿烧伤膏等。对大面积烧伤，宜尽早送医院治疗。先剃除伤区及其附近的毛发，剪除过长的指甲，创面周围健康皮肤用肥皂水及清水洗净，再用0.1％苯扎溴铵液或75％酒精擦洗消毒，创面用等渗盐水清洗，去除创面上的异物、污垢等。保护小水泡勿损破；大水泡可用空注射器抽出泡液，或在低位剪破放出水泡液；已破的水泡或污染较重者，应剪除泡皮，创面用纱布轻轻辗开，上面覆盖一层液状石蜡纱布或薄层凡士林油纱布，外覆多层脱脂纱布及棉垫，用绷带均匀加压包扎，并注射破伤风抗毒素。

（二）冻伤

（1）原因与症状。冻伤是机体暴露在寒冷环境中过久而形成的损伤。冻伤可分为局部冻伤和全身冻伤两种，局部冻伤好发于指、趾、鼻尖、耳郭、脸颊等暴露部位，而且容易在同一部位复发。冻伤可分以下几度。一度（红斑性）冻伤：冻伤部皮肤从苍白变为斑块状紫蓝色，以后转为红、肿、充血，并有痒、痛、麻木等现象。约 5～7 天症状消失，不留瘢痕。二度（水泡性）冻伤：冻伤部除红肿外，尚可出现大小不等的水泡，局部剧痛，对冷、热、针刺感觉不敏感。2～3 周后水泡干枯形成干痂，痂皮脱落时，有薄的新皮覆盖创面。三度冻伤：轻的局限于皮肤，皮肤从苍白变成紫而黑，伤部周围皮肤肿胀并可有水泡，大多有剧痛。坏死组织脱落后创面愈合需 2 个月以上，会形成瘢痕。全身冻伤：全身冻伤时，除体表血管收缩、皮肤苍白外，伤者出现寒战以增加机体发热，维持体内温度。但当体温继续下降时，伤者感觉疲乏、瞌睡。再进一步就会发生神志迟钝，常出现幻觉。若不及时治疗，就会危及生命。

（2）治疗与预防。发生冻伤后，伤部要迅速复温。可将伤部浸泡在清洁温水中，并在 5～7 分钟内加温到 37～42℃左右。冻伤的肢体宜稍抬高，以消退水肿。一、二度冻伤予以保暖包扎，三度冻伤应由医疗单位进行消毒、包扎、预防感染和创面处理。全身性冻伤复温后，由于全身组织和脏器均有损害，仍可出现低血容量性休克和心肾功能损害，所以应住院抢救。

冻伤发生后治疗较困难，所以应以预防为主。在严寒环境下工作的人员应注意防寒、防湿，衣服鞋袜要松紧适当并保持干燥；暴露部分应涂油膏，减少散热，并戴口罩、手套、耳罩等；户外作业时应适当活动，以促进血液循环。此外，要有足够的睡眠，避免过度疲劳，并注意营养。冷库内应有报警装置，以防意外。

（三）眼外伤

（1）原因与症状。眼外伤在致盲原因中占有重要地位。眼组织遭到破坏后不易修复或重建，视功能的破坏往往难以避免，严重时会引起失明。但是，眼外伤是可以避免的，只要在工作中严格遵守安全操作规程，重视卫生保护，眼外伤的发生可大大减少。角膜异物是眼外伤中最常见的角膜损伤，工厂中多为金属性异物如铁屑、铜末，农村中则以谷粒、麦芒、尘粒等较多见。异物感、疼痛以及刺激性流泪是角膜异物的主要症状。

（2）临场处理与治疗。眼睑、结膜撕裂伤的处理原则与一般外科处理基本相同，如止血、清创、缝合、抗炎等。结膜撕裂时应警惕合并巩膜裂伤的可能性，注意仔细检查伤口，若伴有结膜下出血者，应特别注意。较小的结膜伤口对合良好者，无需缝合，较大的撕裂伤，特别是裂口不齐或伴有筋膜脱出时，则必须缝合。角膜异物切不可用手揉擦，以免异物刺入角膜深部反而不易取出。一般来说，角膜异物较易发现，但细小的异物则需仔细检查才能找到。异物应尽早取出（铁屑在角膜上停留数小时后即可形成锈斑），但必须严格执行无菌操作，以免发生感染。术后应加用抗生素眼膏包扎，直到角膜伤口完全愈合为止。结膜异物可用蘸有生理盐水的棉棒揩除之，也可用清洁的手帕将其揩去。

（四）电击伤

（1）原因与症状。人体接触电流或电弧可引起电击伤。8～12 毫安电流通过身体时，肌肉自动收缩，无明显损害；超过 20 毫安可导致接触部位皮肤灼伤；25 毫安以上电流可致心室纤颤而死亡；220～1000 伏的电压可致心脏和呼吸骤停。轻度电击伤者仅出现恶心、心悸、头晕或短暂的意识丧失，恢复后多不遗留症状。严重电击伤者可致电休克、心室纤颤或呼吸、心搏骤停，甚至死亡。电休克恢复后可留有头晕、心悸、耳鸣、眼花、听力或视力障碍等症，多可自行恢复。电击伤还可引起内脏损伤或破裂。电击伤的局部损伤主要为烧伤。

（2）临场处理与急救。一旦发生电击伤，应立即切断电源，或用干木棒、竹竿等绝缘体将电源拨开，迅速使患者脱离电源。迅速将患者移至通风处，呼吸及心跳停止者宜立即进行人工呼吸和胸外心脏按压，直至自主呼吸恢复为止；有条件者应行气管插管，加压氧气人工呼吸，不能轻易放弃抢救；神志昏迷不醒者可针刺或指压人中、中冲等穴位。电击伤就地急救十分重要，不要因送医院而延误抢救时机。电击伤的局部治疗以暴露疗法为好，其原则和方法同一般烧伤。对电击伤还应注意对症治疗，因缺氧所致的脑水肿可使用20％甘露醇、50％葡萄糖等脱水。由于电击伤可致肢体肌肉强烈收缩而引起骨折或脱位，可针对骨折、脱位等治疗。

（五）眼灼伤

（1）原因与症状。眼灼伤可由强酸、强碱、蒸气或高温液体等冲溅眼部而发生，后果严重，应及时治疗。

（2）临场处理与治疗。当眼遭到酸碱等化学物质灼伤后，在现场的人员应立即用大量清水（井水、河水、自来水）冲洗患眼，越快、越彻底越好。如结膜囊内有固体化学物质，应用镊子或棉签将其取出后再冲洗。局部涂用抗生素眼膏，每日4～6次。伤势较重者用1％阿托品眼药水或眼膏扩瞳，每日2～3次。严重病例，特别有球结膜苍白和坏死现象时，应作结膜下冲洗。对较重的碱性灼伤可在结膜下注射维生素C 0.5～1毫升或注射自血0.5～1毫升（抽自己静脉血0.5～1毫升，立即注射于结膜下）。严重灼伤后，眼球结膜可能产生粘连，故应经常用十分光滑的消毒玻璃棒分离，注意勿损伤角膜。对角膜、结膜有大面积坏死且伴有严重刺激症状者，应予以口服激素类药物。如结膜坏死较重，估计不能恢复者，应将其切除，用口唇黏膜来修补。

三、动物类伤害

（一）狗咬伤

（1）原因与症状。狗咬伤一般分为狂犬咬伤和一般狗咬伤。狂犬咬伤在6～8月份多见。狂犬多具有性情突变、狂躁易怒、狂吠、暴躁时咬人；或虽安静无暴躁现象，但不进食，逐渐消瘦，常因肌肉瘫痪而死亡的特点。

（2）临场处理与治疗。狗咬伤后应立即冲洗伤口，先用20％肥皂水和大量清水反复冲洗伤口，也可用醋冲洗，并进行必要的清创，然后用0.1％苯扎溴铵冲洗，再用浓硝酸、浓碳酸或碘酊烧灼伤口。若疑为狂犬咬伤，宜尽早到医院诊治，并注射狂犬疫苗预防狂犬病发生，还可视病情注射抗生素或破伤风抗毒素血清。

（二）毒蛇咬伤

1. 原因与症状

毒蛇具有毒腺，能分泌毒素。毒蛇的毒液大致可以分为两大类：①神经毒。能使延髓中枢和肌肉迅速瘫痪。②血循毒。能使血液不凝固，引起出血和溶血，还可使血管收缩和舒张功能丧失。如不及时抢救，均可造成死亡。无毒的蛇咬人后留下一排整齐的齿痕；有毒的蛇咬人后除留下一般的齿痕外，另有两颗毒牙的齿痕，较一般的无毒蛇齿痕大而深。咬伤处如没有毒蛇齿痕，或 15 分钟后无红肿及疼痛，则可能为无毒蛇咬伤，暂不需治疗。如不易区别有毒或无毒蛇咬伤时，一律按毒蛇咬伤处理，以免失去抢救时机。蝮蛇科蛇的毒液属于血循毒，咬破处剧痛、红肿，并自伤口不断流出血水。患者有出冷汗、恶心、昏厥等症状，并可有多处出血，如鼻出血、眼结膜出血、皮下出血、呕血、咯血和尿血等，最后发生循环衰竭而死亡。咬伤到死亡时间相隔 2～7 天不等。眼镜蛇科蛇的毒液属于神经毒，初起被咬处局部有灼痛，后来感觉麻木，以后出现上眼皮下垂、走路不稳、四肢无力、头重下垂、流涎、恶心、呕吐、吞咽困难、言语不清，继之出现四肢瘫痪、呼吸微弱、自觉窒息，最后可因呼吸中枢抑制和心力衰竭死亡。从咬伤到死亡时间相隔半小时到 30 小时不等。辨别是哪类毒液引起的症状，在治疗上有重要作用。

2. 临场处理与急救

毒蛇咬伤的急救原则是及早防止毒素扩散和吸收，尽可能地减少局部损害。蛇毒在 3～5 分钟即被吸收，故急救越早越好。

（1）绑扎伤肢：在咬伤肢体近侧约 5～10 厘米处用止血带或橡胶带等绑扎，以阻止静脉血和淋巴液回流，然后用手挤压伤口周围或用吸吮器将毒血吸出，将毒液排出体外。但应当避免直接从口吸出毒液，若口腔内有伤（溃疡、龋齿）可能引起中毒。

（2）冲洗伤口先用肥皂水和清水清洗周围皮肤，再用生理盐水或 0.1％高锰酸钾溶液反复冲洗伤口。

（3）局部降温：先将伤肢浸于 4～7℃冷水中 3～4 小时，然后改用冰袋，可减少毒素吸收速度，降低毒素中酶的活力。

（4）排毒：咬伤在 24 小时以内者，以牙痕为中心呈"＋"形切开伤口，使毒液流出；亦可用吸奶器或拔火罐吸吮毒液。但切口不宜过深，以免损伤血管。若有蛇牙残留宜立即取出。切开或吸吮应及早进行，否则效果不明显。

（5）药物治疗：常用的解毒抗毒药有上海蛇药（口服，第一次 20 毫升，后改为每 6 小时 10 毫升）、南通蛇药（首次 20 片用白酒 30 毫升加温开水服下，以后每隔 6 小时续服 10 片；还可用半支莲 60 克、白花蛇舌草 60 克、七叶一枝花 9 克、紫花地丁 60 克水煎内服外敷）。抗蛇毒血清每次 10 毫升加生理盐水 20 毫升静脉注射，或创伤附近肌注 7.5 毫升。国产蝮蛇抗毒血清专治腹蛇咬伤，对竹叶青咬伤也有一定疗效。此外，激素、利尿剂及支持疗法对本病有辅助治疗作用。

（三）蜈蚣咬伤

（1）原因与症状。蜈蚣咬伤时局部表现有急性炎症和痛、痒，有的可见头痛、发热、眩晕、恶心、呕吐等全身症状，甚至发生谵语、抽搐、昏迷等。

（2）临场处理与治疗。蜈蚣咬伤后，应立即用弱碱性溶液（如肥皂水、淡石灰水等）洗涤伤口和冷敷，或用等量雄黄、枯矾研末以浓茶或白酒调匀外敷伤口，亦可用鱼腥草、蒲公英捣烂外敷，有全身症状者宜速到医院治疗。

（四）猫鼠咬伤

（1）原因与症状。被猫鼠咬伤后局部多出现红肿、疼痛，严重时累及淋巴管、淋巴结而引起淋巴管炎、淋巴结炎或蜂窝织炎。

（2）临场处理与治疗。咬伤部位在四肢时，可暂扎止血带，用生理盐水或清水冲洗伤口，并用5%苯酚或硝酸将局部腐蚀，症状较重者宜到医院治疗。

（五）蜂蜇伤

（1）原因与症状。蜜蜂或黄蜂的刺刺入皮内，一般只表现局部红肿疼痛，多无全身症状，数小时后即自行消退。若被成群蜂蜇伤时，可出现全身症状，如头晕、恶心、呕吐等，严重者可出现休克、昏迷或死亡。有时可发生血红蛋白尿，出现急性肾衰竭。过敏患者则易出现荨麻疹、水肿、哮喘或过敏性休克。

（2）临场处理与治疗。蜜蜂蜇伤可用弱碱性溶液（如3%氨水、肥皂水、淡石灰水等）湿敷，以中和毒素，也可以红花油、风油精、花露水等外搽局部。黄蜂蜇伤可用弱酸性溶液（如醋）清洗伤口，同时用小针挑拨或纱布擦拭，取出蜂刺。局部症状较重者，可以火罐拔毒和局部封闭疗法，并给予止痛剂。全身症状较重者宜速到医院就诊。对蜂群蜇伤或伤口已有化脓迹象者，宜加用抗生素。

（六）其他毒虫咬伤

（1）原因与症状。蝎蜇伤局部可见大片红肿、剧痛，重者可出现寒战、发热、恶心、呕吐、舌和肌肉强直、流涎、头痛、昏睡、盗汗、呼吸增快、脉搏细弱等。毒蜘蛛咬伤者局部苍白、发红或出现荨麻疹，重者可发生局部组织坏死或全身症状。

（2）临场处理与治疗。伤后立即在肢体近心端结扎，然后给予冷敷、封闭疗法、口服或局部外用蛇药片，同时冲洗伤口，吸吮排毒。全身症状明显者宜找医生诊治。

四、自然类伤害

（一）溺水

（1）原因与症状。溺水多发生于夏、秋季，溺水者自水中救出时常呈呼吸浅速、不规律或呼吸困难、发绀、咳嗽，甚至呼吸、心跳停止，常因窒息而死亡。溺于淡水者，水自肺泡进入血循环，引起血液稀释、血容量增加及溶血，可造成急性肺水肿和电解质紊乱；溺于海水者也可因血液浓缩、血容量减少而导致肺水肿和电解质紊乱。

（2）临场处理与急救。将溺水者救出后应立即清除口腔、鼻咽腔的呕吐物和泥沙等异物，保持呼吸道通畅；将其舌头拉出，以免后翻堵塞呼吸道。可将溺水者俯卧，腹部垫高，胸及头部下垂，或抱其双腿，腹部放在急救者肩部，急救者走动或跳动以"倒水"。若溺水者呼吸、心跳停止，应立即进行人工呼吸和胸外心脏按压，以恢复心脏搏动。胸外心脏按压与人工呼吸的频率比为4∶1。对溺水患者复苏的急救，以口对口人工呼吸最常用和最为有效。人工呼吸不可间断，更不能轻易放弃抢救，应维持到恢复自主呼吸或其他症状已表明无法抢救为止。心搏骤停的主要表现有：血压、脉搏、呼吸骤然消失；心前区听不到心音，意识及各种反射消失；患者还可出现发绀、伤口出血停止、瞳孔散大、对光反应消失、全身抽搐等，呈濒死状态。心搏骤停后，全身器官缺血缺氧，因大脑对缺氧最为敏感，故脑损害最早，也最难逆转。凡突然丧失知觉，伴有股动脉、颈动脉搏动消失的患者，应考虑心搏骤停，立即急救，不可耽搁。最常用且有效的方法是立即进行胸外心脏按压，即借助压迫胸壁和脊柱之间而排血的方法。将患者仰卧于硬板床或地上，急救者两手掌置于患者胸骨下段，用力将胸骨下段压向脊柱，使胸骨下陷3～4厘米（成人），心脏即受到挤压而将心室内血液排出；当手腕放松时，胸廓自然回位，胸腔内的负压使腔静脉血回流于心脏。如此反复按压，频率约 60 次/分（小儿 100 次/分）。胸外心脏按压时用力要适度，避免造成胸骨骨折或肋骨骨折而加重病情。有条件者可切开胸腔直接用手挤压心脏而重建血液循环。胸内心脏按压开始时一般不切开心包，若挤压 1～2 分钟效果不明显者可切开心包，直接挤压心室壁。此法有效，但受医疗条件限制。

（二）热晕厥

（1）热昏厥症状主要表现为：感觉筋疲力尽，伴有烦躁不安、头痛、晕眩或恶心；脸色苍白，皮肤湿冷，呼吸快而浅，脉搏快而弱；可能伴有下肢和腹部的肌肉抽搐；体温正常或下降。

（2）临场处理。一旦发生热昏厥，应尽快将患者移至阴凉处躺下。若患者意识清醒，应让其慢慢喝一些凉开水；若患者大量出汗，或抽筋、腹泻、呕吐，应在水中加盐饮用（每升一茶匙）；若患者已失去意识，应让其侧卧躺下，充分休息，直至症状缓解。

（三）晕动症

（1）原因与症状。晕动症即指活动过程中或乘车、船、飞机时，由于交通工具的加、减速或颠簸震动，刺激人的前庭迷路而出现头晕、头痛、恶心，甚至虚脱、休克等症状，常伴有面色苍白、出冷汗、心动过速或过缓、血压下降，或眼球震颤、平衡失调等。本病主要发生于乘车、船、飞机中或其后，可因情绪抑郁、精神紧张、过饥过饿、过度疲劳及嗅吸异常气味等而诱发。晕动症患者的症状因人而异，轻的微觉头昏，重的恶心、呕吐、出冷汗甚至昏倒。

（2）临场处理与治疗。本病的发生因人而异，症状轻重不同，其处理的原则是加强预防，及时对症处理。对于以往有过晕动症病史者，可在乘车、船、飞机前 30～60 分钟服用抗晕、镇静、止吐药物，最为常用的是茶苯海明（又称乘晕宁、晕海宁）50～100 毫克口服，每 4～6 小时一次；也可选用异丙嗪 12.5～25 毫克口服，每日 2～3 次；还可选用复方茶苯海明、去氯羟嗪（克敏嗪）、苯海拉明等。乘车、船、飞机时发生晕动症，应尽可能让患者平卧，亦可将头靠在椅背上闭眼休息，同时，要保持通风、凉爽、空气新鲜。若出现呕吐，宜及时清除呕吐物。另外，针刺或手指按压内关、足三里、神门、百会、合谷及中脘等穴，对及时缓解症状和预防本病发生亦有作用。严重者应及时补充体液，纠正酸碱平衡失调。

（四）中暑

（1）原因与症状。在烈日下或高温环境进行工作或活动时，由于身体调节体温的能力不能适应，体内产生的热能不能适时向外散发，积聚而产生高热称为中暑。患者先有头痛、眩晕、心悸、恶心等，随即出汗停止，体温上升，如不及时抢救可致昏迷而死亡。

（2）预防。露天活动时可搭凉棚，通风能加速对流散热和排除湿气，但不能减低辐射热。厂房建筑应根据风向开窗，使厂房内热空气能被气流带走；有时高温作业点可用电风扇、空气淋浴等岗位送风方式通风。合理安排活动时间，尽量避开一天中最热的时间。服装以传热慢和透气性强的为好，露天活动应戴宽边草帽或竹笠。饮食应富有蛋白质和维生素 C；饮料中应含有一定的盐分，以补充体内随汗液流失的钠离子。同时配备必需的防暑药品如清凉油、人丹等。

（五）过敏反应

（1）原因与症状。过敏反应也称为变态反应、超敏反应，通俗地讲，即对某些已接触过的物质过敏，产生一些临床症状。多数在去除诱因和抗组胺药物等治疗后症状较快消失；但部分能造成较严重的损伤，甚至造成过敏性休克，若不及时救治，可危及生命。引起过敏反应的物质称为致敏原，概括起来有微生物、花粉、寄生虫、异种血清、药物及化学制剂等，日常生活中最易导致过敏反应的物质有花粉、鱼虾、牛奶、蛋类，以及血清、药物等。过敏反应包括的病症较多，常见的有过敏性皮炎、接触性皮炎、过敏性紫癜病等。因患者体质差异、免疫状态不同、受损脏器组织不同，以及造成过敏的内在机制差异等因素，过敏反应的临床表现不尽相同，轻重缓急程度各异。

（2）治疗与预防。对过敏性疾病应及时进行治疗，针对其不同表现而采用相应的治疗方法。过敏性休克病情较为危急，表现为突发胸闷气急、面色苍白、血压下降，可因呼吸循环抑制而死亡，应立即进行抢救。过敏反应常用抗组胺、糖皮质激素等药物，具有抗过敏作用。过敏反应最理想的预防方法是查明过敏物质，避免与之再次接触，如对某食品、药物等过敏者应禁食或禁用该物品。另一方面，凡使用血清制品及可能引起过敏反应的药物（如青霉素等）应作药物敏感试验，阳性结果宜禁用，必须使用时采用脱敏注射法（即小剂量、短间隔、连续多次注射的方法）。输血前宜作交叉配合试验，宜同型输血。

（六）日光性皮炎

（1）原因与症状。本病常发生于颜面及颈部等暴露部分。大多数日光性皮炎患者仅有局部皮肤发红、发黑、脱屑的现象，无明显痛苦，不需治疗。部分对紫外线较为敏感者，照射部位可出现红肿或疱疹，甚为疼痛，继之出现黑褐色色素沉着，多在面颊部出现黑色晒斑。

（2）临场处理与预防。主要是涂青霉素等抗生素软膏，有疱疹者涂甲紫防止感染，局部的炎症数日即愈。不可在烈日下长时间（半小时以上）赤身运动或劳动，暴晒时间只能逐步增加。在山地烈日下活动时，颜面等暴露部分应涂防晒膏，也可用自纱布自制面罩防晒。

第二节　高职体育活动中的伤害事故

近几年来，由于种种原因，各级各类学校的学生参加各种体育活动而发生意外伤害事故的现象时有发生，由此产生的经济与法律纠纷也随之增加，这种情况不但给学校体育教学工作造成了不良影响，也给体育教师带来沉重的工作压力和心理负担，尤其是给学生与家长造成很大的生理和心理伤害。学校开展一切体育活动的目的，都是为了促进学生的身心健康发展，在体育活动过程中首先要高度重视学生的生命安全，要树立"健康第一"的指导思想，这就需要体育教师与学生本人遵循体育健身规律，科学安排体育锻炼，既保证锻炼效果又要保证人身安全。但体育伤害事故在开展体育活动的过程中是不可回避的一个现象。既要发展体育运动，积极参与体育锻炼，增进健康，又要防止体育伤害事故的发生是一对现实矛盾，如何及时预防和减少体育伤害事故，是体育健康教育面临的现实问题。

一、伤害事故的基本特征

高校体育伤害事故主要包括常见性运动损伤及危害性体育事故两类，常见性运动损伤有闭合性、开放性软组织损伤等，危害性体育事故有骨折、脑震荡、运动性休克及溺水等直接危害生命安全的现象。从高校体育伤害事故发生的频度及概率上分析，常见性运动损伤占绝大部分，约80%以上；危害性体育事故发生的频度和概率虽小，但其危害性极大，影响很大，有悖于开展体育运动的宗旨。经过文献资料的统计和分析，发现高校体育活动中伤害事故有其发生、发展的一般规律，并表现出以下较明显的基本特征。

（一）性质特征

文献资料分析表明，高校体育伤害事故的性质以常见性运动损伤，尤以闭合性软组织损伤居多，占50%～60%，开放性软组织损伤次之，占20%～30%；危害性体育事故占5%左右，其他占15%左右。对于危害性体育事故，由于众所周知的原因，目前尚未看到详尽的数据资料，只能通过排他法推算大致情况。

（二）部位特征

体育伤害事故发生的部位以下肢损伤为多，占50%以上，较多地表现为踝、膝关节损伤，大腿后群肌拉伤，胫骨骨折等。单踝关节损伤就占了20%～25%左右；其次为上肢损伤，约占30%，较多表现为掌指、腕关节的损伤，占10%～15%。说明损伤与关节的解剖生理结构有直接关系。

（三）运动项目特征

足球、篮球是造成体育伤害事故中概率和频度最大的项目，占60%以上，而且伤害部位涉及面较广，有开放性损伤中的擦伤、撕裂伤，闭合性损伤中的扭伤、拉伤、挫伤以及骨折、脑震荡等。这与运动项目的参与人数、活动频率、激烈程度有直接关系。

（四）活动形式特征

高职院校体育活动主要包括体育教学、课外体育活动、运动训练和课余竞赛四个方面。文献资料表明，课外体育活动引发体育伤害事故的频率和概率最高，占40%以上；其次是课余竞赛，占30%；再次是体育课教学和运动训练，各占15%左右，这与准备活动是否充分、组织是否合理、行为规范是否受到约束、运动的激烈程度等有一定关系。

（五）时间特征

文献资料统计表明，在全年12个月份中，可以较明显地表现出体育伤害事故发生的特征：3、6、7、8、10月为高发期，尤以3月的常见性运动损伤、7～8月的"水难"为突出特征。

二、高职学生体育活动中的安全

（一）运动安全

1. 运动前准备活动要充分

准备活动因地、因时、因人而异，不可千篇一律。

（1）时间：一般需要 20 分钟左右，冬季约 25 分钟，夏季约 15 分钟。

（2）强度：以身体发暖、微微出汗为准，不宜过大，以防机能过早消耗。

（3）性质：一般性与专门性准备活动相结合。

（4）间隔：准备活动与开始运动或比赛的间隔不宜太长。

（5）自我感觉：身体轻松、协调有力、兴奋性适宜、情绪饱满。

2. 运动结束时要做好整理活动

在剧烈的运动结束后，机体必须经过整理活动逐步松弛下来。如果突然终止运动，大量静脉血会集中停留在下肢肌肉中，使返回心脏的血量减少，从而导致脑部贫血和严重缺氧，血压下降，呼吸短促，造成恶心、呕吐、面色苍白、心慌等症状，严重者甚至会出现重力休克和死亡的危险。因此，运动结束后要进行整理活动，使机体逐渐松弛下来，不能立即终止运动，如下蹲或睡在地上等。整理活动一般需要 5 分钟左右，其要求如下。

（1）逐步缓和：在几分钟内做一些慢跑和放松动作，松弛肌肉。

（2）调整呼吸：配合放松动作做些深呼吸。

（3）稳定环境：运动刚结束，不要立即进入较冷或者温暖房间，不要立即洗温水或冷水浴，最好是身上的汗已经干了及身体恢复安静后再进行。

3. 睡前不宜做剧烈的身体运动

睡前进行剧烈的身体运动，首先会使中枢神经高度紧张，运动结束后神经冲动会持续很长一段时间才能逐渐恢复，所以容易引起失眠、心情烦躁。再者，剧烈运动后，肌肉的紧张难以松弛，没有更多的时间进行整理放松，从而影响睡眠。为了调节学习和工作的紧张情绪，在睡前宜进行负荷较小的身体活动，如散步、慢跑、做操等，是有利于健康的。

4. 起床后不能立即进行剧烈的身体运动

睡觉醒后，中枢神经系统还没有真正从抑制过程转入兴奋状态。内脏器官的机能没有充分调动，全身的肌肉还处于松弛状态，全身无力、精神不振，整个机体几乎没有适应剧烈运动的能力。因此，不能立即进行剧烈运动，正确的方法是：醒来后在床上坐一会儿，然后在室内走一走，洗脸清醒大脑后，再到室外去，从准备活动开始进行运动。

（二）季节与运动安全

1. 春季运动与安全

春季是个锻炼的好季节，能够使身体进入最佳状态，但春季也是细菌繁殖的旺盛季节，因此，在春季参加运动时也要注意运动安全。

（1）要注意克服"春困"。在春天，人们常常感到精神不振、四肢无力，总觉得觉没有睡好，即称为"春困"。在这种情况下，参加体育活动不能一下子进入活动高潮，一定要做充分的准备活动，循序渐进，不能因为气温合适而使运动时间不规律和运动时间过长。

（2）运动时要防止疾病的传播。春季是细菌繁殖的高峰季节，疾病的传播也很活跃。所以，在运动过程中要更加重视个人的卫生，及时洗澡，勤洗衣服；运动中或运动后不能立即去吹风或冲凉水澡，防止感冒等疾病危害健康；不要暴饮暴食。

2. 夏季运动与安全

（1）夏季运动时要防止中暑。在酷热的夏天，特别是我国的南方和长江中下游气温高，进行体育锻炼要特别注意以下几点。

中午（即 11~16 时之间）不要安排体育活动，但可以参加游泳运动。不要在太阳下参加锻炼，要寻找阴凉处和通风的场所进行体育锻炼。必须注意防晒，注意运动负荷不宜过大，增加间歇时间和次数。夏季人体运动时出汗多，要注意加强水分和盐分的补充，以保证正常的机体代谢平衡，有利于避免中暑。夏天运动后要洗温水澡，一方面可以放松机体，另一方面可以防止中暑。夏天要保证夜晚睡眠休息，在中午要睡午觉，睡眠不好，疲劳得不到消除，在身体运动过程中更易造成中暑。

（2）夏天运动要防止日光晒伤。强烈的日光照射机体时间过长，会损害身体，即日射病。夏天在日光下运动，可以涂些氧化锌软膏或护肤油等，以便保护皮肤免遭晒伤。运动时间安排在早晚为好。如果皮肤被晒伤，可用复方醋酸铝液作湿敷或涂以冷膏；若水泡破溃，可涂硼酸软膏（5%）、氧化锌软膏、甲紫液和正红花油等。

3. 秋季运动与安全

秋季气温变化较大，气候也很干燥。秋季进行体育锻炼时必须注意以下几个方面。

（1）运动开始时要多穿些衣服，待到身体发热开始出汗时，便可逐步脱去一些衣服，特别是早晨气温较低时，更不能先穿单衣运动。

（2）运动后及时将汗擦干，不要让身体裸露吹风，这样容易伤风或得关节炎，所以运动后要注意保暖。

（3）运动时不要或尽量少用口吸气，多用鼻子呼吸，以免冷气刺激咽喉，防止灰沙进入口腔和呼吸道。

（4）运动前后注意补充水分，多吃水果和蔬菜，以防止皮肤和嘴唇干裂。

4. 冬季运动与安全

"冬练三九"，冬季是体育爱好者十分珍惜的时机。因为在寒冷的冬季参加体育锻炼，一方面可以更好地提高人体机能和运动水平；另一方面可以更好地提高人体抵抗疾病和御寒的能力，达到增进健康的目的。但冬季的身体锻炼必须要注意机体的卫生与保健。

（1）冬季人体运动要做好充分的准备活动，以免造成机体各部位的伤病。

（2）冬季户外运动要注意保护眼睛。因为冬季十分寒冷的气温和冷风对眼睛的刺激较大，可能会出现流泪、红肿、角膜受损等症状，所以运动时有条件者可戴防护镜等进行锻炼，不要乱揉眼睛。

（3）冬季运动要注意保护皮肤。运动时可以戴手套和帽子，不要在风大的地方运动，避免皮肤潮湿，出汗时注意即时擦干，服装要柔软保暖，可在皮肤上涂些防冻防裂膏，运动后勤洗澡、勤更衣等。

（4）体弱多病者要不断适应冬季锻炼，这样有利于提高机体的抵抗和免疫能力，增进健康。

（5）参加冬泳活动，机体要有一段时间的寒冷适应过程，不科学的盲从行为会损害身体健康。

（6）运动后必须加强保暖和补充能量。

（三）女子身体运动与安全

1. 女子参加的运动项目与男子有所差别

女子在青春发育期以前，与男子的机体能力差异不大，所从事的体育锻炼项目也可以没有差别。但是到了青春发育期，特别是开始有月经来潮，机体产生了一系列的变化之后，女子参与的运动负荷与男生应该有所不同。根据女子的生理特点，女子不宜参与举重、散打、足球、撑竿跳高、三级跳远、掷链球、高单杠、鞍马等项目；女子适合参与体操、健美操、舞蹈、形体、羽毛球、乒乓球、网球、跑步和游泳等项目。

2. 女子月经期的运动安全

女子在月经期参与运动，必须注意如下事项。

月经期应安排较轻的运动量，避免因运动量过大，造成大脑皮层兴奋与抑制过程的平衡失调。若身体弱，经期腰酸背痛、全身不适、恶心、口渴、头痛、头晕，下腹有痉挛性疼痛等不良反应，应停止锻炼。

月经期如果自我感觉正常，可以进行一般的身体锻炼，如跳舞、健美操、乒乓球等项目，但不要进行长跑、跳远、跳高、足球和篮球等剧烈震动身体的运动。

月经期不能参加游泳运动，因为子宫内膜脱落、流血，形成了创面，一旦冷水和细菌进入子宫，一方面造成被排出的血液和分泌物遇冷凝固不能排出，引起痛经等不良反应；另一方面细菌随水浸入，会引起发炎，危害健康。对运动水平较高又有经期训练和比赛习惯的运动员，要根据身体情况，可以适当地安排运动训练和比赛。

月经期无论是参加运动或不参加运动，都不要生气、着急，应保持心情愉快。因为一旦神经受到刺激，激素分泌不正常，便会造成月经失调，出现经血过多、流血不止或停经等反常现象。

月经期要经常清洗阴道，勤换卫生巾，运动后更要注意清洗阴道，保持经期的卫生，但不能用过热或过冷的水洗。月经期不要喝冰凉饮料和酒，不要过多吃酸、辣、冷食物。可以喝红糖水，或用红糖、生姜与茶煎汤喝，这有利于温热养身和缓解疼痛等作用。

月经期间要注意休息与睡眠，学习、工作、锻炼等不要占用过多时间，以防过度疲劳。

（四）运动服装的选择

1. 适当的运动服装

（1）运动服装均以轻便 T 恤及短裤或运动套装为主，质料要吸汗及有弹性，不妨碍运动。

（2）冬天的运动服装要可增可减，以切合运动的需要。

（3）炎热的天气宜穿着浅色及轻便的运动衫。

（4）一切服装皆清洁及舒适便可，尤其是内衣裤要勤洗勤换。

2. 合适的运动鞋

（1）一双合适的运动鞋：鞋跟呈托杯状，较坚硬，以稳定足踝；鞋跟底下或鞋掌部分有软垫减震；鞋面透气性能良好，既卫生，又易清洁；鞋头有少许空位作缓冲及有助透气；前脚掌部位可以屈曲，不太易，也不太难；足弓的部位有良好的承托，使脚掌不易在耐力性运动中疲劳；鞋底底层物料要坚韧耐磨。

（2）选购运动鞋的最适合时间为黄昏或刚运动完毕，因为当时双脚较为膨胀，近似运动状态，穿上运动袜来试鞋，这样才会较合适。此外，也要留意自己的旧运动鞋磨得薄的位置在哪里，购买新鞋时，便要选择在这些较易磨损的位置上有较坚硬的物料来承托。除以上两点外，也可以把新鞋前后试屈，看看屈曲位置是否在前脚掌，如果不是，通常都是在鞋的脚弓位置，这显示脚弓的承托力较弱了。

三、高职学生常见运动损伤的防治

（一）踝关节扭伤的防治

1. 踝关节扭伤程度与症状

（1）轻度外伤：受伤后的一瞬间脚踝感觉疼痛，但不久就消失。活动者还能继续训练或比赛。而过3、4小时后，走动时有痛感，脚踝部肿胀，踝关节处做屈的动作就疼。一般肿胀部位出现在踝关节表面。如不及时治疗，活动者仍进行训练，就会感到踝关节比原来更疼，完成动作"吃力"并且会再次受伤。

（2）中度损伤：关节轮廓模糊，围长已增至2厘米左右，运动员已感剧痛再不能坚持训练或比赛。甚至在平静状态时，踝部也感疼痛，且屈伸只能在3.5度左右。

（3）严重扭伤：疼痛甚烈，踝关节已不能负荷。不久，关节轮廓就模糊不清，围长增大3.4厘米。踝的下侧肿得最明显，直到趾底。踝部皮肤与脚的外侧，因为内出血的缘故，从第2~3天起呈紫褐色。稍动剧疼，且恢复亦慢，踝关节处只能勉强地做10~20度的屈伸。

2. 踝关节扭伤的治疗

因为踝关节扭伤的主要症状是疼痛，是由于受伤脚的血管出血，而压迫着关节囊的神经末梢，所以急救时首先冷敷扭伤部位，减少其出血。也可用冰块或冷毛巾敷受伤部位，如无此条件，就将受伤关节放入冷水中20~25分钟。用此方法，最初3~5分钟内可能会疼痛加剧。但不久就会减轻或消失。冷敷后将扭伤关节用绷带紧紧包扎，并静息1~2日。卧床休息时，应将伤足抬高，以利静脉回流，消除肿胀。第3日起每日应做2~3次热敷或用温水烫脚，每次约30分钟，同时做脚的伸、屈、绕环、外展等动作，促使血液循环加速，恢复受伤关节的正常动作幅度。当疼痛感和肿胀消失后，就可以在松软地上做跑的练习，但强度不宜太大，运动量也要适可而止。并在训练之余，适量加强大腿、小腿、脚踝的肌肉、韧带的力量练习，以全面增强身体素质，将促进受伤关节机能的迅速恢复。

3. 如何预防踝关节扭伤

下坡、下楼要注意；走不平坦的路或运动时，应穿高帮鞋，以加强防护。此外，特别要指出，穿高跟鞋是诱发踝关节扭伤的重要因素。穿高跟鞋时，双足微屈，脚尖低于足跟，踝关节松弛不稳，很容易扭伤。因此，要尽量少穿高跟鞋，不走不平的路。

（二）肌肉拉伤的防治

在体育运动中，肌肉拉伤是比较常见的一种外伤。据有关资料统计，肌肉拉伤在各种运动损伤中约占25%。轻的肌肉拉伤几天就可以好，比较重的则需要比较长的时间才能康复。个别重度肌肉拉伤，已经引起撕裂的，还需要手术缝合。

肌肉拉伤的主要原因有三个：

第一，不做准备活动或者准备活动不充分就匆忙进行训练或比赛；

第二，身体训练水平不够，肌肉的弹性、伸展性和肌力差，达不到训练或者比赛时所需要的肌力或伸展度而引起拉伤；

第三，身体状况不良，比如，运动量过大引起局部疲劳，使肌肉机能下降，弹性和伸展性减退，肌力减弱，协调性失调，肌肉发僵等都容易引起肌肉拉伤。

怎样预防肌肉拉伤呢？

第一，在锻炼前要充分做好准备活动，特别是容易受伤的部位。准备活动的内容与运动量，应根据训练的要求、比赛内容、个人身体状况、气候条件等决定。从事剧烈运动或者比赛，气温又比较低时，准备活动时间可以长些；一般性训练，气温又比较高时，准备活动时间可以短些。一般来说，以身体觉得发热，微微出汗为好。

第二，肌肉疲劳、紧张、僵硬的人容易拉伤肌肉。预防的方法是做肌肉伸展练习。身体状况良好的人也要根据参加的不同运动项目，伸展有关部位的肌肉，比如参加田径运动的人就要做好下肢肌肉的伸展练习。资料统计表明，大、小腿肌肉拉伤比率较高，因此，要特别加强大、小腿的肌肉伸展训练。

（三）足跟痛的防治

经常跑步，不但可以增强心、肺等器官的功能，对脚部来说，也是一种很好的锻炼，可以增强脚部的肌肉，提高脚弓的弹性，防止发生平脚和脚部韧带的劳损，但是锻炼时不使用正确方法也会引起脚部损伤，足跟痛就是常见的一种。引起足跟痛的主要原因有以下几种：

1. 脂肪垫损伤

脂肪垫损伤指脚跟部跟骨下面的一块较厚的脂肪组织，它起着负重和吸收震荡的作用。当跑步的时候脂肪垫能吸收多数的震荡力。有的人在练跑步的时候，由于着地姿势不正确或脚跟部受到外力撞击，引起脂肪垫出血水肿，就会感到脚跟发痛。治疗这种常见损伤，除了暂时减少运动量或停训外，采用中药熏洗，也有一定效果。

2. 足底筋膜炎

跑步过度或初跑者不适应较硬的场地训练时，可能发生足底筋膜炎。多数为慢性损伤而引起。疼痛范围可包括整个脚底部。出现症状时可以用热疗、中药熏洗、按摩等方法治疗，都有较好的疗效。对个别症状严重者可暂停锻炼。通过休息，促进疾病的恢复。

3. 跟骨骨骺炎

由于跟骨骨骺尚未封闭，负重过多造成跟腱对跟骨骨骺部反复牵扯而发生骨骺炎。X光摄片可以帮助确定诊断。跟骨骨骺炎一般不需进行特殊治疗，适当地减少脚跟部的负重并配合理疗或中药熏洗，效果都比较满意。

4. 跟骨滑囊炎

跟骨周围有滑囊，带弹性，在跑步时起着软垫作用。运动不当特别是穿的鞋子不适合，就比较容易引起跟骨滑囊炎。防治的方法是垫高鞋跟，或者在合适的鞋内脚后跟部加上一块2厘米厚的软垫。

另外，针对足跟痛损伤的发病原因，还应采取以下相应预防措施。

（1）穿合适的鞋，既不过松，也不过紧。鞋内垫一双 0.6～0.7 厘米厚的海绵垫。袜子要柔软，并且要勤洗勤换。合适的鞋袜及鞋垫，可以减少对跟骨部软组织的摩擦。

（2）选择好跑步的场地和道路，不要在过硬的水泥路面或者高低不平的道路上跑得时间过长，如果沿公路跑步，最好在公路两侧的泥土路面上跑。

（3）为了减轻和预防小腿后群肌肉以及跟骨部筋膜的紧张，跑步前，除了做好下肢关节的准备活动以外，还要特别做好小腿后群肌肉及足跟部肌肉的伸展练习。

（4）要坚持量力而行、循序渐进的跑步原则，跑量不要过大，跑速也不要增加太快。

治疗足跟痛有许多办法，下面介绍几种简便易行、效果比较好的治疗方法。

（1）无论哪一种足跟痛，都可以在鞋内垫上足跟橡胶垫或者海绵垫，并把接触最痛部位的鞋垫处剪一孔，这样可以减轻对患部最痛点的压力，使炎症逐渐减轻或消失。

（2）轻度足跟痛，每天可以用热水泡脚一至二次，每次十至十五分钟。

（3）患中度或者重度足跟痛者，如果有比赛任务或者需要继续练长跑的话，可采用粘膏带（胶布）固定法。用胶布固定后，穿合适的鞋，足跟痛几乎可以立即消失。以后每次跑的时候，继续使用粘膏带固定。简易的粘贴法是用四条宽 2.5 厘米的粘膏带，两条围在足跟的后面及两侧，两条横在足底足跟的前面，四条粘膏带交叉的地方用篓式编织法粘贴。

（四）腰部损伤的防治

无论是体育锻炼还是日常活动，腰部所承受的负荷是很大的，因而容易引起损伤和不适，影响人们正常的生活和体育活动。急性腰损伤，俗称"闪腰"，常见的原因有负重活动或体位突然变换、强行用力、提举过重的杠铃、弯腰抬重物不注意收腰等，腰部的肌肉、筋膜、韧带和滑膜等受到牵拉、扭转或肌纤维由于猛烈收缩而受伤或小关节微动错位。对于急性腰部扭伤，在未明确诊断时，不要轻易找人按摩，以免发生危险，要请医生进行明确诊断。伤后初期，宜仰卧于有垫子的木板床休息，腰部垫一个薄枕，以便放松腰肌，也可以与俯卧位相交替，要避免受伤组织再度被牵拉。轻度扭伤休息 2~3 天。较重扭伤应休息 7~8 天。在伤后的 24~48 小时内，如果确实排除脊柱及神经的损伤，仅属腰肌或筋膜、韧带的急性损伤，则可进行穴位按摩，取人中、肾俞、大肠俞、环跳、委中等穴，手法强度较重，使伤者有较强的麻胀感。也可采用穴位刺灸，在双侧内观及印堂浅刺留针，摇动腰部，以腰部疼痛症状缓解为宜。在急性腰扭伤中后期（伤后 48~72 小时以后），可采用多种疗法，如按摩、火罐、针灸、理疗等，疗效均较好。

至于腰部肌肉、筋膜、韧带反复牵拉而产生的慢性损伤，通常人们称之为腰肌劳损。其发生原因很多，主要是由于长期负荷过度，腰部反复微细损伤或急性腰扭伤后恢复不佳而造成的。如果脊柱畸形，则更易引起慢性腰痛。

慢性腰肌劳损，主要表现为腰部疼痛或胀痛，疼痛范围较大，有时可牵涉到臀部、大腿后外侧，但无麻胀感。在活动开始时，疼痛较重，在局部可有压痛点，有酸、胀、痛反应。对腰部劳损，应该治疗和锻炼结合进行，按摩治疗对腰部肌肉劳损引起的腰部肌肉痉挛和组织粘连较为有效。常用方法有推、揉、滚、叩打、弹筋、按压、搓、擦、运拉等，还可配合肾俞、大肠俞、环跳、委中、承山等穴位按摩，超短波、磁疗、热疗、牵引等理疗手段也可采用。在治疗的同时，应注意配合进行腰腹肌锻炼，可以在不引起疼痛和肌肉痉挛的前提下进行肌肉静力性收缩练习，过多的卧床休息是不适当的。

对于腰部的损伤，预防很重要，如在进行体育活动或劳动时，注意力要集中，对所承担的负荷和动作，思想要有所准备。提重物时要屈髋屈膝，尽量用腿部发力，不要用腰部发力，在日常劳动及活动中，应经常变换体位，使不同的肌群得以休息。注意发展腰腹肌的力量，加强自我保护能力，同时应做好力量练习后的放松活动，如伸展牵拉腰腹肌等。如果条件允许，可以在锻炼结束后，倒悬身体一会儿，放松腰部。由于许多腰痛与卧床有关，因此在选择床垫的时候，应特别注意，床垫不宜太软，枕头不宜太高，应以人体侧卧时，脊柱没有侧弯为宜。

（五）肌肉痉挛症的防治

肌肉痉挛就是我们通常所说的"抽筋"，它是肌肉发生不自主的强直收缩所显示的一种现象。体育锻炼中最容易发生痉挛的部位是小腿后群（俗称"小腿肚子"）和脚底的肌肉。

1. 肌肉痉挛常见的原因

（1）寒冷的刺激：在寒冷的环境中运动时，没做准备活动，或者准备活动做得不充分，肌肉受寒冷的刺激就可能发生"抽筋"。例如游泳时受到冷水的刺激、冬季户外活动时受到冷空气的刺激，都可能发生肌肉痉挛。

（2）疲劳：身体疲劳的时候，肌肉的正常生理功能也下降。疲劳的肌肉往往血液循环和能量物质代谢有改变，肌肉中会有大量乳酸堆积，乳酸不断地对肌肉的收缩物质起作用，就会产生痉挛。因而当身体疲劳时，特别是局部肌肉疲劳状态下再进行剧烈运动或做突然紧张用力的动作，就更容易引起肌肉痉挛。

（3）大量出汗：在高温季节或进行长时间剧烈运动，就会大量出汗。汗的主要成分是水，但也含有少数的盐。出汗多，盐的损失也就多，盐与肌肉的兴奋性有关，丢失过多的盐，肌肉的兴奋性增高，就会导致"抽筋"。

2. 发生"抽筋"时的处理

抽筋时，肌肉坚硬，疼痛难忍，而且一时不易缓解，邻近的关节活动也受到限制。不太严重的肌肉痉挛，只要向相反的方向牵引痉挛的肌肉，一般都可缓解。例如，当小腿肚痉挛时，可以伸直膝关节，勾起脚尖，双手握住脚用力向上牵拉即可。此外，还可以配合局部按摩和点掐针刺委中、承山、涌泉等穴位。处理时要注意保暖，牵引时用力要均匀、缓慢，以免造成肌肉拉伤。

3. "抽筋"的预防

首要的是加强体育锻炼，提高健康水平和身体素质，尤其应注意提高耐寒能力和耐久力。另外，运动前必须认真做好准备活动，让全身都活动开，对容易发生"抽筋"的肌肉可事先做适当按摩。冬季锻炼时要注意保暖，夏季运动尤其是进行剧烈运动或长时间运动时，可适当喝点淡盐水。疲劳和饥饿时不要进行剧烈运动。游泳下水前应先用冷水冲淋全身，使身体逐渐适应冷水刺激，水温过低时游泳时间不宜太长。遇到游泳抽筋时具体处理方法如下。

（1）手指抽筋时，将手握成拳头，然后用力张开，这样迅速交替做几次，直到解脱为止。

（2）一个手掌抽筋时，另一手掌猛力压抽筋的手掌，并做振颤动作。

（3）上臂抽筋时，握拳，并尽量曲肘，然后用力伸直，反复几次。

（4）小腿或脚趾抽筋时，先吸一口气，仰卧水上，用抽筋肢体对侧的手握住抽筋的脚趾，并用力向身体方向拉，另一只手压在抽筋肢体的膝盖上，帮助膝关节伸直，就可以得到缓解。假如一次不行，可连续做几次。

（5）大腿抽筋时，吸一口气，仰卧水上，弯屈抽筋的大腿，并弯屈膝关节，然后用两手抱着小腿用力使它贴在大腿上，并加振颤动作，最后用力向前伸直。

（6）胃部抽筋时，先吸一口气，仰卧水上，迅速弯屈两大腿靠近腹部，用手稍抱膝，随即向前伸直，注意动作不要太用力，要自然。在水中抽筋现象消退后，应慢慢游动，以免再次抽筋。如自己没有把握游到岸边，应及早呼救。

（六）岔气的防治

在体育锻炼或比赛中，同学常常遇到由于运动而发生的突然性胸壁或上腹近肋骨处的疼痛现象，不仅影响体育运动正常进行，而且在说话、深呼吸或咳嗽时局部疼痛更加重，疼痛的局部可有压痛，但不红肿。这种症状就叫"岔气"。出现这种现象的原因主要有两个：一是学生在运动前没有做好准备运动；二是呼吸节奏紊乱或心肌功能不佳。因此，预防运动中"岔气"的发生，必须教育学生充分认识准备活动的重要性。每次运动前要充分地活动开肢体，使身体适应后再逐渐加大运动量，在运动中要掌握正确的呼吸方法和节奏，并养成经常锻炼的习惯。在运动或比赛中，如出现"岔气"的现象，可采用下述几种体育疗法。

（1）深吸气后憋住不放，自己握空拳由上到下依次捶击胸腔左、右两侧（从腋下到腰部），亦可用拍击的手法，拍击患者腋下，再缓缓作深呼气。

（2）深吸气憋住气后，请别人捶击患者侧背部及腋下，再慢慢呼气。

（3）可连续做数次深呼吸，同时自己用手紧压疼痛处。

（4）用食指和拇指用力捻捏内关和外关穴（内关穴在手腕部掌面、近掌腕部横纹正中向上 2 寸处，外关穴在手腕部背面正好与内关相对称的部位），同时做深呼吸和左右扭转躯干的动作。

（5）可深吸气后憋住不放，用手握空拳锤击疼痛部位（用力不要太大）。

以上列举的五种方法，它们共同之处是"深吸气"，这就是治疗岔气的要领。因为深吸气后，胸廓变短变宽，使大部分胸壁肌肉处于较大的张力状态，这样可以解除局部的肌痉挛，同时可使肋骨关节牵引到功能位置、以利关节复位。捶打、拍击、捻压、按摩等是在深吸气的基础上在局部使用的不同手法，从中任选一种，皆可促进患部恢复正常功能。岔气的体育疗法简便易行，个别患者感到当时效果不明显，但过一夜后症状可缓解 50%～70%，一般第二天再做一回体育疗法即可痊愈。

（七）网球肘伤的防治

许多大学生非常喜爱网球运动，这种运动不同于奔跑、跳跃及投掷等田径活动，人们经常手握球拍，反复扣球，一场比赛下来，常常手酸肘痛。病初，病情轻，仅为酸胀微痛，且只在用力伸腕和前臂旋转运动时出现。病情发展后疼痛程度加重，呈持续性，且向前臂外侧和手放射，可伴手指麻木，甚至握物无力，持物不牢等；疼痛白天轻，夜晚加重，在击球、握拳、拧东西、持重物等肘关节活动时加剧。由于此病多见于网球运动员，俗称"网球肘"，其医学名称叫"肱骨外上髁炎"。上肢的伸腕伸指活动的肌肉，附着点在肘外侧即肱骨外上髁处，打网球或羽毛球时，手握球拍正手扣球，这些肌肉被猛烈牵拉；若反手扣球，这些肌肉又主动收缩，这样反复用力和收缩，使肌肉在肱骨外上髁的附着点，不断地被扯拉，反复的慢性损伤，结果产生肘部疼痛。网球肘痛，发病时肘部外观不红不肿，亦能正常地进行伸屈运动，但自觉疼痛无力并有肘部压痛点。治疗网球肘，在刚发病时最好停止有关体育和体力活动，让肘部休息。配合使用舒筋活血的中草药局部熏洗，往往能减轻症状。还可采用按摩法治疗。

参加网球运动者应加强腕、臂部力量训练，而这种训练应由小运动量开始，逐渐加大运动量，使机体逐渐适应网球运动。同时，应防止腕关节和前臂肌肉过劳及疲劳积累，在疲劳状态下更易发生网球肘。实践证明：做好训练或比赛前准备运动及运动结束后的放松运动，可提高肌肉的反应能力，有助于防止或减轻肌肉的损伤。正确掌握发球、接发球、击球技术动作，纠正手腕不固定、直臂击球等错误动作，让腕、肘关节不论在后摆还是前挥时都始终保持一个固定且具弹性的角度，即使在做腕、肘部翻转动作时亦不可太猛。做到这些就可防止伸肌群因过度伸展而损伤。亦可采用支持力较强的护腕、护肘以限制腕、肘部翻转和伸直。若在前臂肌腹处缠绕弹性绷带，则可减少疼痛的发生。初学者或肌肉力量较弱者，练习时可选重一点的球拍，并适当调整拍柄，使之适合自己。在穿弦时可减少磅数，选较细的弦并穿得松软些，以缓冲球与球拍对抗所产生的震动力向肌肉的传导。早期发现疼痛应及时治疗，一般需 10～14 天才能恢复正常。初次发病时，最好终止练习，待完全康复并纠正错误技术动作后再练习。

（八）疲劳性骨膜炎的防治

许多大学生在参加长跑和跳跃项目一段时间后，常有学生反映小腿骨疼痛，停止锻炼几天，这种疼痛就减轻甚至消失，而重新开始跑步、跳跃时，疼痛又出现。这种小腿骨的疼痛，就是疲劳性骨膜炎造成的。

产生疲劳性骨膜炎的原因很多，例如在田径运动中，由于练习方法不当，跑跳练习过于集中，加上动作不正确，落地不会缓冲，使肌肉过度疲劳，或场地过硬使小腿受到较大的反作用力，这些均可导致疲劳性骨膜炎发生。疲劳性骨膜炎易发生在胫骨、腓骨、跖骨，此外，上肢过度负荷也可导致尺、桡骨等部位发生骨膜炎。

疲劳性骨膜炎的疼痛性质多为隐痛、牵扯痛，严重的有刺痛或烧灼痛，同时伴有局部肿胀、压痛；胫腓骨疲劳性骨膜炎患者有后蹬痛，尺桡骨疲劳性骨膜炎患者有支撑痛。通过 X 线检查，可见有骨膜增生，骨皮质边缘粗糙、增厚成层状。如出现骨质稀疏、骨纹理紊乱，如融雪一样，就提示疲劳性骨膜炎已加重，转化成疲劳性骨折。一旦发生胫腓骨骨膜炎，应进行积极的治疗。如果症状较轻，则可以边锻炼边治疗，注意减少下肢负担量，并且每天找医生进行必要的按摩、理疗、热敷等。如果症状较重则应停止下肢锻炼，以治疗为主。症状较轻的，在锻炼时还必须采取必要的预防措施，以避免症状加重。如局部可用弹性绷带包扎，适当减少局部负荷，继续从事运动，随着负荷能力的提高，约 2～3 周后症状可自行消失，在锻炼过程中还要调整好运动量，切不要再使下肢局部负担量过重，要注意上下肢交替活动，而且两次练习之间的间隔放松的安排，也要注意更合理些，以利于疲劳的快速消除。参加锻炼不久的患者，特别要遵守循序渐进的原则，注意掌握正确的技术动作及落地的姿势。每次锻炼前后要充分做好准备活动和放松活动。锻炼时穿的运动鞋最好是鞋底有弹性的。场地要选较松软的，不要长时间地在过硬的场地和马路上练习。每天睡前要用热水浸泡小腿，以促进血液循环，改善局部营养。症状较重者，除减少或停止小腿负荷（如跳跃、支撑等）外，可进行理疗、按摩、针灸等治疗，休息时高置患肢，以减轻肿痛，也可外敷中药或浸泡。如症状长期不减甚至加剧，应进行 X 光检查，以及时诊断预防疲劳性骨折的发生。

（九）运动性腹痛的防治

运动性腹痛是指由于体育运动而引起或诱发的腹部疼痛。中长跑、篮球等运动项目发病率较高。运动中腹痛多发生在运动过程中或运动结束后，以右上腹疼痛为常见。

引起运动性腹痛的原因，大致可分为腹腔内疾患，腹腔外疾患和与运动有关的运动性腹痛三大类，运动性腹痛的程度与运动负荷和运动强度密切相关。大多数大学生在小运动负荷和慢速度运动时，腹痛不明显，随着运动负荷和运动强度的增加，腹痛也逐渐加剧。一般来说，如果腹痛时直接由运动所引起的，多为胀痛或钝痛，经减少运动强度或做深呼吸以及按腹部后，疼痛可缓解。如果原来已患有疾病，只是因运动而诱发腹痛者，多为锐痛或阵发性绞痛、钻痛，这时大学生的体育健康锻炼的训练往往要中止，经治疗后，疼痛才能缓解。

运动中出现腹痛，应适当降低运动强度，加深呼吸，调整呼吸和运动节奏（如三步一吸气或四步一吸气），用手按压疼痛部位，或弯腰慢跑一段距离，一般疼痛可减轻或消失。如经上述处理无效，就应停止运动，口服解痉药物，点掐或针刺足三里，内关，大肠俞等穴，并热敷腹部；如果是腹直肌痉挛引起腹痛，可作局部按摩（用揉，按压的方法）。如仍无效果，应请医生进行诊断和处理。

怎样来预防运动性腹痛的发生呢？

首先做好充分的准备活动，使机体内的各个内脏器官适应运动的需要。在长跑或超长跑开始时不要跑得很快，应合理地分配自己的体力，逐步加快速度。其次运动或比赛前要特别注意饮食的内容，饮食的时间和饮食的量。饮食的内容应为容易消化的物，少吃容易胀气的食物或不易消化的食物。运动和比赛前不要吃得太饱，一般以赛前吃七分饱最为合适。进食时间应在赛前两个小时以上。赛前清除肠道中残留的粪便是防止腹痛的有效手段。另外加强全面身体训练可以增强内脏器官的功能，运动中出现腹痛，应减慢运动速度，深呼吸，调整呼吸与运动的节奏，用手按摩腹痛部位，可减轻一些疼痛或使疼痛消失。如果腹痛是由于肝胆、胃肠疾病引起，则应请医生做彻底的检查和治疗。

（十）溺水的救护与抢救

1. 溺水的救护

一般常见的溺水原因有以下几种：第一种是游泳者初次下水不熟悉水性；第二种是溺水者会游泳，但是在游进中由于抽筋或体力不支等原因而需要救护；第三种是溺水者稍会游泳，因不了解水情而进入深水区，此时溺水者往往精神紧张，惊慌失措，用力挣扎。发现溺水者之后，应立即营救。如果附近有救生圈、竹竿、木板或绳子等，应赶快抛给溺水者或携带入水，以便营救。如果溺者距岸边较近，而且在水中挣扎，就要看准目标，两腿前后分开、两手平伸地跳入水中。这种跳法可以使救护者的头部保持在水面上，使视线不致离开溺水者，便于营救。如果溺水者相距较远，就应采取自己最熟悉的入水动作迅速游向目标进行救护。

在接近溺水者时，如果我们没有救生经验，为了防止被溺水者抓住，最好是从他的身后接近。接近后一手应迅速托他腋下，使溺水者头部露出水面。假如溺水者仍继续挣扎，可以用臂压住他的一臂，而手则抓住他的另一臂，使溺水者不能攀、抓，然后将其头部托出水面，用反蛙泳（一种蛙式蹬腿的仰泳）或侧泳托带上岸。

溺水者在水中没顶后，情绪非常紧张，如遇有人抢救会抓住救护者不放。此时，救护者如果不懂得解脱的方法，也容易遭到不幸。常用的解脱方法如下。

（1）手腕解脱法：如果两手腕都被溺水者抓住，救护者应迅速用力将两臂稍上提，然后从内向外向下扭转，就能解脱。解脱后，要迅速扭转溺水者身体，使他背向自己，以便托出水面，托带上岸。

（2）抱前腰解脱法：如果救护者被溺水者从前面将腰抱住，救护者可一手用力抱住溺水者的腰部，另一手托住他的下颌，使劲向前上方推，就能解脱。然后一手绕过溺水者的肩部，托住他的腋窝使其仰浮水面，再托带上岸。

（3）抱后腰解脱法：救护者被溺水者用两手从后面抱住腰部，此时救护者应用两手掰开溺水者的两手就可解脱。注意要将溺水者拇指抓住，用力向两侧分开，同时一手向上，一手向下使劲，将溺水者身体扭转，使其成背向，然后托带上岸。

2. 溺水的抢救

在游泳运动中，有时可能发生溺水事故。溺水容易造成呼吸和心跳停止，如果不及时抢救，将会导致死亡，人工呼吸和胸外心脏按压是对溺水者进行现场抢救的重要手段，因此，熟练掌握其操作方法对大学生来讲是非常必要的。

（1）人工呼吸。口对口人工呼吸法：使伤员仰卧，然后托起下颌使其处于极度后仰位。急救者用一手拇指搬开伤员的口唇，其余四指轻轻按住环状软骨，以压迫食管，防止气体进入胃肠道；用另一手捏住患者的鼻孔，以免漏气，然后深吸一口气，对准伤员的口向里吹气，直至上胸部升起为止。吹气停止后，离开患者的口部，松开鼻孔，让气体再从肺部排出。如此反复进行，每分钟作14～16次即可。进行人工呼吸之前，要将患者的裤带、领口和胸腹部的衣扣解开，适当清除口腔中的分泌物。对溺水者不应过分强调倒水，以免延误宝贵的时间。吹气的压力和气量开始要稍大些，10～20次之后再逐渐减小，维持胸部轻度升起即可。

举臂压胸人工呼吸法：使患者仰卧，头偏向一侧，抢救者跪在患者头前，双手握住患者两臂近腕关节处，将两臂向斜后拉直，使胸廓被动扩大形成吸气；然后将手放回胸廓下半部，稍用力下压，使胸廓缩小，形成呼气；如此反复进行，每分钟14～16次。

（2）胸外心脏按压。对心搏骤停的患者必须立即进行心脏按压。只要发现患者突然昏迷或惊厥，在颈动脉或股动脉处感受不到搏动，即可诊断为心搏骤停。在现场最容易做到的方法是胸外心脏按压，来恢复其心跳。

进行心脏按压时，要使患者仰卧在硬板或平地上。抢救者用一手撑按在患者胸骨的下半段，另一手压在该手手背上，伸直肘关节，借助身体的重量和肩臂部肌肉的力量，有节奏地，带有冲击性地向脊柱方向压迫胸骨，使胸骨及相连的肋软骨下陷3～4厘米，然后快速松开，每分钟按压60～80次，儿童少年的胸廓比较单薄，只用一个手掌用力就可以了。

心搏骤停一般都伴有呼吸停止，进行胸外心脏按压时应同时进行口对口人工呼吸。口对口人工呼吸与胸外心脏按压的频率之比应保持在1：4。

第三节 高职学生日常生活中的安全常识

生活中总会遇到这样那样危险甚至灾难性的事故，它们会影响我们平安稳定的日常生活，损害我们的身心健康，有时甚至会危及我们的生命安全。据有关调查数据和案例显示，有80％非正常死亡是可以通过预防措施和应急处置避免的。有备而无患，未雨绸缪。如果我们高职院校的学生能掌握一些日常避险自救的安全常识，就会为自己赢得更多的生存机会。

一、家庭火灾如何逃生

当家庭失火或楼道失火并已发觉时，首先不要惊慌，要根据当时的情况进行适当处理。

（1）如在晚上睡觉时，当烟火监测器的报警声将您和家人惊醒，或是被火灾的浓烟呛醒时，必须马上下床屈膝弯腰爬行到门口开门，不要停下来收拾钱财，须知生命比钱财更宝贵。

（2）开门时，若摸到房门是冷的，要先从门缝检查一下是否有烟雾；如果没有，可马上离开。开门时要用脚抵住门下方，防止热气流把门吹动。如门外已起火，开门会鼓起阵风，助长火势；打开门窗则形同用扇扇火，应尽可能把全部门窗关上。如果开门时感觉到门把烫手，或门隙有烟涌进来，这时切勿开门。如果决定要打开门，应该先用脚顶住门，再缓缓把门打开。最好从窗口或其他出口逃生。

（3）逃生时，如遇上浓烟，务必匍匐前进，保持头部低垂，因为浓烟从下往上扩散，越接近地面浓烟越稀薄，呼吸较容易，视野也较清晰。

（4）如果屋内有儿童，告诉孩子不要慌张，在撤离过程中，要保护好孩子。

（5）被烟火围困、无法逃离火区的人员，应尽量站到阳台、窗口等易被发现和能远离烟火、呼吸到新鲜空气的地方。白天可以向窗外晃动颜色鲜艳的衣物，或外抛轻型晃眼的东西发送报警信号。

（6）自制器材，滑绳自救。利用身边的绳索或将床单、窗帘、衣服等制成绳状从窗口逃生。

（7）如果发现火势烧到了天花板，应立刻拉下窗帘及拉门之类的引火源，可避免火势的扩大。如窗帘和拉门着火，应立即拉下窗帘，推倒拉门，扑灭火源。

二、有人触电如何搭救

一般情况下把不慎接触带电的家用电器，或误触断裂的通电线路称为触电。触电对人的伤害主要是电灼伤和电击伤。

（1）发生触电时，最重要的抢救措施是先迅速切断电源，然后再抢救伤者。

（2）切断电源拨开电线时，救助者应穿上胶鞋或站在干的木板凳子上，戴上塑胶手套，用干的木棍等不导电的物体挑开电线。

（3）处理电击伤时，应注意有无其他损伤。如触电后弹离电源或自高空跌下，常会并发颅脑外伤、血气胸、内脏破裂、四肢和骨盆骨折等。如有外伤、灼伤均需同时处理。

（4）现场抢救中，不要随意移动伤员。在移动伤员或将其送医院时，除应使伤员平躺在担架上并在背部垫以平硬阔木板外，还应继续抢救；对心跳呼吸停止者要继续人工呼吸和胸外心脏按压，在医院医务人员未接替救治前不能中止。

（5）如果触电者有皮肤灼伤，可用净水冲洗拭干，再用纱布或手帕等包扎好，以防感染。

（6）症状较轻者：即神志清醒，呼吸心跳均自主者可就地平卧，严密观察，暂时不要站立或走动，防止继发休克或心衰。

（7）呼吸停止、心搏存在者：将伤者就地平卧，解松衣扣，通畅气道，立即进行口对口人工呼吸，有条件的可实施气管插管，加压氧气人工呼吸。亦可针刺人中、涌泉等穴，或给予呼吸兴奋剂（如山梗菜碱、咖啡因、可拉明）。

（8）心搏停止、呼吸存在者：应立即作胸外心脏按压。

（9）呼吸心跳均停止者：现场抢救最好能两人分别施行口对口人工呼吸及胸外心脏按压，以2：15的比例进行，即人工呼吸2次，心脏按压15次。如现场抢救仅有1人，也应按 2：15 的比例进行人工呼吸和胸外心脏按压。

三、突发"节日病"怎么办

"节日病"不是某一疾病的名称，而是节日期间多发病的统称。尤其是在春节和国庆长假期间，由于气温、环境、思想情绪、饮食规律、生活起居等各方面均与平时不同，使身体不能适应而出现了一系列异常反应。有关专家提醒，面对突发"节日病"，我们应学会一些基本的救护知识。下面介绍四种节日病应急处理对策。

1. 脑血管疾病

诱因：发病的前提是病人有高血压病史且在节日期间生活没有规律，情绪有较大波动。特别是节日打牌输钱、通宵上网，都可能使血压升高，诱发脑溢血。

症状：发病表现为头痛加剧、流口水、吐字不清。有时可能没有明显头痛，只是说话别扭，半边脸发麻，这时候就要小心了，此时脑血栓可能已经形成。

对策：遇到这种情况，有条件的要先给病人量血压，脑出血时血压要比平时高，随着病情的加剧血压还会升高。家人可以解开病人的衣领扣子。有备用药物的立刻吃下去，如已经不能吞服，可把药化成水服下。

不要盲目搬动病人，不能让病人的头位过高，可不用枕头平卧在床上，头偏向一侧，用冰袋或冷水毛巾敷在病人额头上，以利于减少出血和降低颅内压。同时拨打 120 叫急救车，用担架将病人抬出，尽量不让病人走动。

2. 急性胰腺炎

诱因：饮食无度是急性胰腺炎的主要诱因。过分油腻的食物和酒精会刺激胃肠黏膜，引起胰腺水肿，发生急性胰腺炎。由于发病位置不确定，有些人会误认为是肠炎，结果贻误治疗。

症状：病人一般在餐后 1～2 小时内出现上腹部疼痛，有钝痛、钻痛、刀割样痛或剧痛，并向左腰背部放射，有恶心、呕吐现象，胃里有强烈烧灼感。

对策：急性胰腺炎发作时，为抑制胰液的分泌，应该完全禁食，以避免食物和酸性胃液到达十二指肠内，引起对胰腺的刺激，造成胰腺持续破坏。如果胃里没有烧灼感，可能是单纯胃溃疡，可以吃一些苏打饼干缓解。病情严重者要及时送进医院。

3. 酒精中毒

诱因：亲友相聚少不了推杯换盏，而不加节制地饮酒很可能引起酒精中毒。饮酒过多会因乙醇储留而出现中毒症状。饮酒快则血中乙醇浓度升高得也快，容易出现醉酒症状。

症状：酒精中毒的表现除了有恶心呕吐外，神经兴奋期患者还表现出话多且言语不清，出现动作笨拙。中毒者进入昏睡期后，一般表现为颜面苍白、口唇微紫、皮肤湿冷、体温下降、瞳孔散大、脉搏快、呼吸缓慢有鼾声，这时需积极救治。

对策：亲友可以相互提醒，慢慢饮酒，不要空腹饮酒，同时可以喝浓茶解酒。如果因饮酒过量，导致狂躁症状，千万不能使用镇静剂，也不要用手指刺激咽部来催吐，因为这样会使腹内压增高，导致十二指肠内溶物逆流，从而引起急性胰腺炎。

4. 急性脑炎

过节到人口密集的地方去，可能会突发通过呼吸道传染的急性脑炎，青年人要特别注意。如果有感冒病史，体温又比平时高，又出入过人员流动大的地方，就可能是脑炎，脖子会出现僵硬的症状。这时，要马上送病人入院，进医院尽量乘车，不要让病人走动。另外，诸如高血压、糖尿病、心脏病等常见疾病，也易在节假日频发，我们应引起高度重视。

四、面对歹徒时的自卫术

很多女性都受到过一些不法分子的骚扰，对她们来说，掌握一定的自卫术很有必要。

1. 在歹徒逼近时，利用身上可利用之物

钥匙。将钥匙夹在食指和中指之间，就成了一种短兵相接的重要武器，攻击目标为对手眼睛及面部。在他忍受不了剧痛用手掩面时，用脚猛踢对方裆、腹部，即使是条大汉也会像木桩一样倒下。

上衣。面对持刀的敌人，上衣可是一件宝贝。将上衣充分展开以扰乱对方视线，等待敌手进攻再作对付。如歹徒不是用拿刀手攻击，可将衣服上下抖动，或使其惊恐，或使其慌乱；如歹徒将刀刺出，则应用衣服包住对方手臂，借机踢击对手的裆部、腹部或手腕。最好是用衣服包住对方手臂后，使劲一拉，趁对手身体失去平衡之机，用手掌外侧砍击其后颈，将其击昏。

皮带。将腰间的皮带快速解下来拿在手中可以当成鞭子，或者当成双节棍，抽击对方的多个要害部位，或者防守反击对方的匕首等凶器的进攻。使用皮带攻击可同时增加踢击动作，以强化攻击威力。

钢笔或圆珠笔。手握笔身藏在身后，当对方接近时，出其不意地刺向对方的眼睛或面部，当然一次进攻是很难取得决定性胜利的，要不停地连续攻击。

文件包。当对手持刀刺来时，可以用文件包挡住。需要注意的是，必须在挡住对手进攻的同时，用脚踢击敌人；如一味防守，让对方看出你没有反击的意图后，他会更加肆无忌惮地进攻，那就不妙了。

硬币。用三至五枚硬币，码齐使之斜握在手中，可以明显地增强出拳的威力。当处境极为不妙时，可以将硬币投向歹徒的面部、眼部，为自己攻上取下创造条件。

信用卡、身份证。将其夹在食指和中指之间并用手掌握住，然后寻找机会接近对方，不要让对手发现手中有东西。可用另一手佯攻，使用方法可以横划或用其一角去捅，虽然角是圆形的，只要能用上力量，攻击效果会很好，目标当然是敌之面部、眼部。

手帕、纸团。握拳时掌中如握上一块手帕或纸团有两大好处：其一，可以增强拳头的威力；其二，可起缓冲作用，以减轻拳头所承受的冲击，免受伤害。当然，必要时亦可抛向敌方眼部，趁敌愣神的瞬间，起脚踢向敌方裆部，将其击倒。

2. 在室内遭遇歹徒时，利用室内可利用之物

椅子、凳子。室内的椅子、凳子，在紧急场合，可以用作防身武器。可以用椅子或凳子由上而下尽全力砸击对方头面部。如果对方持匕首攻来，也可用椅子或凳子架挡，然后起腿踢裆。必要时也可将椅子、凳子扔出去，砸向对方的小腿或脚面。

餐具。陶制器皿、玻璃制品或金属制品等，拿在手中都是很有力的武器。但是，如扔过去被对方躲过就没有实际意义了。如果对方手持匕首等凶器，可将啤酒瓶的底部打碎，拿在手中，威胁对方，使之不敢接近。

胡椒粉。如果有烹调用的胡椒粉，可用它撒向对方。不管多么强壮的人，对于刺激物都是很敏感的。此法一旦奏效，可连续使用；如果再用别的东西打击他，则可大功告成。

开水。如果面前有正开着的热水，那就稳操胜券了。此时要果断地打开盖子，由上而下地泼过去，切记不要泼得太猛，不然会烫伤自己。泼时要侧身向着对方，对准他的胸腹部，这样，高低都会泼中的。如果泼到对方身上的开水不多，要趁机用锅或壶猛击其头部，一直打到他不动为止。

杀虫剂。雾状杀虫剂，看上去不足御敌，但如果能弄到对方眼里，就会给他一个很大的打击。要面向对方连续喷射，对方一旦进入射程之内，就会损伤他的眼睛，从而有机会利用别的武器进行攻击。如果对方闭着眼睛往前冲，你可以沉着地换个位置，并停止喷射，等他睁开眼时，再猛地喷过去。

洗衣粉。如果有半袋以上洗衣粉，也是一种武器，用法是拆开口撒到对方脸上。一旦撒到眼里，就会痛得睁不开眼。如果袋内所剩不多，有时间的话，可在里面充上水，虽然稀释过，如果能喷到对方眼里，还是很有效的。

灭火器。如果操作得快，灭火器也是很好的防卫武器。倘若是大型灭火器，虽然操作花费时间，但它容量大，威力也大，顷刻间，就将来犯者变成一个二氧化碳的泡沫球。当然，家用灭火器，因为较为轻便，比起大型灭火器来，更适合自己用。

3. 外出遭遇歹徒时，利用室外可利用之物

沙、土。如果在公园遇到暴徒，最方便的要数沙或土。除非一只手里拿有什么武器，否则，两只手里都要抓满。当对方走近时，先将手收回，待他走到极限时，先将不灵活的那只手里的沙子，由下而上，撒到对方脸上。记住，用力不要过猛，否则，沙子飞扬起来，就很难集中地击中目标。不管对方是什么样的人，被撒一脸沙子，自然会停住脚步的，可利用这个机会跑掉或近身攻击。如果对方只是吃了一惊，待他睁眼时，再把另一只手里的沙子撒过去，并随时补充手里的沙子；如果对方被沙子迷住眼，就可以趁机跑掉了。

石头、砖块。如果身边有石头或砖块，一定要马上拿到手里；只有一块的话，另一只手可抓把沙子。但仍然要把石头拿在有力的那只手里。先用沙子攻击，待对方停住脚步后，再用石头。如果石头较大，可用两只手握在胸前。当对方冲过来时，照准他的脸打；如果不易得手，可迅速一转，改攻他的膝下部位。此招不易防备，命中率较高，而且，只需下砸即可。如果对方站在面前，也是攻击他的膝下部位，不过，眼睛不要盯着他的脚，要趁他抬腿时砸下去。一旦击中他的小腿或脚背，他必然痛得在地上打滚，这时趁机捡起他丢下的武器；有可能的话，再给他的脚一下子，就更万无一失了。

树枝。身边如有大小合适的树枝，也可用作武器；同时，另一只手再抓些沙子或石头，就足以应付对方。如果树枝的强度，能够打掉对方凶器的话，那就只管打他的手腕就行了。如果树枝太细，又不结实，就只能用来刺扎对方的眼睛。不要大幅度挥动，只需稍稍探出，以示威胁，在对方进招时，猛地给他一下，最好另一只手里有块石头或砖头，以防对方近身。

4. 夜遇歹徒时的自卫法

由于晚归的职业人员越来越多，他们的安全问题，尤其是女性安全更受关注。孤身一人遇见歹徒时，不要硬碰硬，尤其在"敌强我弱"的情况下，首先要保护自己。下面这几条经验请你牢记。

走路不要穿小巷，就算走远路也要尽量往大马路走；如果人行道上非常黑暗，可以靠着马路边上走。

不要随便搭陌生人的顺风车，打车要看好车牌号，并看清车主的面貌，下车拿乘车小票；乘电梯要注意里面有没有人，如果有人，要看清对方的长相，观察他是不是向你靠拢，尽量往电梯门口靠；一旦发生什么事，可快速拍打各个楼层的指示灯。

如果电梯坏了必须走楼梯，可事先给家人打个电话，或是方便时请家人下来接你。

午夜下班带一些手电筒类硬物，必要时可以用手电筒照犯罪分子的眼睛，或是用身上硬物敲打他。

在下夜班时手机等通信工具要提前做好设置，一旦发生事情可快速拨打电话报警。

五、女性被跟踪时的应急措施

在夜行时或者在偏僻的地方，单身妇女如果发现有人跟踪，通常情况下会惊慌失措。其实，如果平时掌握了必要的防身知识，在那种情况下可以起到稳定情绪、预防不测伤害的作用。下面是摆脱跟踪和预防伤害的一些必要技巧。

行走的时候，听到身后有脚步声一直紧追不舍，或者看到有跟踪的人影，应该加快脚步；如果身后脚步也快了起来，就应快跑起来。如果受到攻击，应该用尽一切方法进行反击。首先，要敢于尖叫；如果没有效果，就要拼命反击。

在具体实施时，在发觉有人跟踪的时候，就要考虑浑身上下哪些东西可以作为反击的武器，并且把武器握在手里以备不测。反击的时候，以下的方法能起到一招制敌的效果：用雨伞猛刺对方的要害部位；用梳子带齿的一边在对方的鼻子底下横切；用指甲刀、发夹、安全别针、圆珠笔、钥匙串捏在手心里，每把钥匙的尖端都要从指缝间露出来，用来攻击；将粉底盒中的粉或者发胶水喷到对方的眼睛里；硬币夹在手指间，捏紧拳头；用手抓紧背包的皮带，随时准备抡起一击。但是有的时候，会被跟踪的人从后面抱住。这时有两种情况，一是被人用胳膊扼住了喉咙，如果对方用右胳膊扼住了你，他的右脚可能朝向前，而且就在你的脚下（反过来也一样），你可以用脚跟狠劲踩他的脚背；第二种情况是有人用手指在后面掐住了你，你可以抓住任何一根手指，猛地向后拗，然后将其手从头侧甩开。被对方攻击时，你大声喊叫、撕扯，表现出疯狂的模样是有用的。有时候，还要会假装痛苦。如果你表现出痛苦的样子，攻击者也可能觉得满足。你反击的时候也要大声喊叫，这样会使对方害怕。

六、遭到性骚扰如何面对

性骚扰是一个人以某种利诱或威胁为要挟，将自己的不正当性要求强加于他人，迫使他人服从自己的意愿。那么，怎样才能预防性骚扰？

当在公共场所遇到性骚扰时，应及时回避，同时还应该把你的拒绝态度明确而坚定地表达给对方，告诉他（她）你对他（她）的言行感到非常厌恶；若他（她）一意孤行，将会产生严重的后果。

对于那些总是喜欢探询你的个人隐私、过分迎合奉承讨好你，甚至对你的目光和举止有异的男性，应引起警觉，尽量避免与其单独相处。外出时，尤其是在陌生的环境，若有陌生的男性搭讪，不要理睬，要注意那些不怀好意的尾随者，必要时采取躲避措施。

为预防性骚扰，女性在日常生活中应避免穿过分暴露的衣服去人多拥挤的地方或僻静处。

女性尽可能不要与陌生人结伴而行，尤其是刚在歌舞厅、朋友家认识的；遇有陌生男人问路时，不要带路；不要随便接受陌生人的宴请，预防坏人会在食品里下药；不要搭乘陌生人的机动车或自行车，防止落入坏人圈套。

家长、老师要教育年轻女孩学会保护自己，平时要学习一些避免性骚扰的知识，警惕那些行为不端的成年男性的骚扰;一旦发现异常情况,可及时报告有关部门和人员。

1. 行夜路时遇到性骚扰怎么办

(1)应尽量避免夜间独自外出,尽可能选择灯光明亮、行人较多的大道。对于行人稀少、没有路灯设施的黑街暗巷,最好结伴而行。万一独行时,要作出自信刚强的姿态,发现有人尾随或有车跟踪要设法摆脱。

(2)对夜色中突然出现在自己面前的拦路者,可假装将其误认作是在等自己的熟人,并解释自己来晚的原因等,这样可使拦路者认为你不止一人,很快会有其他人来,因而不敢轻举妄动。

(3)若坏人依旧死皮赖脸,可告诉他,自己是警察,正在执行任务,不要在此纠缠,否则将会受到严厉的惩处,并让其迅速离去。这时说话要采用一种威严的低声警告的方式,切不可大声高喊。

(4)对骚扰者高声呵斥,言辞要强硬,声音越大越好,以泼辣的姿态将其吓退。

(5)如果坏人仍纠缠不休,可趁机抓些硬物在手,诸如梳子、钥匙、瓶子等防身。

(6)假使歹徒扑上来,可乘其不备全力还击:抢起背包不让其靠近;用梳子的尖端戳其脸部;用鞋后跟用力踩踩其脚背;用地上的泥沙、石灰撒向他的眼睛。总之,身边的一切物品都能当做武器,多反抗一分钟就多一分获救的机会。

(7)与坏人搏斗时要高声喊叫,尽量向灯光明亮处逃跑,同时打110报警。

(8)如果歹徒强悍有力,自己又孤立无援,此时可佯装顺从,尽量拖延时间,并趁其不备全力将他推倒或狠击其致命处,使其丧失攻击力,迅速脱身。

(9)记下坏人的相貌特征和穿着打扮,脱险后,马上打电话报警,向警方详细描述匪徒的情况。

2. 公共场所遇到性骚扰怎么办

(1)在公共场所,倘若遇到坏人用挑逗性的语言、神态和动作来调戏,可视而不见,让其自讨没趣。对那些死乞白赖的纠缠者要严厉警告,实在不行就叫保安人员来处理。

(2)对那些动手动脚的流氓,应当从自身安全的角度考虑,警告他们,并且向周围群众揭露其丑恶行径,以引起周围群众对坏人的斥责和愤慨,从而得到大家的帮助。

(3)如果坏人继续为所欲为,就要马上报警;如果无法报警,就要马上高声呼救。

(4)打110报警时,切勿在街上的电话亭打电话求助,尤其在僻静的路上,以免在电话亭内被坏人抓住。

3. 在办公室如何避免性骚扰

(1)穿着得体,举止端庄,用严谨的形象和言行让同事们都知道你是一个很规矩的正派人。

(2)消除贪小便宜的心理,应警惕与个人工作、学习、业绩不相符的奖赏和提拔。

(3)凭本事做人,不凭关系做人,加入公平竞争,勇于承担自己工作失误的责任,不为逃避处罚而寻求上司庇护。

(4)和一个异性领导或同事单独在办公室时要把房门打开;和异性领导或同事隔着桌子或保持一步以上的距离讲话。

(5)遇到性骚扰时,千万不要有怕羞的念头,要态度严肃目光坚定地逼视对方,以鄙夷的口气大声地斥责骚扰者。

七、地铁遇险怎样自救

地铁作为一种先进的交通工具而受到现代人的青睐。但是，在地铁给人带来快捷便利的同时，相对封闭的空间、密集的人流也给地铁的救险增加了很大难度。万一意外发生，尽可能地按照专家指点，采取相应措施避免损害的扩大并最大限度地保护自己。

1. 遇到停电时的撤离方法

（1）停电发生在站台时。当站台突然陷入漆黑一片，很可能只是该站的照明设备出现了故障，在等待工作人员进行广播解释和疏散前，请原地等候，不要走动，不要惊慌，站台将随即启动事故照明灯。即使照明不能立即恢复，正常驶入车站的列车将暂停运行，也可以利用车内灯光为站台提供照明。

（2）列车在隧道中运行时遇到停电，此时乘客千万不可自作主张离开列车车厢进入隧道，而应耐心等待救援人员到来。救援人员将悬挂临时梯子并打开无接触轨一侧的车门，乘客应该听从救援人员的指挥顺序下到隧道中并按照指定的车站或者方向疏散。在疏散撤离时注意排成单行，紧跟工作人员沿着指定路线撤离。

（3）当城区供电系统出现电源故障导致大规模停电时，乘客如果在站台上，通过收听站内广播，确认为大规模停电后，应该迅速就近沿着疏散向导标志或者在工作人员的指挥下抓紧时间离开车站。在站内其他灯光微弱的地方，可以按照向导标志确认撤离方向。

2. 在地铁里突然遇险，可考虑在车厢内报警

报警装置为发生紧急情况而设，通常安装在车厢两端的窗户上方，报警之前最好初步判断一下，如果不是特别紧急的情况，大部分事故还是等列车行驶到站台再解决更为合理。比如在车厢内遇到紧急病情，可以先拨打120急救电话，最好不要扳动报警装置，列车在站台停车后更容易处置。

3. 不慎掉下站台，立即紧贴里侧墙壁

乘车时，尤其是高峰期和节假日乘车时，一定要站在黄色安全线以内，发生人群拥堵时一定注意观察，以免发生坠落或者被人挤下站台等意外。万一发生意外，不论情况多么紧急。首先都要保持镇定，留意脚下以免触电。

（1）乘客发现有人意外坠落，赶紧大声呼救并向工作人员示意，工作人员将采取措施停止向接触轨提供电力并及时救助。

（2）如果乘客坠落后看到有列车驶来，最有效的方法是立即紧贴里侧墙壁（因为带电的接触轨通常在靠近站台的一侧），注意使身体尽量紧贴墙壁以免列车剐到身体或衣物。在列车停车后，由地铁工作人员进行救助。

（3）看到列车已经驶来，千万不可就地趴在两条铁轨之间的凹槽里，因为地铁和枕木之间没有足够的空间使人容身。

4. 遇到地铁着火，不要惊慌

乘客要密切留意列车上的广播，切不可慌乱，并要在司机的指引下，沉着冷静、紧张有序地通过车头或车尾疏散门走出隧道，往邻近车站撤离。在疏散过程中要注意脚下异物，严禁进入另一条隧道（地铁是双隧道）。与此同时，车站工作人员会前往事发地迎接乘客。

八、乘电梯发生意外怎么办

1. 如果电梯困住人怎么办

电梯中途停下后，首先要保持镇定，不要担心连接轿厢的钢丝绳会折断，电梯不会轻易掉到井道里。如果突然被困在了电梯当中，千万不要慌张，可用电梯内的电话或对讲机向有关方面求救，还可按下标盘上的警铃报警。困在电梯里的人无法确认电梯的所在位置，因此不要强行扒门，这样会带来新的险情。电梯顶部均设有安全窗，该安全窗仅供电梯维修人员使用，扒撬电梯轿厢上的安全窗，从这里爬出电梯会更加危险。拍门叫喊，或脱下鞋子，用鞋拍门，发信号求救。如无人回应，需镇静等待，观察动静，保持体力，等待营救，不要不停呼喊。

2. 电梯的轿厢门是否能被扒

电梯的轿厢门从外面是不能扒开的，必须用专用工具才能开启，在里面的乘客也绝不能扒门，即使电梯天花板有紧急出口，也不能爬出去，因为出口板一打开，安全开关就使电梯停止不动；但如出口板意外关上，电梯就可能突然开动，使人失去平衡，在漆黑的井道里，可能会被电梯缆索绊倒，或者因踩着电梯外壁的油垢而滑倒，从电梯顶上坠落下去。

九、高楼失火如何逃生

（一）高楼失火自救法

高层建筑发生火灾时，千万不可惊慌失措，保持清醒头脑至关重要。首先要冷静地观察火情和环境，迅速分析判断火势发展的可能，理智地作出果断决策。万万不可留恋火场中的财物而长时间逗留，要尽快地抓住有利时机，选择合理的逃生路线和方法，尽快地逃离火灾现场。另外，每个人平时要对自己工作、学习或生活的建筑物的结构及逃生路径做到轻车熟路，熟悉建筑物内的消防设施及自救逃生的方法。这样，火灾突然发生时，就不会觉得走投无路了。高楼失火逃生应注意以下几点。

1. 逃生勿入电梯

火场逃生要迅速，动作越快越好。但是，千万不要轻易乘坐普通电梯。因为发生火灾后，很可能因断电而造成电梯"卡壳"，这样逃生者会被困在电梯中，反而会处于更加危险的境地。另外，电梯口直通大楼各层，火场上烟气大量地涌入电梯并极易形成"烟囱效应"，人在电梯里随时会被浓烟毒气熏呛而窒息。

2. 楼梯可以救急

逃生时应尽量利用建筑物内的防烟楼梯间、封闭楼梯间、有外窗的通廊、避难层和室内设置的缓降器、救生袋、安全绳等设施。进入楼梯间后，在确定下面楼层未着火时，可以向下逃生。如果火迅速向上蔓延时，会使进入者晕头转向，最终晕厥乃至死亡。对老、弱、病、孕妇、儿童及不熟悉环境的人要引导疏散，互相帮助，共同逃生。楼梯中一般都配有应急指示灯作标志，火灾发生时，人们可以循着指示灯逃生。有的建筑专门设有避难层，如果无法逃离大楼，可以暂时待在避难层等待援助。

3. 不可钻床底、衣橱、阁楼

火灾中切忌钻到床底下、衣橱内、阁楼上躲避火焰或烟雾。这些都是火灾现场中最危险的地方，而且又不易被消防人员发觉，难以获得及时的营救。

4. 不可盲目跳楼

当无法得到及时的救援，又身居较高楼层时，切不可盲目跳楼。可用床单、被里、窗帘等织物撕成能负重的布条连成绳索，系在窗户或阳台的构件上向楼下滑去，也可利用门窗、阳台、落水管等逃生自救。

5. 学会使用求救信号

除了拨打手机之外，也可从阳台或临街的窗户向外发出呼救信号，比如向楼下抛扔沙发垫、枕头和衣物等软体信号物。夜间发生火灾时，则可用打开手电筒、应急照明灯等方式发出求救信号，以方便营救人员找到确切目标。

（二）高楼火灾中需要面对的三种情况

1. 如何穿过火焰区

为避免衣服着火或被烧伤，逃生前最好用水将衣服浇湿、用湿毯子裹住全身或用湿衣服包住头部等裸露部位。万一衣服着火，可就地打滚压灭火苗，千万不要带火奔跑，以免加快空气的相对流动，造成火势更大。

2. 如果火灾不在自己楼层，该往哪儿逃

当确定着火点位于自己所处位置的上层，此时应向楼下逃去，直至到达安全地点；当着火点位于下层，且火和烟雾已封锁向下逃生的通道，应尽快往楼上逃生。楼顶平台是一个比较安全的场所；如楼顶有水箱，可用水浇湿自己的衣服，以抵御火焰的高温熏烤避免烧伤；在向楼顶平台逃生的过程中，如果被火、烟追赶上且又封锁了向上的道路，应及时改选横向逃生路线，从另一层楼的走廊通道逃生，或退守到该层有利于逃避的房间内，寻求其他的自救方法。

3. 如果所有安全通道均被切断该怎么办

可以退到相对较安全的卫生间内作短暂避难。进入卫生间后应迅速地将门窗关紧，缝隙堵严，拧开所有的水龙头放水。特别是浴缸中应不断放水，始终保持较高的水位，一方面便于取水泼浇门窗降温，另一方面火势发展到卫生间时，人还可以进入浴缸躲避一下。

十、路遇塌方如何应对

塌方是指因地层结构不良、雨水冲刷或修筑上的缺陷，道路、堤坝等旁边的陡坡或坑道、隧道的顶部突然坍塌。塌方的种类主要有雨水塌方、地震塌方和施工塌方等。

1. 塌方自救

在雨季，驾车行驶在山路上时，很有可能遇到塌方事故，专家建议如果中途遇到此类事故，要积极自救，可根据实际情况，采取恰当的自救措施。

（1）在道路塌方比较严重的地区，轿车无法行驶，应原路返回找到能够提供补给的地方，再考虑改走其他线路。

（2）在遇到轻微塌方的情况时，可先探查前方道路车辆是否能通行。

（3）在公路或国道出现断路或塌方的情况时，政府和有关部门很快会组织救援，遇险人员要耐心等待。

（4）驾车出门远行要准备一些食品、饮用水和燃料，以备遇到断路或难以找到补给用品时的急需。

2. 塌方救人

在修水利、建房、挖洞窖、意外爆炸及自然灾害（如地震、台风、水灾、泥石流等）时，由于石泥塌陷，都可使人被松土或石块等压埋，造成压埋伤。压埋伤一般较重，内脏破裂、出血及骨折、瘫痪、窒息等情况都可能发生。因此，对压埋伤员必须争分夺秒地抢救。

压埋意外的抢救应注意如下几点。

（1）当伤员完全被土石掩压，抢救者应先确定伤员的被埋位置，不要盲目乱挖，以免耽误时间。挖找时忌用铁器等硬物猛挖、锤击，只能将土、石轻轻扒开。

（2）挖找时应尽快使伤员的头部显露。伤员露出头部后，应迅速将其口、鼻处泥尘除净，以保证其呼吸通畅。

（3）当伤员部分身体露出后，切不可生拉硬拽，而应将土石或重物清除，使伤员彻底外露，再逐步将其移出，否则被压埋者易致骨折或造成下身截瘫，或新的撕裂伤。

（4）伤员救出后，如呼吸、心跳已停止，应立即施行人工呼吸及心脏按压，直至伤员恢复呼吸与心跳或确已死亡为止。

（5）伤员的呼吸、心跳恢复后，应迅速检查伤员身体，了解受伤部位及伤口情况，注意有无骨折、瘫痪、出血。如果有，立即进行相应的急救措施。

（6）为防止伤员发生并发症，应尽快清洗伤员的眼、鼻、口、耳及身上的泥土、污物，同时迅速送医院处理。

十一、突遇泥石流如何脱险

泥石流是大量泥沙、石块和水的混合体沿沟道或坡面流动的现象。它爆发突然，来势凶猛，具有很大的破坏力。中科院成都山地所专家介绍说，如果山区不幸遇上泥石流，须采取以下应急避险措施。

沿山谷徒步时，一旦遭遇大雨，要迅速转移到安全的高地，不要在谷底过多停留。

注意观察周围环境，特别留意是否听到远处山谷传来打雷般的声响，如听到就要高度警惕，这很可能是泥石流将至的征兆。

要选择平整的高地作为营地，尽可能避开有滚石和大量堆积物的山坡下面，不要在山谷和河沟底部扎营。

发现泥石流后，要马上与泥石流成垂直方向向两边的山坡上面爬，爬得越高越好，跑得越快越好，绝对不能往泥石流的下游走。

选择最短最安全的路径向沟谷两侧山坡或高地跑，切忌顺着泥石流前进方向奔跑。

不要停留在坡度大、土层厚的凹处；不要上树躲避，因泥石流可扫除沿途一切障碍。

避开河（沟）道弯曲的凹岸或地方狭小高度又低的凸岸。

不要躲在陡峻山体下。

长时间降雨或暴雨渐小之后或雨刚停，不能马上返回危险区。

十二、野外探险遭遇意外怎么办

野外探险、回归自然成为越来越多的都市人放松身心、增长见识、陶冶性情以及练就生存本领的重要内容和主要方式。选择一块好的宿营地将会使你在野外探险的途中得到良好的休息和物资供应。

1. 选择野外宿营地应注意的问题

近水：扎营休息应注意选择靠近水源的地方，因为这样可以方便取水，如选择溪流、湖潭，河流附近。但切忌将营地扎在河滩上或是溪流边。如果遇到暴雨、上游水库放水或山洪暴发等，就可能有生命危险，尤其在雨季及山洪多发区。

背风：在野外扎营应选择背风的地方，尤其是在一些山谷、河滩上，应选择一处背风的地方扎营。同时注意帐篷门的朝向不要迎着风向。背风不仅是考虑露营，更适用于用火。

远崖：切忌将营地扎在悬崖下面。如果山上刮大风，可能有石头等物被刮下，造成危险。

近村：营地靠近村庄，将会给旅行者带来方便。有什么急事可以向村民求救，在没有柴火、蔬菜、粮食等情况时就显得更为重要。

背阴：如果需要在某地居住两天以上，在好天气的情况下应该选择一处背阴的地方扎营。如在山的北面，这样，白天休息时，帐篷里就不会太热太闷。

防雷：在雨季或多雷电区，营地千万不要扎在高地上、大树下或比较孤立的平地上。

环保：注意保护自然环境，撤营时必须将燃火彻底熄灭。垃圾废物要尽可能带走或丢放在指定的地方，在特殊情况下无法带走时可将垃圾挖坑填埋。

2. 迷路了怎么辨别方向

野外旅游若有不慎，常会发生迷失方向的情况。此时千万不能心慌着急，只要你能够冷静地观察一下周围的景物，就会在大自然中找到许多识别方向的标志。

（1）如果携带有详细地图，可以先查一查图例，看看每个符号代表什么，并且判断出自己的立足处位于地图上的哪个地方。在地图上找出迷路前的位置，然后回忆一下旅途中经过的房屋、溪流或其他地理特征。

（2）如果没有携带地图和指南针，你首先需要认真地考虑能否返回刚才走过的大路。

（3）在找不到可靠的地理特征时，可以通过太阳分辨方向。正午时，北半球的太阳在天顶靠南，南半球太阳则在天顶靠北。

（4）遇到阴天没有太阳，则可以通过观察树干或岩石上的苔藓来辨别方向。苔藓通常长在背光处，在地球的北半球，朝北或东北面的苔藓较多；在南半球，则朝南或东南面的苔藓较多。

（5）利用蚂蚁的洞穴来识别方向。北半球蚂蚁的洞口大都是朝南开口。

（6）星光灿烂的夜晚，你可以利用星辰来识别方向：在北半球，通过北斗七星有助于找到位于正北方的北极星；在南半球，南十字座大致指向南方。

（7）在冬天，由于日照原因，积雪难以融化的部分总是朝向北面。

思考题

1. 简述中暑的原因、症状及相应的预防措施。

2. 简述体育伤害事故的基本特征。

3. 什么是网球肘？如何对网球肘伤进行有效的预防？

4. 简述口对口人工呼吸的方法。

5. 高楼失火该如何自救？

体育技能篇

第七章　篮球运动

 学习目标 >>>

1. 了解篮球运动的发展史，领会篮球运动的锻炼价值。
2. 掌握篮球的基本技术和战术，并能在实践中加以运用和提高。
3. 积极参与此项运动，学会欣赏国内外重大篮球比赛。

第一节　篮球运动简介

篮球运动是在 1891 年，由美国马萨诸塞州斯普林菲尔德市基督教青年会训练学校体育教师詹姆士·奈史密斯博士发明的。当时，在寒冷的冬季，缺乏室内进行体育活动的球类竞赛项目。奈史密斯从工人和儿童用球向"桃子筐"投准的游戏中得到启发，设计将两只桃篮分别钉在健身房内两端看台的栏杆上，桃篮口水平向上，距地面 10 英尺，以足球为比赛工具向篮内投掷，入篮得 1 分，按得分多少决定胜负。因为这项游戏最初使用是桃篮和球，遂取名为篮球。1893 年铁质球篮取代了桃篮并挂上了线网。1895 年篮筐开始固定在 4×6 英尺的篮板上并逐渐深入场内，到 1913 年将篮网剪开，形成了近似现代的篮板和球篮。

最初的篮球比赛规则很简单，对于场地大小、参加人数多少、比赛时间长短均无统一规定。1892 年奈史密斯制定了第一部 13 条的原始规则，目的是使篮球游戏在公平对等的条件下进行，同时不允许粗野动作的发生。1915 年美国制定了全国统一的篮球竞赛规则。1932 年，国际篮联制定了第一份世界统一的竞赛规则。随着篮球运动的发展，场地设备得到改进和完善，规则也不断地增删和变化，现行规则计有 61 条和 57 个手势图。

篮球运动诞生后，传播很快。1892 年传入加拿大和墨西哥，1893 年传入法国，1895 年传入中国，1901 年传入日本和波斯（今伊朗），1905 年传入俄国。1904 年美国青年会男子篮球队在第三届奥运会上进行了表演，此后，篮球运动逐步在全世界开展起来。1932 年 6 月 18 日在瑞士日内瓦成立了国际业余篮球联合会（简称国际篮联）。1936 年第十一届奥运会上，男子篮球被列为正式比赛项目。1950 年和 1953 年分别举行了第一届世界男篮和女篮锦标赛。1976 年第二十一届奥运会又增加了女子篮球比赛。

30 年代以前的篮球运动处于传播和推广时期，技术和战术尚处于初级阶段。30 年代以后，篮球运动登上了国际体育竞技舞台，世界性的比赛推动着篮球技术、战术逐渐走上了合理化、系统化和理论化的道路。从 1936 年至 1948 年间，由于规则的不断修改，促进了篮球攻防战术的变化运用，提高了攻防的速度。进入 50 年代，世界各强队普遍重观和发展高度，成为这一时期的显著特点。60 年代是高度、技术和速度同步发展时期，各国在重视发展高度的同时，加强了高大队员技术和灵活性的训练。60 年代中期，美国迪安•史密斯提出攻守平衡的理论，使世界各国开始重视进攻和防守的均衡发展，特别是防守有了新的发展和突破。70 年代是高度、技术、速度相结合、相统一并持续发展的阶段，世界强队的身高增长到惊人的程度。高大队员既有高度，又有速度，能里能外，技术全面，充分体现了"大个队员小个化"的特点。70 年代的篮球运动把高度、技术、速度、身体、意志、战术诸多因素融为一体，在比赛中展开高速度、高强度的全面对抗。快攻成为各队进攻中首先采用的锐利武器。高空优势体现在篮下的争夺，篮板球的争抢在篮圈水平面之上，投篮技术中出现了空中换手投篮，各种单、双手扣篮。80 年代以后，篮球运动是在高水平上的全面对抗，女子向男子化方向发展。其表现为高度与速度齐备，进攻、防守、篮板球三者并重，身体、智力、斗志和技术结合统一，技术全面而有特长突出的明星队员在队内发挥举足轻重的作用。

进入 21 世纪后，现代职业竞技篮球运动将继续向"高""快""全""准""变"和女子篮球"男子化"的方向发展，明星更加突出，技战术运用更加精练化、技艺化和智谋化。其次，篮球运动作为一种全球性大众社会文化，将进一步被世界范围认可，并将迅速不断地普及、提高、创新、攀登与发展。篮球运动的健身娱乐价值、社会价值被逐渐关注和开发。

一、我国篮球运动

现代篮球运动是满清末期（1895 年）由美基督教青年会传教士传入我国。传入我国天津基督教青年会的传播人为青年会第一任总干事来会理（Willard Lyon），因此，天津市是我国篮球运动的起源地。1896 年，天津基督教青年会举行了我国第一次篮球游戏表演，此后逐步由天津向全国传播、推广。一百多年来，篮球运动逐渐成为广大人民群众喜闻乐见的体育运动项目。篮球运动在我国的传播、普及、发展、提高受不同时期政治、经济、文化、教育等各方面因素的影响和制约。为了便于了解篮球运动在我国的发展历史，通常可以按篮球运动传入中国后的社会变迁，篮球运动及其技术、战术在中国的发展和重大国内外竞赛活动、事件等综合（或分别）将中国篮球运动发展分成 3 个时期，7 个不同阶段。

（1）1895～1948 年为第一时期：传播缓慢普及时期，期间包括三个阶段。

第一个阶段为 1895～1918 年的初始传播阶段；

第二个阶段为 1919～1936 年的缓慢推广阶段；

第三个阶段为 1937～1948 年的局部普及阶段。

（2）1949～1995 年为第二时期：有限推广、停滞困惑、复苏发展时期，期间包括三个阶段。

第一个阶段为 1949～1965 年的普及、发展阶段；

第二个阶段为 1966～1978 年的徘徊、困惑阶段；

第三个阶段为 1979～1995 年的复苏、提高阶段。

（3）1996 年至今为第三时期：即中国篮球运动随着国家政治、经济体制的改革，进入总结经验、深化改革、解放思想、更新观念、创新攀登的新阶段。

二、篮球运动的特点

1. 集体性特点

篮球运动的活动形式是以两队成员相互协同攻守对抗的形式进行的，竞赛过程，集整体的智慧和技能协同配合，反映和谐互助的团队精神和协作风格，才能获得最佳成效。

2. 对抗性特点

由于篮球运动攻守对抗竞争是在狭小的场地范围内快速、凶悍的近身进行的，获球与反获球的追击、抢夺与限制、反限制，其拼智、拼技、拼体、拼力，必须有聪颖的智慧，还需要特殊的体能，剽悍的作风和顽强的意志与必胜的精神。

3. 转换性特点

快速转换攻守对抗是现代篮球比赛的重要特点，因为篮球比赛的规则规定，以进攻得分多少分高低，而进攻又有时间规定，攻后必守，守后必转攻，攻守不断转换，转换又在瞬间，瞬时变化无常，使比赛始终在快速而和谐的高节奏情况下进行。

4. 时空性特点

篮球比赛在一定的时间内围绕空间的球和篮展开攻守对抗，因此在比赛过程中的时间观念、空间意识必须强烈、并以智慧运用各种形式、方法和手段去争取时间，搏夺空间优势，从而使比赛更具有时空性要求，这也是篮球运动独异的特点。

5. 增智性特点

现代篮球运动与科学技术的进一步有机融合、加上自身整体的特殊活动形式产生的功效，已成为社会文明进步和人们喜闻乐见的人文景观，它引发种种有趣的竞技史事和人物故事，给人以观赏赞誉，增智教育。

6. 综合性特点

篮球运动分类属综合性体育运动，它包含着跑、跳、投等身体体能活动，从其本体运动的科学内容体系结构而言，呈现多元化趋势，涉及社会学、人文学、军事学、生物学、科学、管理学，以及体育学、竞技学、教育学等，从而有利于广大篮球活动者树有特殊的运动意识、气质、修养、品德、体能、技能和能力，达到健身强体的作用。

7. 智艺性特点

现代篮球运动竞技拼争日趋激烈的基础是智慧、技艺、体能和默契配合的组合，所以具有特殊的观赏性。如何扬长避短，克敌制胜，除需自身的身材条件、体能素质、技能水平、意志作风等保障外，更需人文修养、智慧、计谋和精湛的技艺作保障，以此调动对方。

8. 职业性特点

自 20 世纪中期在美欧国家率先成立职业篮球俱乐部以后，现代篮球运动随着竞技水平的提高以及赛制和规则的完善、创新在全球蓬勃发展，对推动职业化进程起了新的催化作用，特别是国际奥委会同意美国 NBA 职业队员参加国际大赛后，全球职业化篮球已成为一种时尚的产业化趋势，优秀球队和球星效应的社会商业化价值观发生了新的变化，反映着新世纪篮球运动发展的又一新特点。

9. 商业性特点

篮球运动商业化的重要特征是篮球运动组织体制、竞赛赛制和训练管理机制的商业化气息的增浓，以及运动员自由人地位的确立和运动技能能力价值观的变更，俱乐部产权的明晰，独立社会法人代表的重新认识，这一系列的变革无疑促进了世界篮球运动向更高的竞技水平发展。这已成为 21 世纪世界篮球竞技运动发展的总的趋势，其社会价值和经济价值必将呈现新的景象。

三、篮球运动的作用

（1）培养团队精神。篮球运动的集体性能培养团结、协作的团队精神和集体荣誉感、增强球员的组织纪律性，这种团队精神无论对个人的发展或社会都具有十分积极的意义。

（2）增进身心健康。通过篮球运动，对力量、速度、耐力、灵敏等素质的全面发展；分配和集中注意能力的提高；神经中枢的灵活性、协调支配各器官能力的提高；内脏器官的生理机能的改善；良好的心理素质、坚强的意志品质的形成具有十分积极的作用。

（3）促进人际交往。通过篮球运动，不仅可以相互切磋球艺，也可以为广大青少年之间相互了解、增进友谊、友好交往提供有效的途径，对于青少年正确认识与处理人与人之间的关系，更好地融入社会，促进青少年健康人格的发展具有积极的作用。

第二节　基本技术

篮球技术是篮球战术的基础。任何正确的战术意图和先进的战术配合的实现，都要求运动员篮球技术是在篮球比赛中所运用的各种专门动作方法的总称。分为进攻技术和防守技术两大部分。

必须掌握一定数量和质量的技术动作做保证，没有技术也就谈不上战术。只有技术掌握的扎实、熟练、全面、先进，才能保证战术的多变性和高质量；反之，战术的发展与演变又对技术提出新的、更高的要求，从而又促进技术不断地发展和更新。

一、移动

（1）移动是运动员在篮球比赛中，为了控制身体，改变位置、方向、速度，争取高度所采用的各种脚步动作方法的总称。

（2）移动是比赛中运用最多的一项基本技术。进攻中，运用移动的目的是为了摆脱对手，去选择有利的空间位置和地面位置，完成切入、接球、拼抢进攻篮板球及吸引防守者，或者是快速、准确、合理地完成传球、运球、突破、投篮等持球进攻技术；防守中，运用移动的目的是为了抢占有利的位置，防止对手的摆脱，或者是及时、果断地进行抢球、打球、断球、抢篮板球等。

（3）移动的分类如图 7-1 所示。

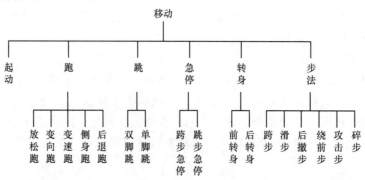

图 7-1　移动的分类

二、传、接球

传、接球是篮球比赛中队员之间有目的地转移球，是组织进攻配合和实现篮球战术的关键，是一切篮球组织进攻的基础。

（一）传球技术分析

1. 持球方法

双手持球方法：两手手指自然分开，拇指相对成"八字"，由指根以上部位握球的两侧后方，掌心空出，两臂自然屈肘，置球于胸腹之间，抬头注视场上情况。

单手持球方法：手指自然分开，用手掌外沿和指根以上部位托球的侧后下方，掌心空出。

2. 传球用力

传球的出手动作：是指球出手的一刹那手腕翻转、屈扣和手指弹拨用力的方法。它是控制球飞行方向、路线和落点的关键。在球即将出手时，指、腕翻转屈扣、弹拨越急促，作用于球的力量越大，球飞行的速度越快。

传球用力：通过下肢蹬地、跨步、腰腹的伸展及手臂用力协调配合，最后通过手腕、手指力量将球传出。持球手法是传球的基础，合理用力是关键。

3. 球的飞行路线

手指、手腕作用于球的部位不同，所产生的飞行路线有 3 种：直线、弧线、折线。应根据具体情况合理地选择球的飞行路线，如需要从体侧或空中越过对手应采用弧线球；行进间跑动并出现空当应采用直线球；防止抢断多采用折线球。

4. 球的落点

球的落点是指传出的球与接球同伴的相遇点。控制传球的落点应注意以下几点：①传给原地或已摆脱对手的同伴时，要传向接球人远离防守者的一侧；②传给向前移动接球者时，要根据他移动的速度，传到他前面一步左右的地方，球的高度一般在他的胸部；③传给从内线插上接球的同伴时，要隐蔽、突然、快速；④传给近距离迎面跑上来接球者，传球力量应柔和；⑤由后场传球给领先跑向前场球篮附近的接球者，传出的球既要快速有力，又要有适当的弧线，球的落点在接球者前面两步左右的地方，要以球领人，以便于他发挥速度；⑥传反弹球时，球的击地点一般应在传球人距接球人三分之二的地方，球弹起的高度在接球人的腹部为宜。

（二）实例介绍

1. 双手胸前传球

双手胸前传球是一个最基本的传球方法，只有在你和接球队员之间没有任何对方球员的情况下才可以（图 7-2）。

动作要领：双手持球，拇指置于球的后侧部位，四指分开置于球侧，掌心不要触球。向接球队员方向迅速伸臂，同时向传球方向移动身体。以基本篮球姿势站立，传球时伸臂抖腕。

图 7-2

2. 双手头上传球

双手头上传球是一个基本的传球方法，多用于高个队员转移给内线或切入内线的队员。防守后场篮板发动快攻为避免对方封堵，也可跳起用双手头上传球（图 7-3）。

动作要领：两手握球于头上，前臂稍前摆，用手腕和手指短促、快速地抖动将球传出。

3. 单手肩上传球

单手肩上传球是一个基本的传球方法，多用于中、远距离传球。在抢到后场篮板球后发动快攻第一传中经常运用单手肩上传球（图 7-4）。

图 7-3   图 7-4

动作要领：以右手为例。传球前，左脚向前跨半步，向右转体将球引至右肩侧上方。传球时，上体向左转动并带动肩肘，前臂快速前摆，扣腕，手指用力将球传出。

（三）接球技术分析

1. 双手接球

（1）双手接腰部以上的球时，手臂伸出迎球，两拇指相对成"八"字形，虎口相对，手指朝上。手指触球后，迅速收臂将球置于身前或体侧。

（2）双手接腰部以下的球时，手臂伸出迎球，两拇指相对成"八"字形，虎口相对，手指朝下。手指触球后，迅速收臂将球置于身前或体侧。

2. 单手接球

单手接球时，接球手自然伸出迎球，五指自然分开，手心对球。手指触球后，迅速收臂，将球引至身前，另一只手迅速扶球。

3. 实例介绍

（1）向内线接球（图 7-5）。

图 7-5

（2）向外线接球（图 7-6）。

图 7-6

（3）跳起转身接球（图 7-7）。

图 7-7

三、投篮

（一）投篮的概念、作用及分类

（1）持球队员运用各种正确的手法，将球从篮圈上方投入球篮所采用的各种动作方法称为投篮。

（2）投篮是篮球比赛中唯一的得分手段，竞赛中进攻队运用各种技术、战术的目的都是为了创造更多、更好的投篮机会；而防守队的积极防御也是为了阻挠和破坏进攻队的投篮，投篮是篮球比赛中攻守对抗的焦点。

（3）投篮的分类如图 7-8 所示。

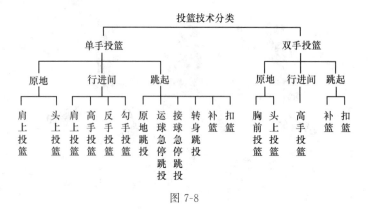

图 7-8

（二）投篮技术分析

1. 握球方法

（1）单手握球方法：投篮手五指自然分开，用指根以上部位托球的后下方，手心空出，手腕略向后仰，球的重心落在食指和中指指关节处，肘关节自然下垂，置球于同侧肩的前上方。

（2）双手握球方法：两手手指自然分开，拇指相对成"八"字形，用指根以上部位握球的两侧后下方，手心空出，两臂自然屈肘，肘关节下垂，置球于胸与颚之间。

2. 瞄准点

（1）直接命中的瞄准点：为篮圈距投篮队员最近的一点。适用于投空心球。

（2）碰板投篮的瞄准点：将球投向篮板上能够碰板入篮的点。投篮队员与篮板成 15～45 度的位置时采用效果较好。规律：碰板角度小、距离远，则瞄准点离篮圈的距离高而远，投篮所需要用力的力量相对较大；碰板角度大、距离近，则碰板点离篮圈就较低而近，投篮所需要用的力量相对较小。

3. 力量的运用

投篮用力是一种全身综合协调的聚合力。由下肢蹬地，伸展身体，抬肘伸臂，最后以手腕的抖屈及手指的弹拨将球投出。

4. 出手角度

出手角度是指投篮时球离手的一瞬间的运动方向与出手点水平面所构成的夹角。它决定球在空中飞行弧度的高低和入篮角的大小。出手角度小，球的弧度低，反之则高。

5. 出手速度

出手速度是投篮时球出手的一瞬间球离手进入空间获得运动的初速度。合理的投篮速度取决于出手力量和手腕、手指动作的速率。手腕的前屈和手指拨球动作的突然性、连贯性和柔和性，对取得合理的出手速度起着关键作用（$F = MV$）。

6. 球的旋转

球的旋转是决定投篮准确性的一个因素。一般中、远距离投篮时，球围绕横轴向后旋转。

7. 抛物线

抛物线是球在空间飞行受重力的影响面形成的弧形运行轨迹。一般有三种抛物线：低弧线、中弧线和高弧线。中等抛物线是比较理想的拋物线，容易投篮命中。

（三）实例分析

1. 原地单手肩上投篮

这是比赛中比较广泛运用的投篮方法，是行进间和跳起单手肩上投篮的基础。它具有出手高、便于结合和转换其他攻击动作，以及在不同距离和位置均可应用的优点（图7-9）。

图 7-9

动作要领：以右手投篮为例，两脚前后开立，右脚在前，两膝微屈，重心落在两脚之间，上体稍稍向前倾，右手翻腕将球托于右肩前上方，左手扶在球的侧下部。投篮时，两脚蹬地，持球的手臂随着身体的伸展，向前上方伸出，手腕前屈，食、中指拨球，使球通过指端飞出。

2. 原地双手胸前投篮

它是较早采用的投篮方法。优点是持球稳定性强，投篮力量大，距离远，突然性强，便于和突破、传球技术结合。缺点是投篮出手点较低，容易被防守干扰。比赛中女运动员运用较多（图7-10）。

图 7-10

动作要领：双手持球于胸前，两脚前后或左右开立，两腿微屈，两眼注视球篮，肘关节自然下垂。投篮时，两脚用力蹬地，腰腹伸展，两臂向前上方伸出，手腕同时外翻，拇指下压，使球通过拇指、中指、食指的指端投出。球出手后，身体随投篮方向自然伸展。

四、运球

（一）运球的概念、作用及分类

（1）运球的概念：持球队员在原地或移动中，用单手连续按拍借助地面反弹起来的球的技术叫运球。

（2）运球的作用：运球不仅是进攻队员摆脱防守创造传球、突破、投篮得分的桥梁，而且是进攻队员发动快攻，组织与调整战术配合，瓦解防守阵型的重要手段。

（3）运球的分类如图7-11所示。

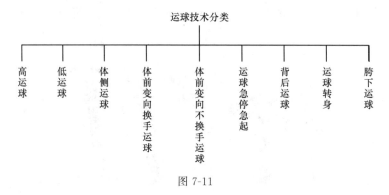

图 7-11

（二）运球技术分析

1. 身体姿势

两脚前后开立，侧身上体稍前倾，两膝微屈，抬头目平视，非运球手臂屈肘平抬，侧肩转体保护球。

2. 手臂动作

（1）球接触手的部位：五指分开，用手指和指根部位控制球，手心空出。

（2）运球动作：低运球时，以腕关节为轴，用手腕手指的力量运球；高运球时，主要以肘关节为轴，腕关节和肩关节联合运动，用前臂和手指手腕力量运球。运球手法：按拍与迎引。

（3）按拍球的部位：由运球的方向和速度决定。原地运球按拍球的上方；向前运球按拍球的后上方。

3. 球的落点

运球的速度、方向和防守情况不同，球的落点也不同。直线高运球的落点在运球手同侧侧前方，速度越快，落点越靠前，离自己越远。积极防守下运球的落点在体侧或侧后方。

4. 手脚协调配合

运球时既要要求人的移动速度和球的运行速度协调一致，又要保持合理的动作节奏。能否保持脚步动作和手部动作协调一致，在速度上同步进行，关键在于按拍球的部位、落点的选择和力量大小的运用。

（三）实例介绍

1. 高运球

高运球多用于快速直线推进，如以后场向前场推进，快攻接应后的快速推进，摆脱防守接球后加速运球上篮等（图7-12）。

图 7-12

动作要领：抬头，目视前方，上体稍前倾，以肘关节为轴手按拍球的后上方，球的落点在身体的侧前方，球反弹高度约在腰胸之间。

2. 低运球

在防守密集、接近防守队员或防守队员抢球时，可运用低运球（图 7-13）。

动作要领：抬头，目视前方，两膝深屈，身体半蹲，重心下降，上体前倾手按拍球的后上部，球的落点在身体侧面，球反弹高度在膝部以下。

图 7-13

3. 运球体前变方向

当防守队员堵截运球队员进攻路线时或运球队员运球接近防守队员时，为了摆脱和突破对手，可运球体前变方向（图 7-14）。

图 7-14

动作要领：运球队员从防守队员右侧变方向时，用右手按拍球的右侧后上方，使球反弹至左手外侧，右脚迅速向左前跨步，向左侧转体探肩，及时换手继续向前运球。

五、持球突破

（一）持球突破的概念、作用及分类

（1）持球突破的概念：突破是控制球队员运用脚步动作和运球技术相结合达到超越对手的一种进攻技术。

（2）持球突破的作用：突破攻击力很强的一项进攻技术，合理运用突破技术，不仅能直接插入篮下得分或造成对手犯规，有效地增加个人进攻威力；而且能为同伴创造良好的投篮

机会，打乱对方防守布置，实现内外结合进攻的一种有效手段。

（3）持球突破的分类：分为交叉步持球突破和同侧步（顺步）持球突破。

（二）持球突破的技术分析

1. 假动作吸引

（1）做向一侧突破的假动作：诱使对手身体重心侧移，择机突破。

（2）做投篮假动作：诱使对手跳起或前扑，择机突破。

2. 脚步动作

是持球突破的主要环节。主要依靠两脚快速有力的蹬地和及时跨步，屈膝，上体前倾，通过重心的快速前倾和积极有力的蹬地获得超越对手的加速度。

3. 转体探肩

突破队员转体探肩紧贴对手的侧面，占据有利的空间位置，以保护好球突破对手。

4. 推放球加速

蹬跨、转体探肩的同时，应将球在跨步脚外侧前下推放球，球离手后，迅速蹬地发力加速超越对手。

（三）实例介绍

1. 原地持球交叉步突破技术（以右脚为中枢脚，从防守队员右侧突破）

动作要领：两脚左右开立，两膝微屈，持球于腹前，突破前先做其他假动作。突破时，左脚内侧蹬地，并向右前方迈出一大步，上体右转，左肩向前下压，将球引至右侧，在右脚离地前用右手推拍球与迈出脚的侧前方。同时，右脚用力蹬地，迅速超越对手（图7-15）。

图 7-15

2. 原地持球同侧步突破技术（以左脚为中枢脚，从防守队员左侧突破）

动作要领：两脚左右开立，两膝微屈，持球于腹前，突破前先做其他假动作。突破时，左脚向内侧蹬地，右脚迅速向防守队员左侧跨出，上体稍右转，同时探肩，重心前移。在左脚离地前，用右手推拍球与右脚的侧前方。同时，左脚用力蹬地，加速超越对手（图7-16）。

图 7-16

第三节 基本战术

篮球战术是篮球比赛中队员之间相互协同行动的方法。其目的是为了更好地发挥本方队员的技术与特长，制约对方，力争掌握比赛的主动权，争取比赛的胜利。

一、基本配合

（一）进攻战术基础配合

进攻战术基础配合是两、三名队员在进攻中通过良好的协同动作，帮助同伴和借助同伴的帮助，创造进攻条件和机会的简单配合。

1. 传切配合

（1）配合方法。传切配合是队员利用传球和切入组成的简单配合。④传球给⑤后，立即摆脱 4 对手向篮下切入，接⑤的回传球投篮（图 7-17）。

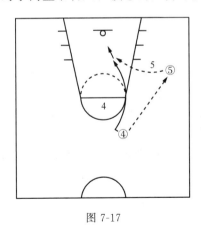
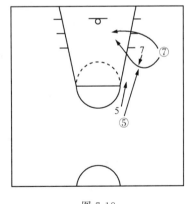

图 7-17   图 7-18

（2）配合要点。切入队员要掌握好切入时机，利用好假动作和速度；传球队员注意用假动作吸引牵制对手。

（3）易犯错误。切入时动作的突然性不够；切入时没有明显的动作、方向和速度的变化；持球队员给切入队员的传球不及时、不到位，隐蔽性不强。

2. 突分配合

（1）配合方法。突分配合是持球队员在突破过程中受到防守队员阻截时，及时将球传给无人防守或已摆脱防守的同伴为同伴创造进攻机会的配合方法。⑤从防守者的左侧突破,并吸引7上来和5"关门"防守。此时⑦及时跑到有利的进攻位置上去接⑤传来的球投篮或其他进攻配合(图7-18)。

(2)配合要点。突破队员的动作要突然、快速。注意观察位置变化,及时分球或投篮。

(3)易犯错误。突破不果断,速度不迅速。没有及时根据实际情况分球或投篮。

3. 掩护配合

(1)配合方法。掩护配合是进攻队员选择正确的位置,用自己的身体以合理的技术动作挡住同伴的防守队员的移动路线,使同伴借以摆脱防守,获得进攻机会的配合方法(图7-19)。

(2)配合要点。掩护队员的行动要隐蔽快速;被掩护队员要注意用假动作吸引对手,当同伴到达掩护位置时,摆脱对手动作要突然、快速。

(3)易犯错误。掩护的位置、距离及掩护动作不合理。掩护者没有隐蔽自己的行动意图,被掩护者没有运用假动作吸引防守者。掩护队员作掩护后没有及时转身护送或参与配合进攻。

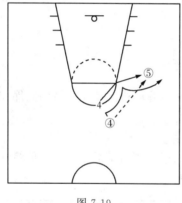

图7-19

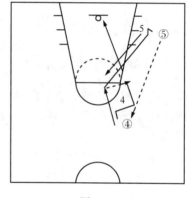

图7-20

4. 策应配合

(1)配合特点。策应配合是进攻队员背对或侧对球篮接球后,以他作为枢纽,配合同伴的切入或掩护,形成的一种里应外合的配合方法。

(2)配合要点。策应者要及时抢位,传球人要及时地将球传到策应者远离防守的一侧(图7-20)。

(3)易犯错误。策应队员摆脱抢位不及时、不主动;策应队员接球后重心太高;策应队员没有随时注意观察场上情况,不能及时将球传给获得有利进攻机会的同伴或自己寻找机会进攻;策应配合时的位置、距离不适宜。

(二)防守战术基础配合

防守基础配合是二、三个防守队员利用合理的技术、协调的动作破坏进攻的一种方法。防守配合包括穿过、挤过、绕过、补防等配合。

穿过配合:它是破坏掩护的一种方法。当进攻队员掩护时,防掩护者的队员及时提醒同伴并主动后撤一步,让同伴及时从自己和掩护队员之间穿过,继续防守自己的对手。

挤过配合:它是破坏掩护配合的方法之一。当对方掩护,防守队员在掩护队员接近自己时，要迅速向前跨出一步，靠近对手，从两个进攻队员之间侧身挤过，继续防守自己的对手。防守掩护的队员应及早提醒同伴并后撤一步，以备补防。

绕过配合：是破坏掩护的一种方法。当进攻队员掩护时，防掩护者的队员贴近对手，让同伴从自己的身后绕过，继续防守自己的对手。

补防配合是防守队员当同伴出现漏防时立即放弃自己的对手，去补防那个威胁最大的进攻队员，而漏人的防守队员及时换防的一种协同防守方法。

二、快攻

（一）长传快攻

1. 配合特点

长传快攻只有发动和结束阶段。它最大的特点是结构简单，速度快，参加的人数少和成功率高。但由于传接球距离较长，传球的准确性比较难控制。

2. 配合要点

以抢后场篮板球长传快攻为例，③抢到后场篮板球后，首先观察场上情况，寻找长传快攻机会。④和⑤判断③有可能抢到篮板球时，便立即起动快下，争取超越防守队员接③的长传球投篮（图7-21）。

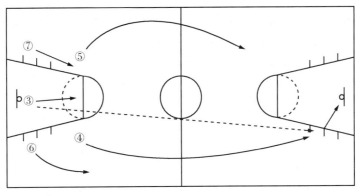

图 7-21

（二）短传快攻

1. 配合特点

短传快攻的特点是容易发动，结构清楚，配合机动灵活，不易防守。但由于队员传接球距离短，速度快，对配合的技巧性要求较高。短传快攻由发动与接应、推进和结束三个阶段组成。

2. 配合要点

以抢后场篮板球短传快攻为例，③抢到后场篮板球后，⑦接应传球给插中的④，④快速运球从中间向前推进，⑤、⑥沿边快下，③、⑦跟进（图7-22）。

（三）运球突破快攻

1. 配合方法

防守队员获得球后，在不能快速传球时，采用运球突破（改变方向和位置），这种快攻

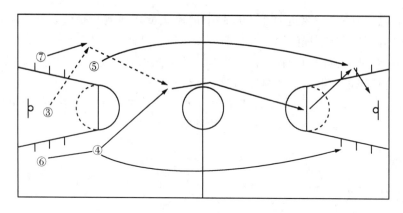

图 7-22

特点是发动和接应融为一体，常常难以堵截，能发挥个人攻击的积极性和主动性。但推进速度较慢。

2. 配合要点

快攻的发动和接应意识一定要强，积极主动，获球后要先远后近，传好一传；在快攻中要以传球推进为主结合运球突破、加快进攻速度；结束部分要敢打，以个人攻击为主吸引防守。

3. 易犯错误

获得球后，快速进攻意识不强，行动迟缓；获得球的队员没有及时观察场上情况，不能尽快完成快攻第一传；快攻推进过程中没有保持纵深队行；快攻推进过程中，盲目运球；快攻结束阶段同伴投篮后，没有跟进队员。

三、区域联防与进攻区域联防

（一）区域联防

1. 区域联防的概念和特点

区域联防是由进攻转为防守时，防守队员迅速退回后场，每个队员分工负责防守一定的区域，严密防守进入该区域的球和进攻队员，并与同伴协同防守，用一定的队形把每个防守区域有机地联系起来而组成的防守战术。

它的特点是在每个人防守一定区域的基础上，随着球的转移和进攻队员的穿插移动而不断地调整防守的位置和队形（也简称为球动人动，人随球动），重点防守有球区域和篮下。这种防守战术的位置固定，分工明确，重点突出，有利于保护篮下、组织后场篮板球和发动快攻。但由于受区域分工的限制，各种联防都存在一定的薄弱区域，容易被对方在局部区域以多打少。

2. 区域联防的分类

依据防守队员的站位形式，常把区域联防分为"2-1-2"联防、"2-3"联防、"3-2"联防、"1-3-1"联防及对位联防等几种。其中"2-1-2"联防是最基本的区域联防（图 7-23）。

3. 区域联防的基本要求

（1）根据区域联防的形式和队员、对手的特点等合理分配防守区域，最大限度地发挥队员在各自防区的作用。

（2）由攻转守时，除积极阻止对方的攻势外，应有组织地快速退守和及早落好防守位置。

（3）每个队员必须认真负责各自的防守区域，积极阻挠进入该防区的进攻队员的行动，并根据球的方位调整队形进行联合防守。

（4）对有球队员应按盯人方法紧逼防守，其余防守队员应积极移动，调整队形进行协防或补防，作到人球兼顾。

（5）对无球队员的穿插移动，要根据其离球的远近和队友的位置积极抢位、堵截和护送，并及时与队友呼应联系，不让对手向有威胁的区域移动或接球。远离球的防守队员应起指挥作用。

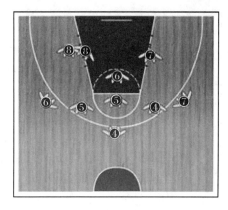

图 7-23

（6）进攻队员投篮后，每个防守队员都应该积极堵位和抢位，有组织地争抢篮板球，并及时发动快攻。

4. 区域联防的运用

（1）对方中远距离投篮不准而内线威胁较大时。

（2）对方个人突破能力强而本队个人防守能力不足时。

（3）本队犯规较多而为保存实力时。

（4）对方不适应或有策略地改变防守战术时。

（5）对方比分落后而急于求成时。

（6）为了有组织地争抢篮板球和发动快攻时。

（二）进攻区域联防

1. 进攻区域联防的基本要求

（1）多组织快攻。

（2）根据区域联防的队形，有针对性地落位，重点攻击薄弱地区。

（3）通过多传球、快传球、突破分球等打乱防守队形，寻找战机。

（4）多运用中远距离的投篮逼其扩大防守范围，争取篮下空间。

（5）积极组织前场篮板球争取二次进攻机会，并注意保持攻守平衡，及时退守。

图 7-24

2. 实例分析

（1）战术特点。"1-3-1"进攻区域联防这种队形，队员分布面广，攻击点多，便于内外联系，左右配合有利于组织抢篮板球和保持攻守平衡（图7-24）。各个位置队员应具备的条件：④、⑥应是头脑清楚，战术意识强，技术全面，善于巧妙传球和中距离投篮的队员。⑤应是善于在罚球线附近进行策应和转身跳投的队员。⑦应是具有准确的中距离投篮，切入篮下得分和冲抢篮板球能力的队员。⑧应是具有篮下进攻和抢篮板球能力较强的队员。

（2）配合方法。④、⑦相互传球吸引④、⑥上

图 7-25

来防守，④将球传给⑤，⑤接球后，转身做投篮动作，与此同时，⑧溜底线，⑥向场底角移动，在右侧底线形成以多打少的有利局面。⑤可根据防守情况，将球传给溜底线的⑧或场底角的⑥投篮（图 7-25）。

（3）进攻基本要求。由防守转入进攻时，应首先争取快攻。趁对方立足未稳尚未组织好防守之前进行攻击。根据对方区域联防队形，采用针对性落位队形，组织对薄弱地区的攻击。

运用传球移动，中远距离投篮等进攻技术。通过"人动""球动"打乱对方防守队形。运用声东击西、内外结合、以多打少等方法，创造投篮机会进行攻击。要积极拼抢篮板球，争夺二次进攻机会，同时还要保持攻守平衡，准备及时退防。

思考题 »»»

1. 简述篮球运动的起源与发展。

2. 试述原地单手肩上投篮的技术要领。

3. 简要分析原地持球交叉步突破技术。

4. 简述区域联防的基本要求。

第八章　排 球 运 动

1. 使学生了解排球运动发展史，领会排球运动的锻炼价值。
2. 掌握排球的基本技术和战术，并能在实践中加以运用和提高。
3. 积极参与此项运动，学会欣赏国内外重大排球比赛。

第一节　排球运动简介

一、排球运动的起源与发展

（一）排球运动的起源

排球运动创始于美国。1895 年，美国马萨诸塞州霍利沃克城基督教青年会干事威廉·G. 摩根先生想要为他所教授的一个由商人所组成的班级创造一种结合了篮球、棒球、网球以及手球的游戏，而这种游戏必须避免像篮球那种肢体的接触，于是他发明了排球。游戏在篮球场上拦一副网球网（约高 1.98 米），用篮球胆当球，同网球一样打来打去，与网球不同之处是球不能落地，球在哪一方落地一次就算哪一方失败一次。这种游戏在当时是作为人们的休闲活动的。

由于篮球胆太轻，在空中飘然不定，玩起来不方便，而用篮球来玩又太重太大，手玩不动，球飞行太慢，因此，必须设计出一种轻而小的球。于是该市的司堡尔丁体育用品公司试作了圆周约为 63.5～68.8 公分，重量为 9～12 盎司（约 255～346 克）规格的球，试验结果表明效果非常理想，于是就决定采用这种球。现在的国际比赛用球在制作工艺和原料方面虽有千百次的改进，但球的规格还和第一代球差不多。

"排球"这个国际通用的名字，是春田市一位叫霍尔斯特德的教授（H. T. Halstead）在 1896 年提出来的。最初的排球叫 mintonette（小网子）。由于排球要求在空中飞行，不能落地，所以他建议将 mintonette 改为"volleyball"（空中连续击球的意思），此名称更符合这种游戏的本意——球在空中飞来飞去。从此"volleyball"（排球）——就成了国际通用、延续至今的专用名字。

为了更好地推广排球活动和开展排球游戏比赛，一位名叫卡麦隆（J. Y. Cameron）的美国人编写出版了第一套排球比赛规则，使排球游戏的比赛，对抗有了统一评判的标准。

（二）排球运动的发展

1. 世界排球运动的发展经历了三个阶段

（1）娱乐排球。排球本就是为娱乐休闲而创造的，因此排球从诞生之初就被大众认可为一项娱乐性较强的游戏。人们进行排球运动，是以休闲、健身为主要目的。

（2）竞技排球。1947年，国际排联在巴黎正式召开成立大会，标志了排球从娱乐性时代进入了竞技时代。竞技时代的全面到来，也掀起了世界排坛诸强争霸和各大技术流派竞相绽放的潮流。60年代中期到70年代末，世界排坛出现了"百花齐放，百家争鸣"的局面，日本女排学习了中国的"近体快""平拉开"等快攻技术，创造了"短平快""时间差""位置差"等打法，成为"速度派"；前苏联队保持了"力量派"的特点并加以了改进；前捷克斯洛伐克队仍是"技巧派"的先锋；民主德国队则以高大队员的"超手扣球"称为"高度派"。

（3）现代排球。进入80年代，各种技战术流派间的交流融合频繁，打法创新的步伐也在加快，凭一技之长就能一统排坛的时光已全然不在。于是，一场新的排球革命——全攻全守排球悄然开始。全攻全守排球以中国女排和美国男排为标志，强调技战术的高快结合、前后结合，形成全面型进攻的打法。

2. 我国排球运动的发展

（1）采用"六人制排球"前的我国排球运动。排球运动1905传入我国后，首先在广州、香港的几所中学中开展。1913年我国首次参加了菲律宾举行的第1届远东运动会的排球比赛，1914年第2届全国运动会，男子排球被列为正式比赛项目。我国男排共参加了10届远东运动会，共获得5次冠军，5次亚军；我国女子排球开展较晚，组队参加第6～10届远东运动会，均获5次亚军。受远东运动会的影响，我国排球运动经历了十六人制——十二人制——九人制——六人制的演变过程。

（2）新中国成立后的我国排球运动开展情况。

第一阶段（1950～1952）继承学习与推广阶段。

特点：主要是学习六人排球打法和东欧诸国家的高举高打强攻的战术打法，在全国内推广六人制排球。

第二阶段（1953～1959）发展与提高阶段。

特点：学习国外的先进经验和发扬自己的快速多变的打法风格，排球技术战术水平提高很快，参加世界排球锦标赛男排获第九名，女排获第六名。

第三阶段（1960～1965）各流派竞相争艳阶段。

特点：各省市排球队根据自己的特点开始形成不同的风格和技战术打法：如上海队的技术全面、灵活多变；广东队的快速配合；四川队的细腻稳健；解放军队的勇猛顽强；北方各队的力量型高举高打等。

第四阶段（1966～1976）严重干扰倒退阶段。

特点：十年动乱严重地干扰了排球运动的发展，技术水平下降，运动队伍青黄不接。我国与世界强队之间的距离被拉大。1972年在周总理的关怀下，在福建漳州建立排球训练基地，为女排获得世界冠军打下良好的基础。

第五阶段（1977～1987）冲出亚洲、走向世界。

特点：1976年重新组建了国家男女排球队。在1977年世界杯比赛中女子获第4名，男子获第5名。1981～1985年我国女排创造了世界女子排球"五连冠"的新纪录。我国女排的"全攻全守"打法成为世界学习的典范。我国男排大胆创新了"前飞""背飞""拉三""拉四"等新战术，形成一套快速多变以巧制胜的技战术打法。

第六阶段（1988年至今）走出低谷、重振雄风。

特点：80 年代末期，中国男排出现了滑坡，随后，女排也步入低谷。失去了亚洲霸主的地位。1995 年我国排球赛制和体制改革，技战术水平明显提高。中国女排在陈忠和教练带领下，夺得 2004 年雅典奥运会冠军与 2008 年北京奥运会季军。

二、排球的场地

（一）排球场地

排球场地如图 8-1 所示，长 18 米，宽 9 米。两边线外无障碍区至少 5 米宽，两端线外至少 8 米，上空无障碍区至少 12.5 米。地面为木制或合成物，浅色，场地内外颜色有区别。球场中间挂网，网下面划有中线，把球场划为两个区。中线两侧 3 米处画有两条平行线，称为进攻线。进攻线把每个场区分为前、后场区。发球区在端线右边，宽为 3 米。场上各线宽为 5 厘米，边、端线的宽度包括在球场面积内。

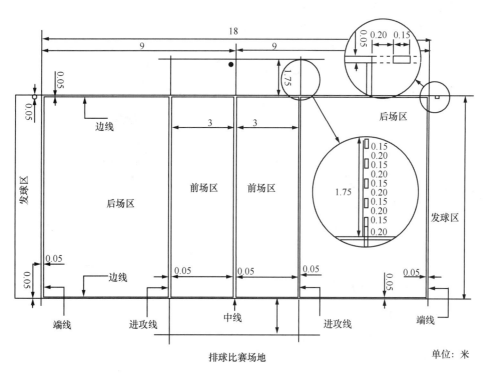

排球比赛场地   单位：米

图 8-1

（二）排球网

排球网长 9.50 米，宽 1 米，网孔 10 厘米见方，黑色。上沿缝有 5 厘米宽的双层白色帆布。球网挂在两侧的球网柱上，与中线垂直。男子网高为 2.43 米，女子为 2.24 米。球网两侧与场地边线相垂直处挂有一条宽 5 厘米的白色标志带。在标志带外侧各树一根长 1.80 米、红白相间的标志杆。杆的顶端高出球网上沿 80 厘米。球触及标志杆或标志带外的球网，均为出界。

第二节　基本技术

一、排球技术的分类

排球技术根据不同的技术特点和运用方法等，可分成六大类。分别为准备姿势和移动、发球、传球、垫球、扣球、拦网。

二、准备姿势和移动

（一）准备姿势

1. 动作要领

准备姿势按其身体重心高低可分稍蹲、中蹲和低蹲等三种。其中半蹲运用最多，如图8-2所示。其动作为：两脚开立，距离比肩稍宽（女子比男子更宽），两脚尖适当内扣，脚后跟抬起，膝关节弯屈，大小腿之间成90度，上体前倾，重心着力点在前脚掌拇指根部，两肩前探超出膝关节，两臂自然弯屈置于胸腹之间，抬头看球，随时准备移动。稍蹲和低蹲与半蹲基本相同，只是两膝与躯干弯屈程度大于或小于半蹲。

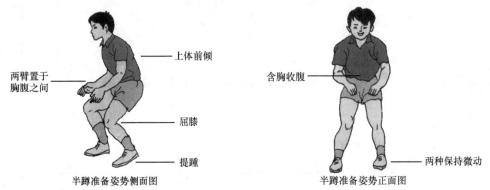

半蹲准备姿势侧面图　　　　　　　　半蹲准备姿势正面图

图 8-2

2. 准备姿势的作用

准备姿势是为了有利于起动、移动，使身体动作和心理活动处于良好的"临战"状态。规范的准备姿势还有利于掌握各项排球技术。

（二）移动

从起动到制动的过程称为移动。移动的目的主要是及时接近球，保持好人与球的位置关系，以便击球。迅速的移动可占据场上的有利位置，争取时间和空间。队员能否及时移动到位，直接影响着技战术的质量。移动是由起动、移动步法和制动三个环节所组成。

1. 起动

起动是移动发力的开始，它的快慢是移动的关键，起动的速度取决于正确的准备姿势，反应能力和腰腿部的速度力量。在排球比赛中，应根据场上的情况，采取不同的准备姿势，以利于随时改变移动方向和迅速移动。

2. 移动

移动的基本步法包括并步与滑步、跑步、交叉步、跨步、跨跳和综合步。

（1）并步与滑步。当来球距身体一步左右时可采用并步移动，如向前移动时，则后腿蹬地，前脚向来球方向跨出一步，后腿迅速跟上做好击球准备。当球在体侧稍远时，并步不能直接近球时，可快速连续并步，连续的并步即滑步。

（2）跑步。球离身体较远时需用跑步，采用跑步移动时，两臂要配合摆动，根据来球的方向，边跑边转身，并逐渐降低重心，保持好击球准备。

（3）交叉步。以向右交叉步为例。上体稍向右转，左脚从右较前面向右交叉迈出一步，然后右脚在向右跨出一大步，同时身体转向来球方向，保持击球前的姿势。

（4）跨步和跨跳。跨步比交叉步移动距离近，便于接 1～2 米低球。移动时步幅较大，身体重心较低，如向前移动，则后脚用力蹬地，前脚向前跨出一大步，膝部弯屈，上体前倾，身体重心移至前腿上，可以向前、向斜前或向侧方。跨步过程中有跳跃腾空即为跨跳步。

（5）综合步。以上各种步法的综合运用。

3. 制动

制动是移动的结束，也是击球动作的开始。在快速移动后，为了保持稳定的击球姿势，必须经过制动，克服身体移动的惯性，以便于完成下一个击球动作。

影响制动快慢的因素有两个：一是支撑反作用力的大小。支撑反作用力越大，制动越快；二是支撑反作用力与地面夹角的大小，夹角越小制动越快。排球运动中往往可以通过重心下降，上体后仰等来减小其夹角。常用的制动方法主要有两种，即一步制动法和两步制动法。

（1）一步制动法。一步制动时，在移动最后跨出一大步，同时降低重心，膝部和脚尖适当内转，全脚掌横向蹬地，以抵住身体重心继续移动的惯性力，并以腰腹力量控制上体，使身体重心的垂直线停落在脚的支撑面以内。

（2）两步制动法。即以最后第二步开始做第一次制动，紧接着跨出最后一步做第二次制动。

（三）准备姿势和移动的运用

对于广大初学者来说，应首先学习最基本的半蹲准备姿势，然后学习稍蹲和低蹲准备姿势。按照并步，跨步和交叉步的顺序学习移动，同时了解并掌握滑步，跑步和综合步法。

三、发球

发球是排球运动中一项重要的基本技术。它是比赛的开始，也是重要的进攻手段。因此，发球首先要有稳定性，然后增加其攻击性和准确性，如图 8-3 所示。

发球技术种类较多，一般有正面下手发球，侧面下手发球，正面上手发球，正面上飘球和勾手大力发球等。无论采用哪种发球，都必须做到以下三点。

一是平稳抛球。以单手或双手将球平稳抛起，每次抛球的高度与距离和落点都要固定。二是击球要准。击球时，要以正确的击球动作击中球体的相应部位，使用力方向与所要发球方向一致。如发下手球应以全手掌或虎口部位击球的后下部，用力的方向应是前上方与球飞行方向一致。三是手法要正确。击球的手法不同，发出球的性能有所不同。如正面上手发球击球时，以全手掌击球的后中下部，手腕和手掌还要有明显的向前推压动作。而发正面上手飘球时，不能以全掌击球，而是以手掌或掌根击球，击球时要有短促用力和突停动作。

图 8-3

1. 正面下手发球

发球动作较简单，容易掌握，失误少，准确性高。但球的速度较慢，力量小，攻击性较差，一般适用于初学者。

（1）准备姿势：面对球网站立，两脚前后开立，左脚在前，右脚在后，两膝稍弯屈，上体前倾，左手持球于腹前下方。

（2）抛球摆臂：左手将球平稳抛起在腹前右侧，离手高度约 30 厘米。在抛球同时，右臂伸直往后下方摆动。

（3）挥臂击球：以右脚蹬地，右臂伸直，以肩为轴，由体后下方向腹前挥臂摆动，身体重心随之前移，在体前右侧以全掌或掌根击球的后下方。击球后，迅速进场比赛。

2. 侧面下手发球

发球动作较简单，容易掌握，由于它是借助腰腹转动力量带动手臂挥动击球，比较省力，稳定性较大，但攻击性较小。适于初学者运用，特别适用于初学的女生。

（1）准备姿势：发球学生左肩对球网站立，两脚左右开立与肩同宽。两膝稍弯屈，上体略前倾，左手持球于腹前。

（2）抛球摆臂：左手将球平稳抛至腹前离身体约一臂之距，离手高度约 30 厘米。在抛球同时，右臂伸直向身体右侧后下方摆动。

（3）挥臂击球：以右脚蹬地，身体向左转体带动右臂向体前上方挥动，在腹前以全掌或掌根击球的后下方。击球后，迅速进场比赛。

3. 正面上手发球

这种发球由于面对球网站位，因此便于观察对方，易于控制落点，准确性较大，能充分地利用收腹力量带动手臂迅速挥动去击球，使发出的球力量大、速度快、弧线平。由于手腕和手掌的明显向前推压，使发出的球呈上旋，不易出界，同时也能增加发球的攻击性。如图 8-4 所示。

（1）准备姿势：发球学生面对球网，两脚前后自然开立，左脚在前，右脚在后，右手持球在腹前。

（2）抛球摆臂：左手将球平稳抛至右肩前上方，高度适中。在抛球的同时，右臂屈时抬起并后引，肘关节与肩部齐平，手掌自然张开，呈勺形，上体稍向右侧转动，抬头，挺胸，展腹，身体重心移至左脚。

抛球　挥臂击球　准备

图 8-4

（3）挥臂击球：击球时，两脚蹬地，上体迅速向左转动，迅速收腹，带动手臂向右肩上方加速挥动，以全手掌击球的后中下部。击球时，手臂要充分伸直，手掌和手腕要迅速明显做推压动作，使球向前呈上旋飞行。击球后，迅速进场比赛。

4. 正面上手飘球

发飘球时由于击球的作用力通过球体重心，使球不旋转并带有飘晃的飞行，使对方难以判断，容易产生错觉，造成接发球困难。发这种球，面对球网，便于观察对方，容易控制落点，准确性较大，成功率较高，攻击性强。正面上手飘球是目前排球比赛中最常用的一种发球方法。

（1）准备姿势：与正面上手发球相同。但站位离端线距离变化较大，发远距离飘球时，距离端线要远些，发近距离飘球时，要站的距离近些。

（2）抛球摆臂：左手将球平稳抛至右肩前上方，稍靠前些，离身体水平距离约半臂左右，抛至相同于击球点的高度，这样便于直线加速挥臂去击球。在抛球的同时，右臂屈时抬起并后引，肘部略高于肩，两眼注视球。

（3）挥臂击球：当球上升至最高点时，收腹带动手臂快速挥动，以掌根坚硬平面击球的后中下部，使作用力通过球体重心。击球时，五指并拢，掌心向前，手腕紧张并后仰，用力快速、突然、短促，击球后可作突停或下拖动作，不能有推压动作。击球后，迅速进场。

5. 勾手大力发球

这种发球能充分利用转体收腹力量带动手臂猛烈挥动来击球，发出的球速度快，力量大、弧线低，旋转力强，容易造成对方接发球困难，在心理上给对方造成较大威胁。但由于勾手大力发球动作较复杂，技术动作要求高，失误率较大，消耗体力也较大。

（1）准备姿势：发球队员左肩对球网，两脚左右开立，与肩同宽，两膝弯屈，上体前倾，重心落在两脚之间，左手或双手持球于胸腹前，两眼注视着对方。

（2）抛球摆臂：左手或双手将球平稳抛至左肩上方，高度约 1 米，抛球同时，右腿弯屈，重心移至右脚，上体向右侧转动和倾斜，右臂向身体右侧后下方摆动，同时挺胸抬头，两眼注视球体。

（3）挥臂击球：击球时，右脚用力蹬地，身体向左转动带动手臂沿弧形轨迹向上挥动，在右肩前上方击球。同时身体重心移至左脚，手臂充分伸直保持高点击球，手掌手指自然张开呈勺形，以全手掌击球的后中下部，击球一瞬间，手腕手掌要做迅速的明显向前推压动作，使球呈上旋飞行。击球后，迅速进场比赛。

四、垫球

垫球是排球的基本技术之一，是比较简单易学的一种击球动作。它是在全身协调用力的基础上通过手臂的迎击动作，使来球从垫击面上反弹出去的一项击球技术。按动作方法，可分正垫、背垫、半跪垫球、前扑垫球、肘滑垫球、滚翻垫球、鱼跃垫球、侧卧垫球、单臂滑行铲球、单手垫球、挡球等十多种。

1. 正面双手垫球

正面双手垫球是各种垫球技术的基础，适合接速度快、弧度平、力量大、落点低的各种来球。如图 8-5 所示。它是在准备姿势的基础上，判断来球的路线与落点，迅速移动取位，把来球保持在腹部的正前方，两臂插入球下并对准来球。垫球时，利用蹬腿移体和提肩抬臂的协调动作，以两前臂所组成的平面击球的后下方，同时身体重心伴随击球动作前移，将球向前上方垫出。

移动取位

两臂前伸到球下，两臂夹紧，掌根紧靠，手腕下压

随球动作要自然协调

蹬地抬臂，提肩顶肘迎击球

图 8-5

（1）准备姿势。准备姿势分半蹲和深蹲两种。半蹲主要用于接轻球及中等力量的来球；而深蹲则用于垫重球。比赛中应根据不同情况采用相应的准备姿势。初学垫球时，由于是垫一般的轻球，故可采用半蹲准备姿势。

（2）击球手型。目前常用的击球手型有两种，如图 8-6 所示。一种是叠指法，两手手指上下重叠，掌根紧靠，合掌互握，两拇指朝前相对平行靠压在上面一手的中指第二指节上。两臂伸直夹紧，注意手掌部分不能相叠。另一种是抱拳法，两手抱拳互握，两拇指平行朝前，两掌根和两前臂外旋紧靠，手腕下压，使前臂形成一个垫击平面。

抱拳式　　　　　　　　　叠掌式

图 8-6

　　（3）击球点、击球部位。正面双手垫球的击球点一般应尽量保持在腰腹前的一臂距离，由两小臂腕关节以上 10 厘米左右桡骨内侧平面击球为宜。击球部位过高，既不便于控制球，而且易造成"持球"或"连击"犯规；击球部位过低，垫在虎口上，球易不稳，对球的方向、力量控制不准。

　　（4）击球动作。在判断来球移动取位的同时，应根据来球情况和击球的需要变化身体重心，使击球点保持在腹部高度的正前方，并将两臂迅速插入球下。击球时蹬腿提腰，重心随之前移，同时含胸提肩，压腕抬臂等全身协调动作迎向来球，将球准确地垫在小臂击球部位上。在垫击瞬间，两臂应保持平稳固定，身体重心和两臂要有自然的随球伴送动作，以便控制球的落点和方向。

　　（5）击球用力。如果来球的力量小或垫出的球距离远，垫击必须加上抬臂动作，给球以反击力；如果来球的力量大或垫出的球距离近，则只需轻轻一垫，靠反弹力垫出；有时来球力量大，为了缓冲来球的力量，手臂还需顺势后撤，加上含胸收腹的协调力，使球得到缓冲而垫出。一般说来，垫球的用力大小与来球的力量成反比，与垫出球的距离成正比。

　　2. 跨步垫球

　　当来球离身体一步左右，但速度较快或部位较低，来不及移动对正时，队员迅速向前或向侧跨一步垫球的动作叫跨步垫球。跨步垫球在接发球和接扣球中广泛运用。它是滚翻倒地等低姿垫球的基础。

　　跨步垫球时，看准来球落点，及时向前或向侧跨出一步，屈膝制动，重心落在跨出腿上，上体前倾，臀部下降，后腿自然伸直或随重心前移而跟着上步，两臂前伸插入球下，用前臂击球的后下部。

　　3. 体侧垫球

　　来球飞向体侧，队员来不及移动对正来球，可用双臂在体侧进行垫击叫体侧垫球。

　　以左侧垫球为例。先以右脚前脚掌内侧蹬地，左脚向左跨出一步，身体重心随即移至左脚，并保持两膝弯屈。与此同时，两臂向左侧伸左臂高于左臂，右肩微向下倾斜，两臂组成的击球面对准来球并拦击来球。击球时，以腰部发力，并借助左脚蹬地的力量，使身体微向内转，同时提肩抬臂将球垫起。

　　4. 挡球

　　来球高且重，不便于传和垫时，用手或单手在肩部以上挡击来球称为挡球。挡球主要用于防守中接高于肩的球，二传队员在紧急时也可采用单手挡球，运用挡球可以扩大控制范围。挡球技术是垫球技术的重要补充，它可分为双手挡球和单手挡球。

　　双手挡球的手型有抱拳式和并掌式。抱拳式的手法是两肘弯屈，一手半握拳，另一手外包，两掌外侧朝前；并掌式的手法是两肘弯屈，两虎口交叉，两掌外侧朝前，合并成勺形挡球时，小臂放松，两肘朝前，手腕后仰，以掌根或掌外侧组成平面，挡击球的后下部。击球点在额前或两侧肩上。挡球瞬间手腕要紧张，用一定的力量接球向上挡起。

五、传球

排球传球有正传、背传、侧传和跳传四种。这四种传球技术的传球手型基本相似，都是在额前上方击球。传球是由准备姿势、迎球、击球、手型、用力 5 个动作部分组成。其中较难掌握的是触球时的手型，如图 8-7 所示。

图 8-7

1. 正面传球

（1）准备姿势：稍蹲姿势，面对来球，双手自然抬起，放松，置于脸前。

（2）迎球：当球下降至额前时，蹬地伸膝，伸臂，两手向前上方迎击来球。

（3）击球：击球点在额前上方一球距离处。有利于看准来球和控制传球方向。

（4）手型：两手自然张开成半球形，两拇指相对成"一"字型，用拇指内侧、食指全部、中指二、三关节触球。无名指和小指在两侧辅助控制传球方向。

（5）用力：传球动作是全身协调用力。传球用力的顺序是：蹬地，伸膝，伸腰，手指手腕屈伸。最重要的是利用伸臂和手腕手指的紧张和球压在手指上产生的反弹力将球传出去。如图 8-8 所示。

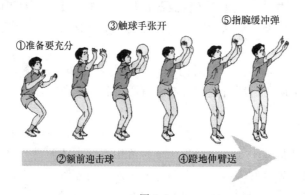

图 8-8

2. 背传

背传是向身体背后上方的传球。其主要用于组织进攻。是二传队员必须掌握的主要传球技术之一。比赛中熟练运用背传技术，能够进攻战术多样化，可出其不意，迷惑对方。

背传准备姿势上体应比正面传球稍直立，身体重心在两脚之间，不要前倾，双臂屈肘抬起，两手成传球手型置于脸前。传球时，稍抬头挺胸，在两腿蹬地的同时，上体向后伸展，击球点保持在额上方。击球时，手腕适当后仰，掌心向上，手指击球的下部，利用向后上方伸臂、伸肘动作的手指、手腕的弹力将球向背后方向传出。

3. 跳传

跳传是当一传弧线较高而又接近球网时，所采用的跳起传球技术。目前在比赛中运用比较广泛，一般用于二传。跳传可起到加快进攻速度和迷惑对方的作用，并且可使进攻战术多样化，扩大进攻的范围，减少二传环节中的失误。跳传的起跳动作无论是原地起跳还是助跑起跳都与扣球、起跳动作基本相似。起跳时，首先选好起跳点和掌握好起跳时间。起跳后，两臂屈肘抬起，两手放置脸前，击球点保持在额上方，在身体跳至最高点时，用伸臂动作及手指、手腕的弹力将球传出。由于人在空中，无法用上伸腿蹬地的力量去传球，因此，要加大伸臂的幅度和速度。

六、扣球

扣球是排球的基本技术之一，也是攻击性最强最有效的进攻手段，在比赛中占有非常重要的地位。扣球是在二传配合的基础上，完成进攻战术的最后关键一环，是得分和夺取发球权的重要的有力武器，扣球技术一般分为：正面扣球、调整扣球、扣快球等。

1. 正面扣球

正面扣球技术由准备姿势、判断和助跑、起跳、空中击球、落地等环节组成，如图 8-9 所示。

图 8-9

（1）准备姿势：两脚自然开立，一脚在前，另一脚在后，两膝稍屈，上体自然前倾，两臂稍屈自然下垂置于体侧，两眼密切注视来球。

（2）判断和助跑：首先是对一传进行判断，然后判断二传的方向、速度、弧线、落点，一面助跑，一面判断。判断贯穿在整个助跑、起跳和击球的全过程。助跑的目的是为了接近来球，选择正确的起跳点，掌握好起跳时间，使身体获得足够的助跑水平速度，以便增加弹跳的高度，使扣球更加有力。以两步助跑为例，助跑时，左脚先向前自然迈出一步，接着右脚再迅速跨出一大步，同时两臂迅速向体侧后下方划弧摆动，右脚以脚后跟先着地，迅速过渡到全脚掌落地，左脚迅速并上，落在右脚的前面，两脚之间距离与肩同宽，两脚尖稍向右转、膝关节弯屈。

（3）起跳：起跳时，两膝弯屈并稍内扣，上体前倾，在两脚迅速用力蹬地的同时，两臂由体侧后迅速向体前上方摆动，迅速展腹，带动整个身体垂直腾空而起。

（4）空中击球：起跳后，右臂随之抬起，上体稍向右转，抬头挺胸并展腹，击球手臂后引，肘部自然弯屈略高于肩。挥臂时，以迅速向左转体和收腹、收胸的动作带动手臂挥动，成快速用鞭动作向右肩前上方挥击。击球时，五指微张呈勺形，并保持适当的紧张，以全手掌包住球，掌心为击球中心，手臂充分伸直，击球的后中上部或后中部，手腕猛力迅速下甩，同时主动屈指向前推压。

（5）落地：一般情况往往是左脚先着地，为了避免单脚先落地造成膝关节损伤，应力争两脚同时落地。落地时，应以前脚掌先着地再过渡到全脚掌着地。同时顺势收腹、屈膝，以缓冲下落的力量。

2. 快球

快球是扣球队员在二传队员传球前或传球的同时起跳，并迅速将二传队员传出的球，击入对方场区的扣球。快球在时间上争取主动，起着攻其不备、突然袭击的作用，可使对方拦网和防守产生判断错误。这种扣球的特点是速度快、力量大、时间短、落点近、突然性强、牵制能力大。快球技术动作方法较多，有近体快球、半快球、短平快球、平拉开快球、背快球、背平快球等。

3. 调整扣球

调整扣球是指在接发球或后排防守垫球不到位时，二传队员从后场区将球传到网前所进行的扣球。调整扣球技术动作与正面扣球相同，但由于二传球来自后场区，有近网球，也有远网球，还有拉开球和集中球，与球网有一定的角度并且弧线不固定，扣球队员难以判断，所以扣这种球难度较大。因此，扣球队员要准确判断来球的方向、弧线、速度和落点。调整好人和球的关系，选择好起跳点，掌握好起跳时间。根据人和球网的距离，合理地采用不同的扣球方法，控制好扣球的力量、速度、方向、路线和落点。

七、拦网

拦网是在网前跳起用双手阻拦对方的扣球，它既是防守技术，也是进攻手段。拦网是防守的第一道防线，是反攻的重要环节。拦网可以将对方有力的扣球拦起，减轻后排防守的压力。拦网水平的高低，直接影响着比赛的胜负。在当前排球技术迅速发展的情况下，拦网技术水平的提高使网上争夺更加激烈。拦网既可以原地起跳，也可移动助跑起跳；既可以单人拦网，也可以双人拦网或多人拦网。

1. 单人拦网

（1）准备姿势：面对球网，两脚平行开立约与肩宽，两手自然置于胸前。

（2）移动：可采用并步、跨步、滑步、交叉步、跑步等，将身体重心移动到拦网位置，准备起跳。

（3）起跳：移动后立即制定，使身体正对球网后起跳，或在起跳过程中在空中使身体转向球网。起跳时，膝关节弯屈，两脚用力蹬地，两臂在体侧划小弧用力上摆，带动身体向上垂直起跳。

（4）空中击球：起跳后稍收腹，控制平衡。两手从额前贴近并平行网向网上沿前上方伸出，两臂伸直，两肩尽量上提。拦击时，两手尽量伸向对方上空，接近球，两手自然张开，屈指屈腕呈勺型。当手触球时，两手要突然紧张，手腕下压盖在球的前上方。

（5）落地：拦网后自然落回地面，落地时屈膝缓冲，如图8-10所示。

2. 集体拦网

集体拦网有双人拦网和三人拦网。集体拦网的目的是为了扩大拦网的截击面。集体拦网除按个人拦网技术的要求外，更重要的是拦网队员之间的配合。集体拦网配合时应注意以下

图 8-10

几个问题。

（1）集体拦网要确定以谁为主，密切协同配合，防止各行其是。

（2）主拦队员确定拦网中心，配合队员要及时选好起跳点，起跳时应避免互相冲撞和干扰。

（3）起跳后，手臂在空中要保持适当距离，尽量扩大拦击面，但手与手之间距离不要过大，以免造成漏球。

（4）不同身高的队员要加强起跳时间的配合，一般来说，高个子队员起跳时间应稍晚于矮个子队员。

（5）把身材高、弹跳力强、拦网好的队员换到 3 号位或换到对方扣球威力大的位置上，以加强本方拦网的威力。

第三节　基本战术

排球战术是指队员在比赛中，根据排球规则要求，排球运动规律和比赛双方情况，合理运用技术所采用的有意识，有目的，有组织的个人和集体配合行动。

一、阵容配备

1."四二"配备

即场上两个二传手、四个攻手（其中两个主攻手、两个副攻手），安排在对称的位置上。每一轮次前排都有一个二传队员和两个进攻队员，便于组织前排二传传球的两点进攻和后排二传插上传球的三点进攻。但每一个进攻队员必须熟悉两个二传队员的传球特点，配合比较困难。

2."五一"配备

即场上一个二传队员，五个进攻队员。为了弥补有时主要二传队员来不及传球所出现的被动局面，通常在二传队员的对角位置上，配备一名有进攻能力的接应二传队员。二传队员在前排时采用两点进攻，二传队员在后排时采用进攻和拦网的力量。"五一"配备中，全队进攻队员只需适应一名二传队员传球的习惯、特点，容易建立配合间的默契。但防反时，一传队员如果在后排，要插上传球，难度较大。

3."三三"配备

即三名能攻的队员与三名能传的队员间隔站位，使每一轮次都有传有扣，是初学者常用的阵容配备。

阵容配备如图 8-11 所示。

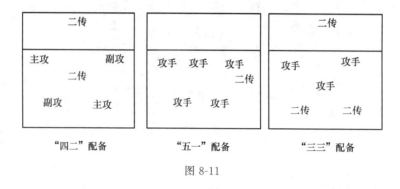

"四二"配备　　　　　"五一"配备　　　　　"三三"配备

图 8-11

二、进攻战术

进攻战术是指在接对方发过来、扣过来、拦过来和传、垫过来的球后，全队所采取的有目的、有组织的配合进攻行动。进攻战术又可分为进攻阵型和进攻打法两方面。

（一）进攻战术阵型

进攻战术阵型即进攻时采取的队形。进攻时所采用的阵型是基本一致的，不外"中一二""边一二""插上"三种阵型。

1. "中一二"进攻战术阵型

3 号位队员作二传，将球传给 4、2 号位队员进攻的组织形式。其优点是一传向网中 3 号位垫球比较容易，因而有利于组成进攻，适合初学者采用；二传队员在网前接应一传的移动距离近，向 2、4 号位传球的距离较短，容易传准。缺点是战术变化少，容易被对方识破进攻意图，如图 8-12 所示。

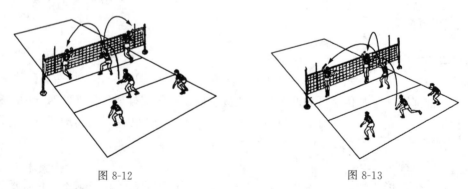

图 8-12　　　　　　　　　　　　　　　　图 8-13

2. "边一二"进攻战术阵型

2 号位队员作二传，将球传给 3、4 号位队员进攻的组织形式。其优点是右手扣球者在此 3、4 号位扣球比较顺手，战术变化较多。缺点是 5 号拉接一传时，向 2 号位垫球距离较远；一传垫到 4 号位时，二传传球较为困难，如图 8-13 所示。

3. "插上"进攻战术阵型

二传队员由后排插上前排作二传，把球传给前排 4、3、2 号位队员进攻的组织形式。其优点是能保持前排三点进攻，战术配合变化多，并能利用网的全长组织进攻。缺点是对插上二传队员的要求较高，如图 8-14 所示。

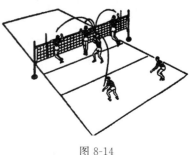

图 8-14

（二）进攻战术打法

进攻战术打法是指二传队员与扣球队员之间所组织的各种进攻配合。包括强攻、快攻和两次球进攻三种基本打法。每种打法中又有若干不同战术配合。而所有这些打法又都可以在"中一二""边一二"和"插上"三种进攻战术阵型中具体运用。

1. 强攻

强攻指在没有同伴掩护的情况下，在对方有准备的拦防情况下，强行突破的进攻。强攻的二传球较高，根据不同的二传球位置，可以分为集中进攻、拉开进攻、围绕进攻、调整进攻等，后排队员的高球进攻也属于强攻的打法。

2. 快攻

快攻指扣二传传出的各种平快球，以及用这些平快球作掩护所组成的各种战术配合。可以分为平快球进攻、自我掩护进攻、快球掩护进攻三类。平快球进攻常用的有前快、背快、短平快、平拉开、背溜、调整快、远网快、后排快、单脚起跳快等。自我掩护进攻包括时间差、位置差、空间差的进攻。快球掩护进攻包括各种交叉进攻、夹塞进攻、梯次进攻、前排快攻掩后排进攻的本位进攻等。

3. 两次球进攻

两次球进攻指一传来球较高，又在网前适合扣球的位置上，前排队员跳起来直接进行扣球，如遇拦网，就在空中改作二传，把球转移给其他前排队员进攻。

三、防守战术

排球的防守战术是组织进攻或反攻或反攻战术的基础，没有严密的防守，进攻就无从组织。而一切防守战术都应从积极为进攻和反攻创造条件的角度进行设计和考虑。

（一）接发球的防守战术

当对方发球时，本方处于防守地位，也是组织第一次进攻的开始。事先站好位置，摆好阵型，是接好发球的基础。站位的阵型，不仅要有利于接球，也要有利于本方所采用的进攻战术。同时，还要根据对方发球的特点，采取不同的阵型。通常多采用 5 人接发球和 4 人接发球。

1. 五人接发球站位阵型

除 1 名二传员站在网前或从后排插上准备二传不接发球外，其余 5 名队员都担负一传任务的接发球站位阵型。其优点是队员均衡分布，每人接发球的范围相对减小；接发球时，已站成了基本的进攻阵型，组织进攻比较方便，适合接发球水平不太高的球队。其缺点是一传队员从 5 号位插上时距离较长，难度大；3 号位队员接球时，不便组成快攻战术；不利于队员间的及时换位；队员之间地带较多，配合不默契时，容易互相干扰，如图 8-15 所示。

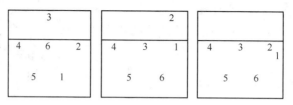

图 8-15

2. 四人接发球站位阵型

插上二传队员与同列的前排队员均站在网前不接发球，其他 4 人站成弧形接发球的站位阵型。其特点是便于后排插上和不接发球的前排队员及时换位；其缺点是对接发球的 4 人要求有较高的判断、移动能力和掌握较好的接发球技术，如图 8-16 所示。

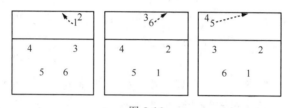

图 8-16

（二）接扣球的防守战术

接扣球的防守与组织反攻是密不可分的，只有防守成功才能有富有成效地反攻。接扣球的防守战术是前排拦网与后排防守的整体配合，根据对方进攻情况、本队队员特长、防守后的反攻打法，一般可分为不拦网、双人拦网和三人拦网的防守阵型。

1. 不拦网的防守阵型

在对方进攻较弱，没有必要进行拦网时，可以采用不拦网的防守阵型。这种阵型与 5 人接发球站位阵型相似，前排进攻队员要撤到进攻线后，准备防守和防守后的反攻；后排队员后退，准备防后场球；二传队员留在网前，准备接吊到网前的球和组织进攻。

2. 单人拦网的防守阵型

当对方扣球威胁不大、扣球路线变化不多、轻打中吊球较多时，可以主动采用单人拦网的防守阵型。拦网队员拦扣球人的主要进攻路线，不拦网队员及时后撤防守前区或保护拦网人，后排队员后撤加强后场防守。

3. 双人拦网的防守阵型

对方水平较高、进攻力量较强、进攻路线变化较多时，多采用这种防守阵型，即两人拦网、4 人接球。通常分为"边跟进"和"心跟进"两种。

（1）"边跟进"。多在对方进攻较强，吊球较少时采用。当对方 4 号位队员进攻时，我方 2、3 号位队员拦网，其他 4 个队员组成半圆弧形防守。如遇对方吊前区，由边上 1 号位队员跟进防守。其特点是加强了拦网；缺点是边上的队员又要防直线，又要跟进防前区，比较困难。

（2）"心跟进"。在本方拦网能力强，对方采取打吊结合时采用。当对方 4 号位队员进攻时，我方 2、3 号位队员拦网，后排中间的 6 号位队员在本方拦网时跟在拦网队员之后进行保护，其余 3 名队员组成后排弧形防守。其优点是加强了前区的防守能力，缺点是后排防守队员之间的空当较大。

4. 三人拦网时的防守阵型

对方主要扣球手进攻实力很强，不善吊球的情况下可采用三人拦网，3 人后排接球的防守阵型。这种阵型加强了网上力量，但后防的空隙也相对增大。3 人拦网时，后排防守的 6 号位队员可以跟进到进攻线附近保护，也可以退至端线附近防守。

（三）接拦回球的防守战术

本方扣球时必须加强保护，积极防起被拦回来的球，并及时组织继续进攻。由于拦网人可以将手伸过网拦网，拦回的球通常速度快、角度小，因而接拦回球的保护阵型应形成多道防线的弧形状，且第一道防线紧跟在扣球人身后。以我方 4 号位队员进攻，其他 5 人保护为例。5 号位队员向前移动和向左后方移动的 3 号位队员形成第一道防线，2 号位队员内撤，1 号位队员保护后场。其他位置进攻时，保护的阵型也可按同样道理布阵。

（四）接传、垫球的防守战术

当对方无法组织进攻，被迫用传、垫球将球击入本方时，我方的防守便称之为接传、垫球的防守。这种情况在初学者中出现较多。由于来球的攻击性小，我方的防守阵型与不拦网情况下的防守阵型相同，即前排除二传队员外，其他的队员都迅速后撤到各自的位置，准备接球后组织进攻。需要注意的是在后撤和换位的过程中，动作要迅速并随时做好接球的准备。

思考题 >>>

1. 简述排球运动的起源和发展。
2. 排球移动的基本步法包括哪几种？
3. 简述正面传球的技术要领。
4. "中一二"进攻战术阵型的特点是什么？
5. 进攻战术打法包括哪三种基本打法？

第九章　足　球　运　动

学习目标 》》》

1. 能简要陈述足球运动的发展历程。
2. 能在教学、训练和比赛中正确灵活的运用足球基本技术、战术。
3. 学会欣赏国内外重大足球赛事，积极参与这项运动。

第一节　足球运动简介

一、足球运动的起源与发展

足球运动是一项古老的体育运动，它的起源可以追溯到人类社会的史前年代。通过对目前各国有关史料的分析确认，古代足球起源于中国。据可靠文字记载，足球起源于战国时代（公元前 475～公元前 221 年）。当时称之为"蹋鞠"或"蹴鞠"，"蹋"或"蹴"就是指用脚踢物的意思，而"鞠"是用皮革为皮，里面充填毛做成球。

现在足球运动起源于英国。1948 年足球运动的第一个文字形式的规则《剑桥规则》诞生；1957 年英国成立了世界上第一个足球俱乐部；1863 年 10 月 26 日，世界第一个足球协会——英格兰足球协会成立，这天被称为现代足球诞生日。

1904 年 5 月 21 日，在法国巴黎正式成立了国际足球协会联合会（FIFA）。国际足球协会联合会目前已拥有 197 个成员国，全世界注册的运动员已达 2 亿～5 亿之众，是任何其他体育单向组织无法比拟的。

国际足联第三任主席米尔·里梅是世界杯足球赛的尝试人之一。从 1930 年起每 4 年举行一届世界足球锦标赛，冠军杯原名为"米尔·里梅"杯，现名为"国际足联世界杯"，是一座永久流动奖杯。在 1982 年以前，参加决赛圈比赛的队伍一直保持在 16 支，1982 年扩大到 24 支，1998 年再次扩大到 32 支。

从 1896 年第一届现代奥运会到 1908 年第 4 届奥运会，足球只是表演项目，直到 1912 年第 5 届奥运会时足球才成为正式比赛项目。在 20 世纪 80 年代以前，奥运会足球比赛只允许业余年轻运动员参加，因而比赛水平不高。1993 年召开的国际足联执委会决定，允许每个参加奥运会足球决赛的队有 3 名年龄超过 23 岁的队员。最近，国际足联将允许 5 名 23 岁以上职业球员参加奥运会足球比赛。

中国国家男子足球队始创于 1924 年，在 1931 年加入国际足球联合会，1955 年成立中国足球协会。1958 年 6 月在斯德哥尔摩举行的国际足联代表大会上，由于国际足联在少数领导人的把持下一意孤行，制造"两个中国"的阴谋，我国代表正式宣布退出国际足联。1979 年 10 月 13 日，国际足联执委会通过决议，重新接纳中华人民共和国足球协会为会员。这一决定于 1980 年 7 月 7 日在国际足联第 42 次代表大会上得到批准，从此，中国足协又回到了国际足联大家庭。从 1976 年起，中国队连续 9 次参加亚洲杯足球赛，并于 1984 年和 2004 年两度打进决赛。2002 年第一次亮相韩日世界杯，大约有 3 千万观众收看了中国队参加的比赛。

二、足球比赛场地

足球场呈长方形，长 90～120 米，宽 45～90 米。国际比赛场地长 100～110 米，宽 64～75 米，在任何情况下，长度必须超过宽度，线宽不得超过 12 厘米。足球比赛场地是由三线、三区、二点和一弧构成的。三线式指边线，球门线和中线；三区是指罚球区（又称禁区）、球门区和角球区；二点是指中点和罚球点；一弧是指罚球弧。

第二节　基本技术

足球基本技术主要包括踢球、停球、运球、顶球，抢截球、守门员技术、掷界外球等。

一、踢球

（一）脚内侧踢球

这是传出准确而快速的短距离地面球的最可靠技术。

1. 动作要领

踢定位球时，直线助跑，支撑脚应置于球的一侧约 15 厘米处，脚尖指向传球方向，膝关节微屈，两臂自然张开，保证踢球腿的自由摆动。踢球脚在触球时，脚应外转并使脚内侧以正确角度对准传球方向，利用小腿摆动平敲球的后部。踝部紧张并保持坚硬。触球时，头部要稳定，眼睛看着球，踢球腿的跟随摆动与传球方向一致，如图 9-1 所示。

图 9-1

2. 练习方法

（1）初学者先做踢球腿膝盖外转、前后摆动的模仿动作。

（2）两人一组，距离 10 米左右，踢定位球。

（3）两人一组，行进间传接球。

（4）踢迎面传来的地滚球，近距离射门。

（5）抢球游戏，如 3 人传 2 人抢，规定只准用脚内侧踢球。犯规者出来抢球。

（6）脚内侧踢球射门练习。

3. 易犯错误

（1）脚弓和球接触面不正确，影响了击球的准确性。

（2）踢球脚离地过低，踢在球的底部，易成高球。

（3）动作过度紧张，使用力量不及时，特别是脚击球的一刹那，没有用力，只靠腿的摆动力量踢球。

（二）脚背正面踢球

脚背正面踢球摆幅较大，踢球力量较大，准确性较强。多用于长距离传球和射门等。

1. 动作要领

踢定位球时，直线助跑，触球前的最后一步要加大，支撑脚的位置与球平行，离球 10 厘米左右，脚尖正对出球方向，膝关节微屈，两臂自然张开。触球时，踝部紧张且脚尖指向地面。大腿带动小腿由后向前摆，当膝盖摆至接近球正上方的一刹那，小腿做爆发式的前摆，脚背绷直，脚趾扣紧，以脚背的正面踢球的后中部，踢球腿随出球方向前摆，如图 9-2 所示。

图 9-2

2. 练习方法

与脚内侧踢球的练习方法相同。

3. 易犯错误

（1）踢球腿膝盖不在球的正上方，脚跟没有提起而将球踢出。

（2）踢球时脚尖没有绷紧，踢球部位不正确，影响了踢球力量。

（3）摆动腿不是前后摆动，而是侧向摆动，容易把球踢偏或踢高。

（三）脚背内侧踢球

脚背内侧踢球是足球比赛中经常运用的技术，由于踢球时上体向支撑一侧倾斜，造成踢球腿摆动时范围增大，所以能踢出各种旋转球及远距离球，在比赛中多用于中长距离的传球和射门等。

1. 动作要领

斜线助跑，助跑方向与出球方向成 45 度角，最后一步稍大。支撑脚在球的侧后方 20～25 厘米处积极着地，脚尖指向出球方向，膝关节微屈。踢球腿以髋关节为轴，大腿带动由后向前摆动，当大腿摆至与支撑腿接近同一平面时，小腿做爆发式的前摆，此时脚尖稍外转脚外翻，脚面绷直，以脚背内侧部位击球的后中部（踢高球时，击球的中下部），踢球脚和身体继续前摆，如图 9-3 所示。

2. 练习方法

（1）两人一组，相距 10～15 米对踢，要求踢球力量不要过大，着重体会踢球的部位。

（2）两人一组，加大距离做长传球，要求传球准确。

（3）自己运球到罚球区附近射门，速度由慢到快。

图 9-3

（4）传球射门：一人做向前传球，踢球者快速上前踢球射门。

3. 易犯错误

（1）踢球时上体后仰，易把球踢高。

（2）脚尖外转太多，踢球部位不正确，易把球踢偏。

（3）踢球时，踝关节松弛，往往踢在脚尖或脚内侧上，击球无力。

二、停球

停球是指运动员有目的地用身体的合理部位把运行中的球停挡在所需要的控制范围内。

（一）脚内侧停球

脚接触球的面积大，易将球停稳，便于改变方向和结合下一个动作，多用来停地滚球、反弹球和空中球。

1. 停地滚球

支撑脚脚尖正对来球，膝关节微屈，同侧肩正对来球。接球腿提膝，大腿外展，脚尖稍微翘，脚底基本与地面平行，脚内侧正对来球并前迎。当脚内侧面与球接触一刹那迅速后撤，缓冲来球力量，把球控制在衔接下一动作所需要的位置上，如图 9-4 所示。

图 9-4

2. 停反弹球

支撑脚踏在球的落点的侧前方，膝关节弯屈，上体稍向前倾并向停球方向微转，同时停球腿提起，踝关节放松，用脚内侧对准来球的反弹路线，当球落地反弹刚离地面时，用脚内侧推球的中上部。

3. 停空中球

根据来球的速度和运行轨迹，及时移动到位，若是抛物线较小的平高球，则应根据临场的实际情况选择适当高度的接球点，将接球腿抬起，使脚内侧部位对准来球的方向并前迎，在接触球的瞬间后撤，将球接在所需要的位置上。若是将脚提起稍高于选择的停球点，在脚与球接触的一刹那开始下切，在下切过程中用脚内侧切球的侧上部，将球停在地上。接空中球时，先提大腿，腿弓正对来球。触球时，小腿放松下撤。

4. 脚内侧停球的练习方法

（1）两人一组，互踢停球，力量由轻到重。

（2）两人一组，一人踢地滚球，另一人跑上停球。

（3）两人一组，互踢停球，要求停球后快速传球。

5. 易犯错误

停球脚的肌肉太紧张，当球与脚弓接触时未做后撤动作，使球停不到脚下。

（二）脚底停球

比赛中多用于停正面来的地滚球和反弹球。由于球一旦停死会有利于防守队员的逼抢，所以要注意迅速接下一动作。

图 9-5

1. 停地滚球

支撑脚站在球的侧后方，膝关节微屈。停球脚提起，膝关节自然弯屈，脚尖翘起高过脚跟（脚跟离地面稍低于球高），踝关节放松，用前脚掌触球的中上部，如图 9-5 所示。

2. 停反弹球

支撑脚踏在球落点的侧后方。当球着地的一刹那，用前脚掌对准球的反弹路线。触球的后上部。

3. 脚底停球的练习方法

两人一组，互传互停。

4. 易犯错误

判断球的落点不准确，停球脚提起过高。

（三）脚背正面停球

正脚背停球这种接球方法适用于接空中下落的球。

1. 动作要领

以正脚背或者鞋带部位提起至球下，当球接近时，脚和腿下撤，触球瞬间踝关节要放松。

2. 脚背正面停球的练习方法

（1）自抛自停，体会要领。

（2）两人一组，互抛互停。

3. 易犯错误

停球脚接触球时，下撤过早或过晚。

（四）胸部停球

胸部停球面积大、有弹性、位置高，对于球的缓冲作用比较好，所以，胸部可更早地完成接控球的任务。胸部停球有挺胸式停球和收胸式停球两种方法。

1. 挺胸式停球

面对来球站立，两膝微屈，重心置于支撑面内，上体后仰，下颌微收，两臂自然张开，触球瞬间，两脚蹬地，膝关节伸直，用胸部轻托球的下部使球微微弹起于胸前上，如图 9-6 所示。挺胸式停球一般用于停高于胸部的下落球。

2. 收胸式停球

收胸式停球一般用来停接齐胸高的平直球。面对来球，两脚开立，两臂自然张开，挺胸迎球，触球一刹那迅速收胸、收腹，臀部后移将球接在体前，如图 9-7 所示。

图 9-6　　　　　　　　　　　　　　图 9-7

3. 胸部停球的练习方法

（1）两人一组，约距 10 米，互抛互停。

（2）两人一组，约距 10 米，加大来球速度，互抛互停。

4. 易犯错误

缩胸过早或过晚，不能缓和来球力量，易将球弹出。

（五）大腿停球

一般可以用来接抛物线较大的高空球和略高于膝的低平球。

1. 动作要领

接抛物线比较大的下落球时，面对来球方向，根据球的落点迅速移动到位，接球腿大腿抬起，在球与大腿接触的一刹那，大腿随球下撤，使球落在体前，如图 9-8 所示。

接低平球时，根据来球高度，接球腿大腿微屈，送髋前迎来球，当球与大腿接触瞬间收撤大腿，使球落在所需要的位置。

图 9-8

2. 大腿停球的练习方法

（1）两人一组，约距 10 米，互抛互停。

（2）自抛自停。

3. 易犯错误

不能正对来球，不能缓冲来球力量（或缓冲过早），不能将球停在自己控制的范围内。

三、运球

运球是运动员在跑动中用脚连续推拨球，使球处于自己控制范围内的动作，是完成个人突破与战术配合必不可少的技术，常用的运球技术有脚内侧、脚外侧、脚背正面等，如图 9-9 所示。

脚内侧运球　　　　脚外侧运球　　　　　脚正面运球

图 9-9

（一）动作要领

1. 脚内侧运球

脚内侧运球时，支撑脚始终领先于球，位于球的侧前方，肩部指向运球方向，支撑腿膝关节微屈，重心放在支撑脚上，另一只腿提起屈膝，用脚内侧推球前进，然后运球脚着地。

2. 脚外侧运球

上体稍前屈，运球腿提起，膝关节稍屈，髋关节前送，脚尖稍内转，以脚外侧推拨球的后中部前进。

（二）练习方法

（1）练习时要求步子小，轻松自然，两臂自然摆动。

（2）在走步或慢跑中练习运球，由单脚到双脚，用脚背内、外侧运球。

（3）曲线运球绕 6 根标枪（相距 2 米），要求由慢到快（定距测验时用）。

（4）直线运球或绕杆曲线运球，要求少看球，多巡视四周情况。

图 9-10

（三）易犯错误

（1）只低头看球，而不是随时观察场上情况，以致不能达到及时完成传球或射门的目的。

（2）运球时不是推拨球而是踢球，以致球离人过远而失去控制。

四、头顶球

头顶球是运动员在比赛中为了争取时间和取得空中优势。用头部的前额部位击球的动作，常用来传球、抢截球和射门，是进攻和防守中不可缺少的重要技术之一。头顶球分为前额正面顶球和前额侧面顶球，如图 9-10 所示。

1. 原地前额正面顶球

身体正对来球，两脚前后开立，膝关节微屈，两臂自然张开，上体稍向后仰，眼睛注视来球。当球运行到身体垂直部位前的一刹那，后脚用力蹬地，身体重心由后脚移向前脚的同时，迅速向前摆体，颈部紧张，快速摆头，用前额正面顶球的后中部，接着上体随球继续前摆。

2. 原地前额侧面顶球

两脚前后开立，出球方向的同侧脚在前，两膝微屈，上体和头部稍向出球的相反方向侧屈，身体重心放在后脚上，两臂自然张开，两眼注视来球。当球运行到出球方向同侧肩上方的一刹那。双脚用力蹬地，上体迅速向出球方向扭摆，同时颈部紧张地摆头。以前额侧面顶球的后中部。

3. 头顶球的练习方法

（1）徒手做头顶球模仿练习。

（2）自抛自顶，体会顶球部位。

（3）两人一组，相距5～7米，一人抛球，另一人原地将球顶成高、平、低球。

4. 易犯错误

（1）顶球时没有后仰，没有充分利用腰腹力量。

（2）没有摆头的动作。

（3）顶球时用眼看球或刻意低头。

五、抢截球

抢截球是防守中的主动行动，是转守为攻的积极手段。抢截球包括抢球和截球两个内容。

1. 动作要领

（1）正面阻截。防守队员面向对手，将脚的里侧对准球的中部，用力将球"堵住"。弯屈双膝，以便平衡身体，聚集力量，然后一脚支撑地面，另一脚用全力将球向前推，突破对方的阻挡。

（2）侧面抢截。当与对方平行跑动争球时，身体重心要降低，两臂紧贴身体，当对方近侧脚着地时，可用肩和上臂做合理冲撞动作，使对方失去平衡，从而截获其球。侧面冲撞抢截用于抢截者和运球者平行跑动时抢截球。

2. 抢截球的练习方法

（1）两人并肩走步中练习冲撞，慢跑和快跑中进行冲撞，体会合理冲撞的方法。

（2）一人在慢跑中运球，另一人练习侧面并肩冲撞抢球。

（3）一对一抢截，正面抢截后相互交换，以抢到球为准。

（4）一对一抢截，正面、侧面抢截，以触到球为准，相互交换练习。

3. 易犯错误

（1）抢球时犹豫不决，判断不准，盲目乱跑。

（2）抢球时支撑脚重心不稳，轻易移动，重心落在抢球脚上，容易被撞倒。

六、守门员技术

守门员技术的高低、反应敏捷程度、竞争意识直接影响全队的士气和最后一道门户的牢固。守门员的有球技术分为接球、扑接球、拳击球、托球、掷球和抛踢球。

1. 接球

接球是守门员技术中最基本和最主要的技术，它包括接地滚球、平直球和高空球。

1）接地滚球

接地滚球分直腿式接球和跪撑式接球两种。直立接球时，两脚要自然并拢不留空隙，脚尖对准来球，上体前屈，两臂自然下垂，手指微屈，整个手型呈"圆勺形"，手心向前，两手接球底部，接球后两臂同时弯屈，并互相靠拢，将球提至胸前紧抱。

跪撑式接球时，两脚向侧前方开立，前腿弯屈，后退跪立，膝关节接触地面，并靠近前脚跟，不留中空，上体前倾，两臂下垂，掌心对准来球方向，整个手型呈"圆勺形"，两手接球底部，接球后将球抱至胸前。

2）接高球

接高空球常用原地接胸以上高度球和单脚或双脚跳起接球形式。这里只介绍原地接球。

两手自然张开，拇指相对，食指与拇指成"桃形"，当手触球时，手腕和手指适当用力将球接住，同时屈肘、回缩并下引，顺势翻掌将球抱于胸前。

3）接平球

在接射向胸部和胃部的劲射时，身体会失去平衡。为防止这种情况，守门员需要缓冲球的冲力。这时，守门员将身体轻度弯屈，当他接住球时就好像将球吞下去一样。如接与胸同高的球时，守门员两手掌心相对，尽早在体前接住球，双眼注视球。距离 30 厘米给球以缓冲的空间，头部保持稳定。

2. 扑接球

扑接球分为侧地、鱼跃扑接地滚球和平高球。这里主要介绍侧地扑接球。

侧地扑接低球时，先向来球跨一步，接着身体以一侧小腿、大腿臀部、上体和小臂依次着地，同时两臂向前伸出，同侧手掌对准来球，另一侧手在球的上方对准来球，触球后手指、手腕用力、屈肘把球收回胸前，然后起立。

3. 拳击球

拳击球可分为单拳击球和双拳击球。单拳击球时，屈肘、握拳于胸前，跳起快速冲拳，以拳面将球击出。双拳击球时，双臂屈肘握拳于胸前，两拳靠拢，当跳起到最高点时，双拳同时快速冲击，以拳面将球击出。

4. 托球

起跳后身体成背弓，单臂快速上伸，手掌前部和手指用力将球向后上托出。

5. 掷球和抛踢球

掷球有单手、低手和肩上掷球。抛踢球有自抛踢下落球和踢反弹球。

七、掷界外球

掷界外球时要充分发挥蹬地、腰腹和手腕力量，整个动作过程要连贯。

1. 原地掷界外球

手指自然张开，持球的后半部，两脚前后或左右站立，膝微屈，将球举在头后，上体后仰，掷球时两脚蹬地，收腹屈体，两臂快速前摆将球掷出。

2. 助跑掷界外球

助跑时将球持于胸前，在最后一步迈到的同时将球举至头后，蹬地、收腹、向前快速摆臂。并用扣腕力量将球掷出。

第三节　足球战术

足球比赛攻守过程中采取的个人行动和集体配合，被称为足球的基本战术。足球战术可分为进攻战术和防守战术两大类。在进攻战术和防守战术中都包含着个人和集体的战术。

一、比赛阵型

比赛阵型是指比赛场上队员基本位置排列，是本队攻守力量分配和分工的形式。选择阵型要以本队队员的特长、体能与技术水平的特点为依据。

根据队员的职责和排列的层次分为后卫线、前卫线和前锋线。阵型的人数排列原则是从后卫数向前锋的，守门员不计算在内。

目前，世界上普遍采用的阵型有"4-3-3""4-4-2""4-5-1""3-5-2"等。在以上阵型中，除"4-4-2"阵型以防守为主，反击为辅外，其他阵型均以进攻为主，尤以"3-5-2"阵型更为突出。

二、进攻战术

1. 个人进攻战术

个人进攻战术包括摆脱、跑位、运球过人等。这是在对方紧逼防守的情况下采取有效措施，摆脱自己的对手，跑到有利的位置，接应控制球的同伴巧妙的传球配合以达到进攻的目的。

2. 局部进攻战术

局部进攻战术指两人以上的战术配合行动。此战术可以丰富和完善全队的进攻战术，是实施全队战术的基础。一般常用的有：斜传直插二过一、直传斜插二过一等。

3. 集体进攻战术

（1）边路进攻，主要通过边锋或交叉到边上的中锋或直接插上的前卫、边后卫，运用个人带球突破或传球配合，以达到突破对方防线传中（外围传中、下底传中、切底迂回传中），最后由中锋包抄射门的目的。

（2）中路进攻，能直接威胁球门，但中间防守队员密集，不易突破。因此要通过中锋、内切的边锋或插上的前卫间的配合或个人运球过人等方法突破对方防线。

（3）转移进攻，指当一侧进攻受阻，另一侧进攻有利时要及时快速转移进攻方向。此方法多是采用有效而准确的中长距离传球来实现的，以拉开对方的一边防守，达到声东击西的进攻目的。

（4）快速反击。在防守中积极拼抢，一旦得球，趁对方立足未稳时，快速传球，形成以多打少，达到射门得分取胜的目的。

三、防守技术

1. 选位与盯人

选位与盯人是防守战术中重要的个人技术。选位时防守队员一般应处于球门中心与对手之间的直线上。盯人时应采用"有球紧，无球松"和"远松近紧"的方法，即对有球的、接近球和球门的对手采用紧逼的战术，对无球、远离球和球门的对手采用松动盯人的战术。

2. 保护与补位

保护是补位的前提，没有保护就不可能有效地补位。队员之间适当的斜线站位是保护的选位要求和后卫防守站位的基本原则。补位是防守队员间的协同配合、相互帮助的一种方法。

补位有两种：一种是队员去补空当，如边后卫插上助攻时就由另一队员暂时补其位置，以防插上进攻失误后对方利用此空当进行反击；另一种是队员间的相互补位，即交换防守。相互补位一般应是临近的两个同伴之间的换位，这样出现漏洞的可能性较小。

四、定位球战术

定位球战术分角球、球门球、任意球、点球、中圈开球、掷界外球等战术配合。

（1）角球。角球进攻战术有两种：一种是直接将球踢至门前，由头球能力强的同伴争抢头球射门；另一种是短传配合，常在己方头球能力较差或碰到较大逆风时运用。

（2）球门球。发球门球的原则是及时、快速、准确、有效地发起进攻。发球门球时守门员与后卫做一次配合，以改变球路的传球方法，也可踢远球给进攻的一线队员。

（3）任意球。任意球分直接任意球和间接任意球两种：罚直接任意球可采用穿墙和弧线球直接踢入，或者采用过顶吊入传切配合；罚间接任意球时，传球次数要少，运用假动作声东击西，传球要及时，以免越位。

（4）点球。点球时要求主罚队员沉着、机智，有高度的信心、熟练的假动作技术和过硬的脚法。

五、防守战术

（1）个人防守战术是局部和集体防守的基础，包括堵、抢、断等技术在防守中的运用。此外，选位与盯人也是重要的个人防守战术。

（2）集体防守战术有全攻全守的全场防守、半场防守、紧逼防守和区域防守，也有盯人结合区域防守、密集防守等多种防守战术。不论采用哪种战术都要考虑到本队的特长，更要针对对方的进攻技术，采用有效的防守战术，破坏对方的进攻。

（3）造越位战术是防守队员主动制造对手越位的做法，以破坏对方的进攻节奏和攻势，是由守转攻的一种手段。

思考题 》》》

1. 简述足球运动起源与发展。
2. 试述脚背正面踢球的技术要领。
3. 常用的停球方法有哪些？
4. 胸部停球的易犯错误和纠正方法有哪些？

第十章　乒乓球运动

 **学习目标** »»

　　1. 使学生领会乒乓球运动的锻炼价值，了解乒乓球的基本知识。

　　2. 掌握乒乓球的基本技术、战术，并能在实践中加以运用和提高。

　　3. 积极参与此项运动，学会欣赏国内外重大乒乓球比赛。

第一节　乒乓球运动简介

一、乒乓球的起源与发展

　　乒乓球起源于英国，欧洲人至今把乒乓球称为"桌上的网球"，由此可知，乒乓球是由网球发展而来。19 世纪末，欧洲盛行网球运动，但由于受到场地和天气的限制，英国有些大学生便把网球移到室内，以餐桌为球台，书作球网，用羊皮纸做球拍，在餐桌上打来打去。

　　20 世纪初，乒乓球运动在欧洲和亚洲蓬勃开展起来。1926 年，在德国柏林举行了国际乒乓球邀请赛。后被追认为第一届世界乒乓球锦标赛。同时成立了国际乒乓球联合会。

　　乒乓球运动的广泛开展，促使球拍和球有了很大改进。最初的球拍是块略经加工的木板，后来有人在球拍上贴一层羊皮。随着现代工业的发展，欧洲人把带有胶粒的橡皮贴在球拍上。在 50 年代初，日本人又发明了贴有厚海绵的球拍。最初的球是一种类似网球的橡胶球，1890 年，英国运动员吉布从美国带回一些作为玩具的赛璐珞球，用于乒乓球运动。

　　在名目繁多的乒乓球比赛中，最负盛名的是世界乒乓球锦标赛，起初每年举行一次，1957 年后改为两年举行一次。

　　1904 年，上海一家文具店的老板王道午从日本买回 10 套乒乓球器材。从此，乒乓球运动传入中国。

　　在 1988 年第 24 届奥运会上，乒乓球被国际奥委会列为正式比赛项目，引起了世界各国的极大重视，乒乓球被誉为中国的"国球"。在 20 世纪的最后 40 年里，乒乓球为中国缔造了 117 个世界冠军。

　　世纪之交，国际乒乓球联合会（以下简称国际乒联）提出了"P4"计划，即普及（Popularity）、参与（Participation）、效益（Profit financing）和计划（Planning）。

　　21 世纪初前后，世界乒乓球运动发生了三大变革：一是从 2000 年 10 月 1 日起，使用 40 毫米直径大乒乓球取代 38 毫米小球，悉尼奥运会成为乒乓球运动的一道分水岭，它结束了 38 毫米小球的历史，同时也开创了大球的时代；二是 2001 年 9 月 1 日起，11 分制取代 21 分制，在第 22 届世界杯赛上，首先使用 11 分赛制；三是于 2002 年 9 月开始实施"无遮挡式发球"新规则。

二、乒乓球的锻炼价值

乒乓球运动集健身、竞技、娱乐于一体。经常参加乒乓球运动能提高视觉的敏锐性和神经系统的灵活性，使人心情舒畅，想象力丰富，有利于提高学习和工作效率；能改善人的心血管、脑血管系统的机能，使人的反应加快，身手敏捷，动作协调，四肢灵活，形体健美；能提高控制情绪的能力及培养机智果断、勇敢顽强、勇于进取和敢于拼搏的优良品质与作风。

三、乒乓球运动特点

(1) 基本技术一定要跟上时代的发展。
(2) 球小，速度快。
(3) 变化多、趣味性强。
(4) 设备比较简单。
(5) 不受年龄、性别和身体条件限制。

第二节 基 本 技 术

一、击球的基本环节

判断来球、步法移动、会拍击球、迅速还原是打乒乓球的四个基本环节。

(一) 判断来球

判断来球是打乒乓球的首要环节。它是准确击球确定步法移动及战术运用的基础。判断来球主要是指判断对方来球的线路、落点、旋转和对方战术的动态。具体可以从以下几个方面来进行判断。

(1) 根据对方的挥拍方向、拍面角度和击球声音来判断来球的旋转性质和强度。
(2) 根据对方挥拍速度确定球速的快慢。
(3) 根据对方挥拍动作幅度的大小及用力大小来判断球的力量和反弹力的大小。
(4) 根据来球的飞行轨迹，弧线飞进方向来判断球的落点。
(5) 根据对方运用的击球手段来判断其对方的技战术意图。

(二) 步法移动

步法移动在乒乓球运动中具有十分重要的意义。随着来球落点的不断变化，击球位置也相应发生变化，如果步法移动差，手法再好也会失去作用。因为步法移动差，不能迅速抢占有利位置，勉强击球，就会破坏正确的手法，影响击球效果，甚至导致失误。所以就必须运用步法的移动来到达最佳合适的击球位置。

(三) 挥拍击球

只有判断准确、移动迅速，才能很好地完成会拍击球动作。根据来球的力量、速度和旋转性能，果断的确定自己还击的方法和方向，是还击来球的重要环节。

击球时引拍击球的过程，根据不同来球的速度快慢选择引拍时间，一般在来球落在本方台面后引拍，引拍时要对准来球，调整引拍方向、拍面角度和动作幅度，选择合适的击球时间、触球部位和发力大小、挥拍方向、摆速快慢，协调击球。确定还击方法要果断，完成动作要迅速。

（四）迅速还原

迅速还原指的是会拍击球后球拍的还原，身体重心的还原、击球位置的还原和肌肉用力部位放松的还原，以便为下一次击球做好准备。

（五）赢得胜利的五大因素

衡量乒乓球技术质量的高低，主要通过弧线、旋转、速度、力量和落点五种要素的相互比较来确定，要想把球打得准，打得转，打得快，打得狠，打得落点好，离不开击球五要素。

1. 打好弧度

球的弧线由弧线长度、弧线曲线、弧线方向和打出距离几个部分组成。弧线长度是指在击球点到落点之间球在空中飞行轨迹的长短。弧线曲线是指在击球点到落点之间球的飞行弧线的弯屈程度。弧线方向是指弧线向台面某个方位运行的方向。打出距离是指弧线从击球点到落点在台面上的距离。

2. 加快速度

乒乓球运动特点是"快速多变"。我国近台快攻打法的技术风格是"快、准、狠、变、转"，把"快"放在首位。"快"指的是速度。球的运行速度实质上是以弧线轨迹运行所需的时间长短来衡量其球速的快慢的。如果弧线低，运行快，打出距离短，就更能体现球速快。加速球速的方法如下。

（1）提早击球时间。在球的上升期和最高点击球，站位靠近球台，缩短击球距离。

（2）加大击球力量。加大击球力量十分有利于缩短球的运行时间，加强击球爆发力，加快击球速度。

（3）加快挥拍速度。击球时尽可能地加快挥拍速度，充分发挥前臂和手腕的作用，缩短动作半径，有利于加快球速。

（4）压低球的弧线。压低弧线高度，使弧线弯屈度小，发力方向尽可能向前一些，使球获得较大的速度。

（5）加快反应和移动速度。反应快才能判断快、出手快、移动快，才能迅速到位，争取时间进行有力的回击。

3. 加强旋转

乒乓球旋转的特点是：旋转强度不断增大，旋转的性质不断变化，加上转与不转的差距不断加大，制造不同旋转的动作也越来越相似，再加上球拍性能的不断改进，球的旋转也就越来越显示其威力。

1）产生旋转的主要原因

球的力臂越大，摩擦力就越大，球的旋转就越强，反之则弱。在球的力臂相等的条件下，击球力量越大，旋转越强，反之则弱。球拍黏性越好，摩擦度越大，旋转就越强，反之越弱。球拍触球部位越靠下部，则半径越大，速度也越快，旋转也越强。

2）对付旋转球的方法

（1）了解乒乓球旋转的种类，各种不同旋转球的飞行弧线变化，落台和平挡触拍后的反弹情况，掌握乒乓球旋转的一般旋律。

（2）了解和熟悉各种不同性能球拍的击球特点。平时多接触不同性能的球拍，在比赛前应及时了解对方球拍的性能和技术特点。

（3）增强判别各种旋转球的能力。根据对方击球瞬间球拍触球的部位、挥拍方向及来球的飞行与反弹特点来判断来球的旋转性质；根据对方击球时，球拍"吃"球的厚薄和挥拍速度的快慢判来球的旋转强度。

（4）调节拍面方向和拍形角度。在正确判断来球的旋转性能基础上，用调节拍面方向和拍形角度的方法来对付旋转。来球呈上旋，拍形稍前倾，向前用力多些，如对攻、对推、攻打弧圈球等；来球呈下旋，拍形稍后仰，增加向前上方的发力。对左侧旋，拍形偏向右；对右侧旋，拍形偏向左。用推挡回接对方至反手位的左侧上旋球时，拍面方向应偏左一些，拍形角度应前侧一些；用搓球下旋球时，拍面后仰，拍形要固定。

（5）用力量对付旋转。用力量对付旋转就是靠本身主动发力，而且击球力量一定要大于来球的旋转力，用自己的力量抵消、控制对方的力量。以力量制造弧线，使对方旋转失去转的作用，如搓中突击、接发球抢攻、正手攻打弧圈球等。用力量回击旋转球时，只有发力方向、拍形角度、挥拍速度相结合，才能起到以力量对付旋转的作用。

（6）用速度压制旋转。整个击球的速度要快，板板逼紧，是对方在匆忙中回击，影响击球质量，不能产生强烈旋转，从中取得主动。

（7）突发性要强。在双方相持中，突然加快速度，可破坏对方原来的击球节奏，是对方难以作出正确的反应。

（8）挥拍击球的速度要快。力量的大小取决于质量和加速度的快慢，挥拍击球的加速度越快，击球力量也越大，在一定程度上可以减小对方来球的旋转作用。

4. 增大击球力量

（1）击球力量是指球拍对球的作用力，所以击球力量的大小主要由击球瞬间的挥拍速度决定。挥拍加速度越大，击球的力量就越大。

（2）增大击球力量的方法。必须使球拍从迎球挥拍到击中来球这一段的向前挥拍动作有足够的加速距离。尽可能加快挥拍速度，在加速距离和用力方向相同的情况下，挥拍速度加快，击球力量增大，并充分发挥手臂、手腕、腰部和腿部有关肌肉群的协调用力，可起到加速的作用。掌握发力时机。发力过早与过迟都会使力量消耗在空间，要把力量用在最佳击球点上。一般情况下，应在来球弹起至最高点时击球。经常进行体能锻炼，发展力量素质，增强击球的爆发力。

5. 控制落点

落点是指击球者以合法发球或合法还击将球击到对方台面弹起的那一点，即着台点。击球点与着台点之间的连线叫击球路线。增强落点意识，变换落点位置，对于提高击球效果和加强战术运用是十分重要的。

（1）乒乓球落点的运用。

扩大对方的移动范围。落点离对方站位越远，对方移动的范围就越大。短球越近网，越能迫使对方上步接球；长球越近端线，越能迫使对方后退接球。通过左右两大角的距离，就能扩大对方前后左右移动的范围。

增大对方的让位难度。打追身球，落点越接近对方身体，对方就越难让位，使对手难以发力，增加对方让位击球的难度。

攻击对方的弱点。紧盯对手的技战术薄弱环节，哪里弱就往哪里打。如对方反手弱就压反手，中路差就逼中路。

增强落点意识，有目的的打开角度，调左变右或调右变左，调短打长或调长打短，忽左忽右，忽长忽短，控制对方。

（2）控制落点的方法。

提高判断能力。准确判断来球的旋转强度、角度和路线，增强控制来球的旋转、落点的能力，使对方难以站位稳定，从容接球。

控制弧线方向、高度。控制弧线方向和高度，使落点的位置符合自己的要求。

加强训练手腕的灵活性。不断变换挥拍方向和角度，击出不同落点的球，使落点灵活多变。

丰富线路变化。在练习中，不仅要求练习者用一点打多点、多点打一点、逢斜变直、逢直变斜等方法，将球回击到所规定的范围以内，还可以采用多球练习的方法，要求练习者将不同落点、不同旋转性质、不同速度和力量的来球回击到某一击球区域内。

乒乓球的弧线、速度、力量、旋转、落点五要素，虽然其性质和特点各不相同，但彼此是互相联系又互相制约的。矛盾的产生推动了乒乓球技术的不断发展。

二、握拍法

目前世界上流行的握拍法不外乎两种：一是直握拍；二是横握拍。中国和亚洲其他国家的传统是使用直握拍，而欧洲各国的传统则是使用横握拍。不同的握拍法各有不同的优缺点，从而产生了各种不同的打法。初学者可以根据各自的习惯和爱好，选择适合自己的握拍法。

（一）直拍握法

直拍握法的特点是正反手都用球拍的同一拍面击球，一般情况下不需要两面转换，出手较快；正手攻球和力量上取得主动；手腕动作灵活，发球可作较多变化；但反手攻球时，因受身体阻碍较难掌握，不易起重板；攻削交替时手法变化大，影响击球速度和准确性；防守时照顾面积较小。

直拍的基本握法，以第二关节和拇指第一关节扣拍；虎口贴住拍柄。其余三指弯屈斜形重叠，以中指第一关节贴于球拍的1/3上端。此法简称中钳式，如图10-1～图10-3所示。

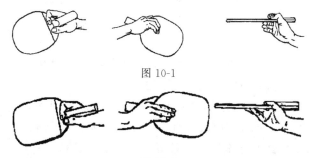

图 10-1

图 10-2

图 10-3

（二）横拍握法

横拍握法的特点是照顾面比直拍大，攻球和削球时握拍的手法变化不大；反手攻球不受身体阻碍，便于发力；削球时用于方便，易于发挥手臂的力量和掌握旋转变化。但在还击左后两面来球时，需变换击球拍面；攻斜、直线球时调节拍形的幅度大、动作明显，易被对识破；台内正手攻球也较难掌握。

横拍的基本握法：以中指、无名指、小指自然地握住拍柄，拇指在球拍正面轻贴在中指旁边，食指自然伸直斜于球拍的背面，虎口轻微贴拍。此握法又称为八字式，如图 10-4 和图 10-5 所示。

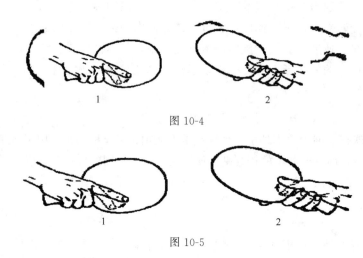

1　　　　　　　　　　　2

图 10-4

1　　　　　　　　　　　2

图 10-5

三、基本站位、基本姿势和基本步法

（一）基本站位和基本姿势

乒乓球运动员的基本站位是根据个人的不同类型打法和个人特点来确定的。基本站法如与个人打法特点相适应，则有助于发挥其技术之所长。由于乒乓球的打法类型不同，运动员基本站位也略有区别。

左推右攻打法的基本站位近台中间偏左；两两攻打法的站位在近台中间；弧圈球打法的站位在中台偏左；削球打法的站位在中远台附近。

正确的基本姿势要求（以右手握拍为例）：两脚开立略比肩宽，左脚稍在前，膝微屈，前脚掌着地，上体自然前倾，含胸收腹，重心前移，背部略呈弧形。略收下颌，两眼注视来球。持拍手臂自然弯屈，置于身体右侧，肘略外张，手臂放松，置拍于腹前，离身 20～30 厘米。

（二）基本步法

乒乓球竞赛双方经常运用控制落点调动对方，以出其不意、攻其不备的方式力争主动，占据优势。比赛时，来球的落点在不断变化，要想正确地进行还击，就要靠正确的步法使自己移动到合适的击球位置。步法的好坏影响到技术水平的提高，因此步法练习是必不可少的。

1. 常用步法

乒乓球运动常用的步法主要有单步、跨步、并步、侧身步、交叉步五种。

（1）单步。在来球角度不大的情况下，击球时多采用单步。即以一脚前脚掌为轴，另一脚向前、后或左、右移动一步，如图 10-6 所示。

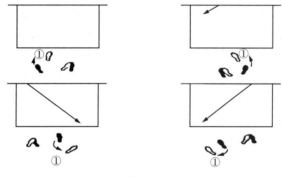

图 10-6

（2）跨步。在来球离身体较远、速度较快的情况下，击球时多采用跨步。即以一脚向前、向后、向右的不同来球方向跨出一大步，身体重心随即移动到摆动腿上，另一脚迅速跟上，如图 10-7 所示。

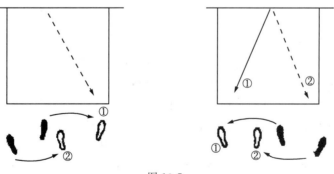

图 10-7

（3）并步。在来球速度不算太快的情况下，从基本站位向左、右移动时多采用并步。即先以与来球异方向的脚向另一脚并一步，然后与来球同方向的脚再向来球的方向迈一步迎击来球，如图 10-8 所示。

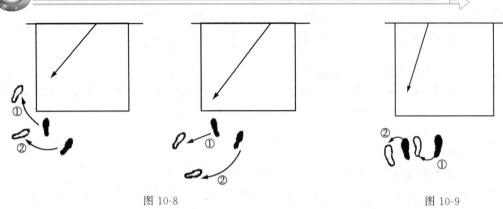

图 10-8　　　　　　　　　　　　　　　　　　　　　　　　　图 10-9

（4）侧身步。在来球逼近身体的情况下，击球时多采用侧身步。即左脚先向左跨出一步，然后右脚随即向左后方移动；也可以左脚先向前插上，右脚向左后方移动，如图 10-9 所示。

（5）交叉步。在来球远离身体的情况下，击球时多采用交叉步。即先以与来球反方向的脚向来球方向移动，并超过另一脚，然后另一脚随即向来球方向移动，如图 10-10 所示。

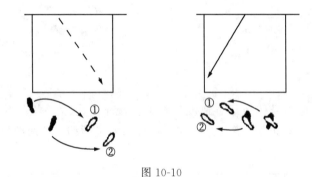

图 10-10

2. 步法练习的方法

（1）徒手模仿练习，熟练掌握个人打法中常用的步法。

（2）利用多球进行步法练习，要求练习者跑动到位。开始时供球速度慢一些，难度小一些，随着水平的提高，逐步加快速度和增加难度。

（3）有目的地重点解决主要步法问题，有针对性地安排步法练习内容。

（4）步法练习和专项体能练习结合起来，以增强下肢启动速度和力量。

（5）做某一种步法练习时，可规定组数和次数，或要求在规定时间内完成一定的组数和次数。

四、发球和接发球入门技术

发球和接发球是乒乓球的重要基本技术，是相互推动向前发展的。发球技术的提高能促进接发球的提高。反之，接发球技术的提高又能促进发球技术的进一步提高。

（一）发球基本技术

发球可不受对方干扰而按自己的战术意图进行。球发得好，可以直接得分或者为自己的第二板创造进攻机会，也可以压制对方第一板的攻势，从而打乱对方的战术意图。它是初学者必须掌握的技术之一。

发球主要是由抛球和挥拍击球两个动作组成的。抛球是前提，击球部位和挥拍方向是决定发球质量的关键。用力大小和第一落点的远近是发球变化的条件。

1. 平击发球

动作要领：

（1）发球时持球手将球向上轻轻抛起（不得低于规则允许的高度），同时持拍手向后引拍，大臂自然靠近身体右侧。

（2）当球从高点下降时，持拍手以肘为轴，前臂向右前方横摆击球。

（3）向前挥拍时，拍面稍前倾，击球中上部。

（4）击球后第一落点应在球台的中区。

动作特点：平击发球动作简单，容易掌握，是初学发球的入门技术。

2. 正手发奔球

动作要领：

（1）当持球手将球向上抛起后，持拍手随即右后上方引拍，手腕放松，拍面较垂直。

（2）当球从高点下降时，大臂带动前臂由右后方向左前方挥摆，同时腰也由右向左转动。

（3）当拍面触球的一瞬间，拇指用力压拍，右肩、手腕同时从后向前使劲抖动，球拍沿球的右侧中部向中部摩擦球。

（4）发球的第一落点要靠近端线。

动作特点：球速快，角度大，突然性强，并向对方右侧偏拐，是直拍推攻打法的常用发球技术，如图 10-11 所示。

图 10-11

3. 反手发急上旋长球

动作要领：

（1）发球时持球手将球向上轻轻抛起，同时持拍手向后引拍，上臂自然地靠近身体右侧。

（2）当球从高点下降时，持拍手以肘为轴，前臂向后前方横摆发力击球。

（3）触球时拍面稍前倾，摩擦球的中上部，使球快速前进并具有一定的上旋。

（4）球离拍后，第一落点要在球台端线附近。

动作特点：速度快，弧线低，线路长，前冲力大，是快攻型打法的常用发球技术。如图 10-12 所示。

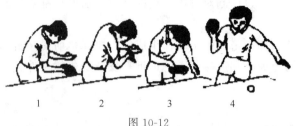

图 10-12

4. 正手发左侧上、下旋球

动作要领：

（1）站位左半台，当持球手将球向上抛起时，持拍手迅速向右上方引拍，身体随着球拍后引而向右扭转。

（2）发左侧下旋转时，持拍手由右上方向左前下方挥摆，触球时手腕发力从球的右中下方部向左上方上勾、摩擦。

（3）发左侧下旋转时，持拍手由右上方向左下方挥摆，触球时手腕发力从球的右中下部向左下方摩擦。

（4）击球后手腕自然向右下方放松还原。

动作特点：正手发左侧上、下旋转，动作隐藏，手法相似，旋转差距大，是各类打法的重要发球技术，如图 10-13 所示。

图 10-13

5. 正手发下旋加转球与不转球

动作要领：

（1）持球手将球抛起后，持拍手向后上方引拍，拍呈横状并略微前倾。

（2）发加转球时，手臂由后上方向前下方挥摆，前臂作旋转的转动要快些，使拍面后仰的角度大些，要用球拍下部靠左的地方去摩擦球的底部。由于力臂大，故球的旋转也就强。

（3）发不转球时，手臂由右上方向前下方挥摆，前臂作旋外的转动则要慢些，使球拍后仰的角度小些，用球拍下部偏右的地方去碰球的中下部。由于力臂小，故球的旋转也就弱。

动作特点：主要是以旋转的变化来迷惑对方，争取主动，如图 10-14 所示。

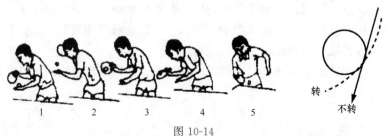

图 10-14

6. 反手发右侧上、下旋球

动作要领：

（1）持球手将球抛起后，持拍手向左后上方引拍。引拍时拍面稍后仰，拍柄稍朝下，以便于手腕用力。

（2）发右侧下旋球时，持拍手由左后上方向右前下方挥摆，触球时拍面从球的左侧中下部向右侧下部摩擦。

（3）发右侧上旋球时，持拍手由左上方经身前向右上方挥摆，触球时拍面从球的左侧中下部向右侧上部摩擦。

（4）如发长球，第一跳要落在本方台面端线附近；如发短球，第一跳要落在本方台面中区。

动作特点：它们的动作相似，旋转变化大，比赛中两者结合起来变化运用，会增加对方接球的难度。

7. 发球的练习方法

在学习发球时，应该由浅入深。初选者可以先学习平击发球，待发球的准确性有所提高，基本上能够掌握发斜、直线球之后，再学发急球、短球和左（右）侧上（下）旋转，然后再学习用同一手法发不同旋转的球，以及其他难度较大的发球。练习时，因人而异，不强求一律。练习发球的步骤如下。

（1）徒手做发球前的准备姿势，模仿抛球及发球的动作。

（2）在台前练习发球到对方台面。

（3）先练习发斜线球，后练习发直线球；先练习发不定点的球，后练习发定点球；先练习发长球，后练习发短球。

（4）练习发各种旋转性能的球。

（5）练习用同一种手法发不同旋转和落点的球。

（6）结合个人技术特点，练一两套质量高的特长发球。

（7）在实战中，大胆运用已掌握的发球技术。

（二）接发球基本技术

乒乓球比赛首先是从发球和接发球开始的，但是接发球技术的运用要根据对方的发球方法与来球性能来决定接发球的方法。如果接发球能力差，不仅会给对方较多的进攻机会，更严重的是在关键时刻常因接不好发球，产生心理上的恐惧，引起一连串的失误，导致全局的失败。但是，只要在接发球时能够对对方发球的旋转、落点等变化作出正确判断且又果断、合理地运用接发球技术，就能迅速摆脱被动，取得主动权，如图 10-15 和图 10-16 所示。

图 10-15

图 10-16

（1）接急球的方法。当对方用反手发左角急球时，来球速度快，一般用推挡回接，如回斜线应尽可能把角度回得大些，注意手腕外旋，拍触球的左侧面，使对方难以侧身抢攻和快变直线；有时也可回中路靠右或以直线反袭空当。如果用抽球或削球回接则必须稳步后退，等来球前进力减弱些再回击，这样易于发挥自己的力量与提高准确性。

（2）接短球的方法。当对方发来近网的短球时，可用短回短的方法，把球也回到对方近网处，使其不易发力进攻。要使球的落点回得短，则应注意在上步接球时身体保持稳定。特别在击球时，必须控制住身体的前冲力量，在球拍触球的刹那间控制板形（接上旋球拍形稍下压一些，接下旋球板形稍仰些），迅速减力，做回收的动作，将球按过去。

如对方发来的是下旋短球，可用搓球回接，搓球时，除了拍面要略后仰外，还应稍向前用力送球；来球下旋力强，则向前用力要相对加大，使回球的弧线增高，以免下网。

（3）接左侧上（下）旋球。如对方发来左侧上旋球，可用推挡回接。推接时，最稳当的办法是将球拍略向左偏斜，并迅速使拍面稍前倾，然后迅速将球推压出去。

若对方发来左侧下旋球，可用搓球或削球回接。接球时，拍面应略向左偏斜，拍形稍后仰，前臂向前下方用力切球，来球的旋转力强则向前用力要相对加大。搓球回接时要掌握在下降前期击球；削球回接时必须稍迟些，或在下降期击球。还可以用抽球回接左侧下旋，最好是用拉抽的方法。接球时球拍略向左偏斜，只有适当加大提拉力量，才能提高准确性。

（4）接右侧上（下）旋球。当对方发来右侧上旋球时，可用推挡回接。推接时，最稳当的方法是先将球拍略向右倾斜，并迅速使拍面稍前倾，然后用力将球推压出去。

当对方发来右侧下旋球时，可用搓球或削球回接。接球时，拍面应略向右偏斜，其他动作要领与接左侧下旋球相同。以抽球回接右侧下旋转时，最好是用拉抽的方法。接球时，拍面略向右偏斜并适当加大提拉的力量，这样才易提高准确性。

五、攻球技术

攻球是乒乓球技术的重要组成部分，它具有力量大，速度快等特点，在比赛中常常使对方陷入被动和失误，是比赛中争取主动、克敌制胜的重要手段。各类打法都须掌握攻球技术。

第十章 乒乓球运动 157

1. 正手近台快攻

特点和作用：正手近台快攻是对攻中常用的一项主要技术，具有站位近、动作小、速度快、有一定力量的特点，可以为扣杀创造机会，也可以直接得分，如图10-17所示。

图 10-17

动作要领：

（1）左脚在前，右脚稍后，离台约40厘米。击球前，稍向右转体，引拍至身体右侧。上臂与躯干的夹角为30度～40度。

（2）前臂与地面略平行，以前臂发力为主，拍面略前倾，触球中上部，以向前上方发力为主。

（3）触球时，拇指压拍，食指放松，前臂内旋。击球后，球拍顺势挥至额前左侧，身体重心随挥拍击球动作由右脚移动左脚。

（4）球击出后，迅速还原，手臂放松，准备下一板击球。

2. 正手扣杀球

特点和作用：正手扣杀球是比赛中的重要得分手段，一般是在技术取得主动和优势的情况下运用的。它具有力量大、速度快、攻击强的特点，常用来对付各种机会球，或前冲力不大的半高球，如图10-18所示。

图 10-18

动作要领：

（1）站位的远近要视来球的长短而定，击球前身体左转，手臂随腰部的转动而向右后方引拍，球拍位置高于球网。

（2）击球时，上臂带动前臂，挥拍由后向前用力，在来球高点期前后击球中上部。

（3）击球时，充分利用腰、腿配合用力来增加扣杀的力量。

（4）扣杀后立即还原，准备连续扣杀。

3. 练习方法

（1）反复徒手挥拍练习，并结合步法一齐练。

（2）多球训练：供球者先发定点球，练习者连续正手攻球，体会动作的正确性；再供落点有变化的球，练习者在移动中正手攻球，最后供落点无规律变化的球，练习者经判断后再移动正手攻球。

（3）陪练者用推挡，练习者用正手攻球，先定点、定线路，然后有规律地变化落点，最后进行无规律的一点推不同落点的练习。

（4）对攻练习，先练 1/2 台右方斜线对攻，再练直线对攻，逐渐过渡到 2/3 台移动中对攻，并要有一定的数量和速度。

六、弧圈球技术

弧圈球技术是现代较先进的进攻技术，是比赛取得胜利的重要手段。

（一）正手弧圈球的主要技术

准备动作：两脚开立，右脚在后，准备击球时，身体向右扭转，右肩略低于左肩，略收腹，根据不同技术动作的要求，适当地引拍，选择合适的拍面角度。身体重心落在右脚上，击球时，右脚蹬地向左转，腰带动肩、上臂、前臂和手腕发力。

1. 正手拉加转弧圈球

特点和作用：上旋力强，弧线较高，速度较慢，球着台后快速下滑，多用于对付削、搓等过来下旋球。在比赛中，对方来球难度较大、难以抢攻时，为了打乱对方节奏，为自己创造机会，也常用此技术。

动作要领：

（1）准备动作见前面所讲。

（2）拉加转弧圈，手臂自然下垂，球拍后引的幅度较小。

（3）在来球的下降期，拍面稍前倾，摩擦击球的中部或中部偏上位置。

（4）击球点离网近时，以前臂和手腕发力为主；击球点离网远时，应以上臂发力为主。

2. 正手拉前冲弧圈球

特点和作用：上旋较强，弧线低，速度快，球着台后前冲力大，可以起扣杀作用，是弧圈球打法的主要得分手段。

动作要领：

（1）准备动作见前面所讲的正手弧圈球技术动作，它比拉加转弧圈略高些，球拍应充分向右侧后方引拍。

（2）在来球的高点期或下降前期，拍面前倾，摩擦击球的中上部，以向前发力为主，并略向上。

（3）直握拍拉前冲发力时，中指可顶在拍后，以便加强对球拍的支撑力，球拍受力后的缓冲，有利于加大球的速度。拉前冲弧圈发力方向应偏于左前方。

（二）练习方法

（1）徒手模仿拉弧圈球动作。

（2）陪练者用多球发中路出台的下旋转，练习者连续拉弧圈球。

（3）陪练者推挡，或正手攻，或削球，练习者连续拉弧圈球。

（4）两人对搓，固定一方搓中转拉。

（5）练习以上内容时，可先拉固定落点，再拉非固定落点，先 1/2 台连续拉，后 2/3 台直至全台连续拉。

（6）二点对一点的推拉练习。

（7）不同落点对一点的推、拉、攻结合练习。

（8）对拉或发球、接发球抢拉练习。

（9）拉、扣结合练习。

七、防御性技术

（一）推、拨基本技术

推挡是我国直拍快攻打法的基本技术之一。它的特点是站位近、动作大、球速快、变化多。比赛中运用它可牵制、调动对方，争取主动，在波动时可以积极防御，从相持变为主动。

1. 常用的推挡、拨球技术

（1）平挡的特点和作用：借力还击，力量轻、速度慢、线路短，对方进攻时可作为一种防御手段。

动作要领：拍面近乎垂直，略高于台面。上升前期触球。借来球反弹力将球挡回。

（2）快推的特点和作用：回球速度快，变线灵活，能争取时间，使对方左右应接不暇，造成直接失误或漏出机会，为自己抢攻创造条件。快推一般适用于对付旋转较弱的拉球、推挡球和中等力量的突击球。

动作要领：击球前上臂、前臂适当后撤引拍（动作要小）；击球时手臂迅速迎前，在来球的上升期触球；触球一刹那间前臂稍外旋配合手腕外展动作，使拍面触球的中上部，手臂主要向前及稍微向上辅助用力，如图10-19所示。

图 10-19

（3）横拍反手快拨的特点和作用：反手快拨是横拍进攻型打法常用的一项相持性技术。它具有站位近、动作小、落点变化快的特点。它虽有一定的速度，但力量较差，应与其他攻球技术结合使用。

动作要领：击球前上体稍左转，引拍至腹前左侧，上臂贴近身体，前臂约与地面平行，肘部略前出；击球时，前臂迅速伸入台内迎球，手腕控制拍面前倾，以肘关节为轴，带动手腕向右前上方挥动；在来球的上升期击球，球拍触球的中上部，如图10-20所示。

图 10-20

2．练习方法

（1）对墙做推挡练习。

（2）自己把球抛到本方台面上进行推挡练习。

（3）陪练者把球供到练习者反手位，练习者连续推挡，力量不要过大，落点不限。

（4）陪练者发平击球到练习者左半台的不同落点，使练习者在移动中做推挡练习。

（5）两人在台上对推，不限落点，只要动作正确，并能击球过网。

（6）两人在台人先推中线，再推直线和斜线，逐渐加快速度，体会快速推挡动作。

（7）一点推两点或不同落点。

（8）推、攻结合练习：陪练者攻球，练习者推挡，先定点，再有规律变化落点，最后不定点。

（二）搓球基本技术

搓球是近台还击下旋球的一种基本技术，比赛中经常用它为拉弧圈创造条件，可用来接发球或过渡球，它和攻球结合可形成搓攻技术。

1．常用的搓球技术

（1）慢搓的特点和作用：回球速度慢，击球时间晚，同快搓结合运用可改变击球节奏，利用旋转的变化为进攻创造机会。

动作要领：两脚开立，左脚稍后，站位近台；击球时，前臂带动手腕，以肘为轴向前下方用力，同时配合内旋转腕的动作；拍面稍后仰，在下降前期击球中下部；根据旋转强度调节拍面角度和用力方向；来球旋转强，触球底部，向前用力大；来球旋转弱，触球中下部，向下用力大，如图 10-21 所示。

图 10-21

（2）快搓的特点和作用：回球速度快，击球时间较早，可变化击球节奏，用于对付对方或削过来的近网下旋转，利用旋转变化为进攻创造机会。

动作要领：准备姿势同慢搓；击球前拍面稍后仰，手臂迅速向前迎球，在上升期击球；根据来球的旋转程度调节拍面角度和用力方向，如图 10-22 所示。

图 10-22

2. 练习方法

（1）徒手模仿搓球动作。

（2）练习者自己向球台抛球，待球弹起后将球搓过网。

（3）陪练者用多球发下旋转，练习者将球搓回对方球台。

（4）陪练者发有一定旋转的球，练习者以相反线路将球搓回对方球台。

（5）陪练者用多球固定线路发下旋转到正、反手，练习者正手和反手结合搓球，先慢后快，先长后短。

（6）两人对搓，然后练习者在搓中结合正、反攻球。

八、结合技术

结合技术是两个或两个以上单个技术的结合运用，是战术形成的基础和雏形。通过各种结合技术的训练，可培养学生的乒乓球战术意识，并为今后机智灵活地运用战术打好基础。

主要的结合技术包括：推挡侧身攻、左推右攻、推挡侧身攻扑正手、搓中侧身攻等。

1. 推挡侧身攻

两人各在左半台相互推挡，一人看准机会用侧身攻球来回击对方推挡过来的球，要求在侧身前先稍加力推，使对方来不及变线或出高球，以利于侧身发力攻。在练习前应熟练地掌握推挡和正手攻球的技术，熟练掌握侧身的几种步法并能与正手攻球技术很好地结合。侧身攻技术是此结合技术的关键技术，也是较难掌握的技术之一，只有身体保持很高的协调性，才能使步法顺畅、及时，击球有力。

2. 左推右攻

练习者将球分别用推挡和攻球击到对方球台的左半台，陪练者将球间隔击到练习者左、右两半台。练习者以推挡或反手快拨回击半台来球，以正手攻球回击右半台来球。在较熟练后，应逐渐加快速度，使练习者的左后摆速得到加强，同时应练习左右移动的步法，学会在左右移动中准确地击球。通过左推右攻的练习可提高对攻相持能力。

3. 推挡侧身攻扑正手（推侧扑）

练习者先在反手位推挡（或快拨），再在反手位侧身攻球，然后右跨步（或交叉步，视角度大小而定）到正手位正手攻球，最后左跨步回到反手推挡（快拨），就这样循环往复地进行。陪练者可以在左手位一直推挡，也可以一直在正手位用正手挡，这样就有两套线路的练习。开始时角度小一点，速度慢一点，逐渐增强，因人而异，最好能用多球训练。通过推侧扑的练习，可快速地提高步法的跑动能力，提高在大范围的跑动中击球的准确性，同时能增强练习者的体能。

4. 搓中侧身攻

两人在相互搓球中，一人看准机会侧身攻下旋球，或拉弧圈球；也可用多球来练习，连续反手搓一板，正手侧身攻一板。通过搓中侧身攻的练习，可培养搓攻的战术意识。在提高攻打下旋球能力的同时，使搓和攻更好地结合。搓中侧身攻能力越强，在实战中杀伤力越大，更有主动权。

第三节　基本战术

一、发球抢攻战术

发球抢攻是一种先发制人的战术，特别是以攻为主的选手，常以此作为一种重要得分手段。它是指利用旋转多变的发球控制对方，使对方回球较高，再配合有效的进攻来取得主动，以给予对方较大的威胁，是比赛中常用的一种战术。它具有速度快、突发性强的特点。发球抢攻战术的运用效果主要取决于发球质量和进攻能力。

（一）常用发球抢攻战术

（1）正手发转与不转球抢攻。

（2）侧身用正手发高、低抛左侧上、下旋球后抢攻。

（3）反手发右侧上、下旋球抢攻。

（4）反手发急球后抢推、抢攻。

（二）接发球战术

1. 接发球战术的指导思想

力争积极主动，能拉的一定要抢位，能攻的一定要抢攻，尽量少搓，树立抢拉、抢攻为主的指导思想。不管用什么技术接发球都不仅要突出"快"字，还要突出"变"字，多变化接发球方法，多变化接发球的落点、旋转、速度。接发球不能拉或攻时，也要尽量控制或破坏对方的发球抢攻，为自己抢攻、抢拉创造条件。接发球后如果被对方抢攻，那么要准备打相持球，寻找机会，由被动变主动。

2. 常用的接发球战术

接发球抢攻或抢拉是对付对方发的各种上旋转，侧上、下旋转球的一种积极主动地接发球方法。当对方发球时，注意力要高度集中，判断对方发球的旋转、落点、速度，如果发的是长球或半出台球，应及时移动步法，抢到最佳击球点，大胆采用抢攻或抢冲接发球。

用推（拨）接发球，将球回到对方弱点位置。运用这种接发球战术时，应击球速度快、弧线低、落点刁。

用搓接发球，当对方发强烈的下旋短球或侧下旋短球时，可以快搓摆短配合快搓两角底线长球，争取先抢位或攻。

接发球针对性要强，如果对方追身球能力弱，接发球时就往追身位快点或抢冲。如果对方攻短球能力弱，接发球时就快搓摆短。总之，要破坏对方的发球抢攻技术为自己下板（第四板）抢攻创造条件。

（三）对攻战术

1. 对攻战术的特点

它是双方形成对攻局面后的战术，在主动、相持、被动三种情况下均会出现，双方通过速度、力量、旋转、落点以及节奏转换的变化，相互控制或在对攻中拼实力，以争得主动，战而胜之。对攻战主要运用正、反手攻球、推挡、弧圈球等技术手段，其中以上旋转为主。

2. 常用对攻战术

（1）压对方反手，伺机正手攻或侧身攻。它一般用来对付反手较弱或进攻能力不强的对手。压对方反手时，可用推挡、反手攻或弧圈球。反手准备侧身前，应主动制造机会，或突然加力一板，或攻压一板中路，或攻压一板大角度，尽量避免盲目侧身。

（2）压左调右（亦称压反手变正手）。自己反手不如对方反手时，主动变线避实就虚。对方侧身攻的意识极强，用变其正手的方法，既可偷袭空当，又可牵制对方的侧身攻。对付正手位攻击力不够强的选手时：自己正手好，主动变对方正手位后伺机正手攻；自己反手攻击力很强，可在变对方正手位时直接得分或取得主动。此战术有利于左手执拍的选手，因变线的角度大，右手执拍的选手往往被动。

（3）调右压左。运用方法是，先打对方正手，将其调到正手位并被迫离台后，再打其反手位。注意，调正手位的这板球要凶，否则易遭对方攻击。适用于对方左半台进攻能力较强，压对方反手位不占便宜时。

（四）拉攻战术

1. 拉攻战术特点

拉攻战术是进攻型打法对付削攻结合打法的主要技术。运用拉球上旋、落点变化打乱对手阵脚，使对方疲于奔命。进行扣杀或拉弧圈球时，杀手锏要有威力。

2. 常用拉攻战术

（1）拉一角突击另一角或拉两角突击空当：先用上旋转拉左杀右、拉右杀左，或者交叉拉对方两角，把对方拉离球台露出空当后，突击其破绽处。

（2）拉不同落点突击中路、直线或拉中路突击空当：拉不同落点使其多点移动，不能稳定位置削球，伺机突袭中路或直线；或者连续拉对方中路追身，使其常处于让位削球状态，让位失调时，则扣、攻、冲其空当。

（五）搓攻战术

1. 搓攻战术的特点

搓攻是利用快、慢搓球为过渡性手段，经过搓球的旋转、速度、落点变化，控制、组织、制造机会，进行突击扣杀、拉、冲弧圈球，所以也称为搓中突击、搓中转拉（冲），是进攻型、削攻型打法必备的辅助战术。它起配合、过渡、转换战术方式的作用，也是初学者经常运用的战术。

2. 常用搓攻战术

（1）搓转与不转球，制造机会，伺机突击：利用搓转与不转球的变化配合落点，出现机会，进行突击、扣杀或拉、冲弧圈球，取得主动。可以先搓加转下旋，交替用相似方法搓出转与不转球，择机进攻。起板时出手要快，落点要刁钻。

（2）快搓加转短球，配合快搓两大角，然后突击。

（3）搓逼反手大角，变直线，伺机进攻。

二、双打的战术

双打战术，原则上和单打一样。两人配合时应注意下列几点。

（1）发球人发球时，可以用手势或暗语，使同伴了解要发出什么球，以便做好回击的准备。另外，同伴也可主动暗示发球者发什么球，直接为自己下一板发球抢攻或抢位制造机会。

（2）控制好落点。这样不但可使对方难以发挥攻势，还可迫使对方将球回到自己同伴容易攻击的位置。

（3）紧盯一点杀空位。把对方两人挤在一边，然后再杀相反方向。

（4）交叉打两角。在对方左后移动中突击空当。

（5）在混合双打中，最好以一人抵住对方强手，另一人对付对方的弱手。

 思考题 》》》

1. 乒乓球运动的特点及其锻炼价值是什么？

2. 赢得乒乓球胜利的五大因素是什么？

3. 击球的基本环节有哪些？

第十一章　羽毛球运动

学习目标 >>>

1. 了解羽毛球运动的起源与发展、特点和健身价值
2. 掌握羽毛球的基本技术，了解羽毛球运动的基本战术
3. 能够运用所学的知识赏析国内羽毛球比赛。

第一节　羽毛球运动简介

羽毛球运动源远流长，早在 2000 多年前，中国、日本、印度、泰国等国就已有类似现代羽毛球运动的游戏了。14～15 世纪时，日本出现了木制球拍，用樱桃核插上羽毛制成球来回对打的游戏，这便是当今羽毛球运动的雏形。到了 18 世纪，印度的普那出现了一种与早年日本羽毛球游戏极相似的游戏，用直径 6 厘米的圆形硬纸板中间挖孔，插上羽毛制成球来回对打，此项游戏称为"普那"。

现代羽毛球运动起源于 19 世纪的英国。1870 年出现了用羽毛、软木制成的球和穿弦的球拍。1973 年，英国公爵鲍弗特在格拉斯歌郡的伯明顿庄园内，举行了一次羽毛球游戏，从此羽毛球运动便逐渐开展起来，"伯明顿"也成了羽毛球的名字。1893 年英国成立了羽毛球协会；1899 年第 1 届全英国羽毛球锦标赛在伦敦举行；1934 年成立国际羽毛球联合会；1939 年国际羽联通过《羽毛球规则》；1978 年在香港成立了世界羽毛球联合会，同年 11 月举行了第 1 届世界羽毛球锦标赛；1981 年国际羽联和世界羽联合并，统称国际羽毛球联合会。

目前，由国际羽联组织的世界性重大赛事有：汤姆斯杯男子团体赛、尤伯杯女子团体赛、世界锦标赛、世界杯赛、苏迪曼杯混合团体赛、世界青少年羽毛球单项锦标赛、世界羽毛球系列大奖赛等赛事。1992 年，在第 25 届奥运会上羽毛球被列为正式比赛项目。

羽毛球运动于 1920 年前后传入中国，当时只局限于在北京、天津、上海、广州、成都等大城市中的基督教青年会和教会学校等一些外国人较集中的地方开展。直到新中国成立后才得以广泛开展。目前，我国是世界羽坛强国，特点是"快、狠、准、活"，在世界大赛中多次荣获男、女团体和单项冠军。

第二节　基本技术

一、羽毛球运动的基本技术

（一）握拍法

1. 正手握拍法

动作要领。使拍面与地面垂直，张开持拍手，虎口对着拍柄窄面内侧的小棱边，拇指和食指贴在拍的两个宽面上，食指与中指稍分开，中指、无名指和小指自然并拢握住拍柄，掌心不要紧贴拍柄，如图 11-1 所示。

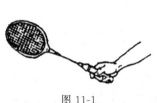

图 11-1　　　　　　　　　　图 11-2

2. 反手握拍法

（1）动作要领。在正手握拍的基础上，将球拍稍向外转，拇指上提，拇指内侧顶贴在拍柄内侧的宽面上，或顶贴在拍柄左上斜面上，食指、中指、无名指和小指并拢握住拍柄，拍柄与掌心间应留空隙，如图 11-2 所示。

（2）练习方法。按正确的要领握拍，并交替作正手握拍和反手握拍的练习。练习时，注意适时放松手指，快而准确地变换握拍法。

（二）发球

（1）发球"过腰"是发球违例中的一种。发球时，击球点应在腰部以下位置，如超过即为"过腰"违例，如图 11-3 所示。

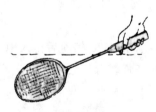

图 11-3　　　　　　　　　　图 11-4

（2）发球"过手"是发球违例中的一种。在击球瞬间，整个球拍头应明显低于发球员的整个握拍手部，如图 11-4 所示。

1. 发正手高远球

正手发高远球是将球击得又高又远几乎垂直落至对方端线附近的球。它是发球的基本技术，由准备姿势、引拍动作、击球动作和跟进动作 4 个环节组成，如图 11-5 所示。

(1)　　　　　(2)　　　　　(3)　　　　　(4)

图 11-5

（1）身体放松稍侧向球网站立，两脚前后分开，左脚尖对网，重心落在两脚间，两臂抬起，持球手略高于握拍手，眼睛注视对手。

（2）引拍时，持球人手松开，使球自然下落，同时右上臂随转体处旋，并带动前臂作弧形摆动，身体重心移至右脚，完成引拍动作。

（3）完成引拍后，身体由侧面转向正面，重心随转体动作前移至左脚；右臂向侧下方挥动，在触球瞬间，前臂内旋带动手腕快速向前上方闪动发力，用正拍面将球击出；右脚跟自然离地，最佳击球点在身体右侧前下方。

（4）击球后，持拍手自然顺势向左臂上方挥动，完成跟进动作，之后两臂还原成接球前准备动作。

2. 发反手网前球

反手发网前球由准备姿势、击球动作和跟进动作组成，如图 11-6 所示。

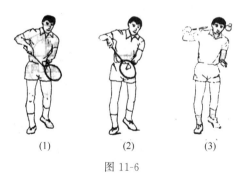

(1)　　　　　(2)　　　　　(3)

图 11-6

（1）面向球网站在靠中线、距前发球线较近的位置，右脚在前，左脚在后，脚跟提起，重心落在右脚上。采用反手握拍法，肘关节抬起，手腕前屈，左手持球斜放在拍面前面。

（2）挥拍击球时，球拍稍向后回摆，并连贯地向前挥动，前臂向斜前上方推送，同时带动手腕出屈到微伸向前摆动，并利用拇指顶力，"切击"球托的侧后部。

（3）击球后，前臂上摆至一定高度即停止。

3. 练习方法

（1）墙上画一网线，练习者距墙 2 米处站立，对墙发正手高远球或反手网前球。

（2）场上发球，可一个人练习（多球），也可结合接发球进行两人对球。

（3）发高远球时，练习者在掌握正确发球动作基础上，力求将球发得高和远，同时注意左、右落点的变化。

（4）发网前球时，应使发出的球尽量贴网而过，球的落点在对方前发球线或稍后处，且要有变化。

（三）接发球

单打接发球准备姿势：左脚在前，右脚在后，侧身对网，以前脚掌着地，身体重心落在前脚上，双膝微曲，右手持拍自然举放在胸前，左手屈肘于左侧保持身体平衡，收腹含胸，眼睛注视对方。

双打接发球准备姿势：双打接发球准备姿势与单打基本相同，膝关节弯屈得多一些，球拍适当抬高，举至头前上方位置。

1. 上手正手高远球

上手高远球由准备姿势，引拍动作、击球动作和跟进动作4个环节组成，如图11-7所示。

(1)　　　　(2)　　　　(3)　　　　(4)

图 11-7

（1）从准备姿势起，当判断出对方来球后，迅速移支、调整好人与来球间的位置，同时上体右转成侧身对网，两由体前向上抬起，身体重心落在右脚上，眼睛盯住来球。

（2）转肩抬肘使拍头垂于背后，手腕充分伸展，准备击球。

挥拍击球，从后脚后蹬开始，通过转体、收腹，以上臂带动前臂及手腕加速前摆，击球的瞬间，手腕手指迅速发力，用正拍面将球击出，击球点在右肩的前上方，身体重心升至最高点。

（3）击球后，球拍顺势挥至左前下方，右脚上步，平衡重心。

2. 上手反手高远球

上手反手高远球由准备姿势、引拍动作、击球动作和跟进动作构成，如图11-8所示。

（1）判断对方来球方向和落点后，迅速转向后方，右脚前方交叉跨到左侧底线，身体背对网，重心落在右脚上，使球在身体的右上方。右手反手握拍，屈肘举手身体右侧。

（2）持拍臂，肘向上抬举，曲肘使前臂手放手于胸前，球拍横至左胸前，拍面朝上完成引拍。

（3）击球时，以上臂带动前臂，通过手腕的闪动发力，自下而上的甩臂将球击出，身体重心从右脚转至左脚。

（1）　　　　　（2）　　　　　（3）　　　　　（4）

图 11-8

（4）击球后随身体重心转移，身体转成正面对网跟进回位，持拍手臂制动收回胸前。

练习方法：

（1）空中悬球练习。用一细绳将球挂在适合于击高球的位置上，或利用自然环境中的树枝，反复练习击高球动作，检查击球点以及球与球拍的接触面是否正确，并逐渐掌握正确的发力方式。

（2）原地一对一直、斜线击高远球练习。

（3）移动中对打高球练习。较熟练掌握原地击高球技术后，即可过渡到移动中练习对打高球。一个人固定，另一个人前后移支练习高远球。

（4）两点打一点练习。一个人固定在后场击一次直线球、一次斜线球（两点），另一个人通过移动，将直线球、斜线球固定地回击至对方一点上。

（四）杀球

杀球是全力将球向下扣压的技术，分正手杀球、反手杀球和头顶杀球 3 种。根据击球角度的不同，可分为正、反手杀直线和斜线球；根据击球力量的大小，可分为重杀和点杀；根据击球距离和落点不同，可分为长杀和短杀；以及利用时间差而采用的突击杀等。

首先动作须协调一致，如动作失调，就会影响到扣杀质量；其次是不盲目进行单一的大力扣杀，这不仅不能争取主动，反而会消耗体力，达不到应有的效果，甚至使自己陷入被动；最后要与打高球、吊球、劈球等各种技术有机结合，并在杀球的力量、落点和时机上加以灵活运用，为杀球创造机会，这样才能显示出杀球的威力，如图 11-9 和图 11-10 所示。

图 11-9

图 11-10

　　杀球前准备姿势和击球动作与正手高远球相同，不同点是最后用力的方向朝下，并要充分利用蹬地、转体、收腹以及手臂和手腕的爆发力将球向下击出。

　　练习方法：由于接杀球者一般不易把对方的杀球连续挑回后场，所以，练杀球一般采用多球练习。一个人利用多球将球连续发至练习者的后场，练习者原地进行扣杀练习，然后再过渡到移动中扣杀练习。初学者一般先练习正手杀球，待熟练掌握技术后，再练头顶或反手杀球。在练习杀球时，也要注意落点和线路的变化。

（五）放网前球

　　放网前球有准备姿势、引拍动作、挥拍击球和击球动作组成，如图 11-11 所示。

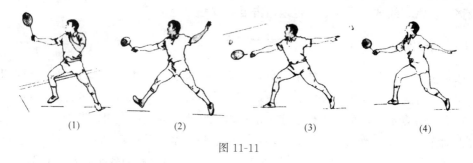

(1)　　　　　　　　(2)　　　　　　　　(3)　　　　　　　　(4)

图 11-11

　　（1）侧身对网，右腿跨步成弓箭步，左脚在后自然拉开，上体略前倾，右手持拍前伸约与肩平。

　　（2）采用后交叉步加蹬跨步到右网前区，前臂随步法移动伸向右前上方，手腕稍后伸完成引拍动作。

　　（3）击球时，拍面稍朝前下方倾斜，用手腕和手指的力量，"抬击"球托的底部，使其跃网而过，贴网下落。

　　（4）击球后，手腕伴有一定的制动动作，右脚掌蹬地向中心位置回动，击球手臂收回至胸前。

　　练习方法：不论是练习搓球，还是练习勾对角球、扑球、放网前球、平推球等，均宜采用多球练习。训练者通过大密度的练习，可充分体会网前击球细巧动作的感觉。练习时，两人隔网相立，一个人将球一个接一个地抛至练习者一方的网前，练习者用正手或反手技术练习各种网前击球。一开始可原地练习，待较熟练掌握各种网前技术后，可结合上网步法进行练习。

二、羽毛球步法

羽毛球步法由垫步、交叉步、蹬步、跨步和跳步组成。可分为上网步、后退步法、两侧移动步法和起跳腾空步法。

上网步法是完成上网搓球、放网前球、勾球、推球、扑球及挑球的步法。包括跨步上网、垫步加蹬步上网、前交叉加蹬跨步上网、后交叉加蹬步上网和蹬步上网步法。

后退步法是完成后退回击高球、吊球、杀球、后场抽球的步法。包括正手、反手、头顶后退步法，正手后退并步加跳步步法，头顶侧身加跳步步法。

两侧移动步法是完成中场球的回击步法，如接杀球、接平射球等。包括左、右侧移动步法和左、右侧蹬跳步法。练习方法如下。

1. 单个步法练习

初练步法时，首先徒手按照各种步法的动作要领，一步一步分解后进行练习。这一阶段主要是体会出脚步的顺序及击球前最后一步姿势。

2. 综合步法练习

在熟练地掌握各单个步法的基础上，将几个单个步法组合起来进行全场性的综合步法练习。初学者进行综合步法练习，一般要经过以下几个步骤。

（1）固定移动路线的步法练习。这一阶段主要是在固定移动路线上，熟悉各个单个步法的跑动路线。如：从中心位置开始，先后退至正手底线，然后回到中心位置，再上右网前，接着再回中心位置，如此循环等。

（2）不固定移动路线的步法练习。在熟练地掌握向各个固定方向的移动步法后，就可进行不固定方向的移动练习。练习者可随心所欲地在全场范围内进行步法练习，也可在场外指挥者的指示下进行综合步法练习。在进行不固定移动路线步法练习时应注意：不论是自练还是按场外指导指示练习，都要避免惯性机械地移动步子，而应多做一些无规律的重复跑动，这样才能与实战结合进来。

（3）回击多球的步法练习。陪练者将多球先后发往练习者的前后左右场区，迫使练习者运用各种步法移动去迎击来球。此练习方法既可练步子又可练手法，练习密度大，实际效果好。

第三节　基本战术

一、发球区域及战术特点

1. 发球区域

通常将发球区域分为 4 个位置；1、2 号位为接发球区网前左右两角；3、4 号位为接发球区后场左右两角，如图 11-12 所示。

2. 战术特点

将球发至 4 号位，便于拉开对方手位置，下一拍可调动对方到对角线网前，但应注意对手直线平高球进攻后场；将球发至 3 号位，可避免对手快速直线平高球攻击自己的边线两角，因为中线的出球角度小，便于防守；将球发至 1 号位，对手出球角度小，便于判断对手的出球线路，特别有利于回击对方推至后场的球；将球发至 2 号位，有利于下一拍突击对手

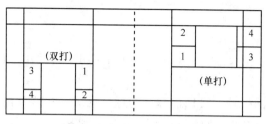

图 11-12

另一边空当地带。

二、站位

1. 单打基本站位

一般情况下，单打时多以场地中心位置或稍偏一点站位，此点使运动员几乎能等距处理前、后场左右两角的来球。同时，该位置还能兼顾到初学者后场回击球能力较弱的特点，如图 11-13 所示。

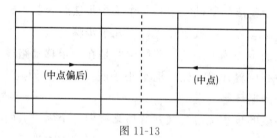

图 11-13

2. 双打基本站位

比赛时无论进攻还是防守，两人的站位要合理地分开，这样能顾及到全场范围的任何一点。基本的站位法有两种。

（1）前后站位。一人在前场，一人在后场，形成纵形队列。这种站位适宜进攻时使用，一名选手在后场进攻，其同伴在前场封网。但两人的站位最好不在一条直线上，前场选手要根据后场选手的路线来选择自己的站位，如图 11-14 所示。

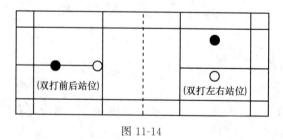

图 11-14

（2）平行站位。两位选手采用平行的左右站位，这种站位法主要用于防守。但当一方处于连续进攻，两人都压向网前时，也采用平行站位法，如图 11-15 所示。

站位方法在实际运用中不是固定不变的，在掌握基本方法的基础上，可视个人的具体情况及战术需要，因时因地灵活运用。尤其在双打中，攻守转换非常迅速，需要运动员及时根

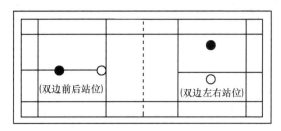

(双边前后站位)　　　　　　(双边左右站位)

图 11-15

据场上情况合理调整站位。

3. 压后场底线战术

此战术是通过高远球、平高球或推球将球击至对方底线两角附近，迫使对手后退到底线处，造成对手被动，然后寻机以大力扣杀或突击点杀进攻前场空当的打法。这种战术是力量和后场高、吊、杀技术的较量，是初学者首先就学会的基础打法。这种战术用来对付后退步子较慢或后场还击能力较差以及急于上网的对手十分有效。但需注意：压后场时，无论采用哪种击球法，都必须压得狠、压到底，如果压后场不到位，则易受对手反击，导致这种打法失效。

4. 发球抢攻战术

发球抢攻战术是根据对手站位、习惯球路、打法特点、精神和心理状态等情况，采用不同发球法，以取得前几拍主动权或攻球得分的打法。一般采用发网前低球结合平快球或平高球，以打乱对手节奏，使对手难以捉摸，措手不及。这种战术用来对付应变能力较差的对手，或实施于比赛关键时刻，往往能取得良好效果。但需注意：运用这一战术，必须以高质量的发球作为基础，否则很难奏效。

思考题

1. 羽毛球运动的健身价值有哪些？

2. 羽毛球运动的基本技术有哪些？

3. 发后场高远球的动作要领是什么？

第十二章　网球运动

1. 领会网球运动的锻炼价值。
2. 掌握网球的基本技术，积极参与体育锻炼。
3. 学会欣赏网球比赛。

第一节　网球运动简介

　　网球运动起源在法国。早在 12～13 世纪，法国的传教士常常在教堂的回廊里，用手掌击打一种类似小球的物体，以此来调剂刻板的教堂生活。渐渐地这种活动传入法国宫廷，并很快成为当时贵族的一种娱乐游戏。当时，他们把这种游戏叫"掌球戏"（法语，用手掌击球的意思）。开始，他们是在市内进行这种游戏，后来移向室外，在一块开阔的空地上，将一条绳子架在中间，两边各站一人，双方用手来回击打一种裹着头发的布球。

　　14 世纪中叶，法国王储将这种游戏使用的球赠送英皇亨利五世，于是这种游戏便传入英国。这种球的表面使用埃及坦尼斯镇所产的最为著名的绒布—斜纹法兰绒制作的，英国人将这种球称为"Tennis"（网球），并流传下来，直到现在，我们使用的球还保留着一层柔软的绒面。

　　15 世纪，这种游戏由用手掌击球改为用拍板打球，并很快出现了一种用羊皮制作拍面的椭圆形球拍。同时，场地中央的绳子也改为了网子。16～17 世纪是这种活动的兴旺时期，逐渐形成了一种比赛。在这之前，由于这种活动只是在法国和英国的宫廷中流行，所以网球运动又成为"宫廷网球"和"皇家网球"。

　　1873 年，英国的温菲尔德（Walter Clopton Wingfield）少校改善了早期网球的打法，并将场地移向草坪地，同年出版了《草地网球》一书，提出了一套接近于现代网球的打法。1874 年，又规定了球网的大小和高低，在英国创办了简易的草地网球比赛。1875 年，英国板球俱乐部修订了网球比赛规则后，于 1877 年 7 月举办了第一届温布尔登草地网球锦标赛。后来这个组织又把网球场地定为 23.77×8.23 米的长方形，球网中央的高度为 99 厘米（在此之前，球网的高度是 2.1234 米），并确定了每局采用 15、30、40、平分的记分方法。1884 年，英国伦敦玛丽勒本板球俱乐部又把球网中央的高度定为 91.4 厘米。至此，现代网球正式形成，并很快在欧美盛行起来，成为一项深受欢迎的球类运动。

　　19 世纪后期，由英、美、法等国商人、传教士和军人作为体育娱乐活动传入我国，分别在上海、广州、北京等城市教会和商会俱乐部中出现打网球活动，后在教会学校中开展。1980 年，中国网球协会被纳为国际网球联合会正式会员。

　　1896 年在雅典举行的第一届奥运会上，网球的男子单打与双打被列为正式比赛项目。

后来，由于国际奥运会和国际网球联合会在"业余运动员"的定义上有分歧，已经连续七届奥运会都进行的网球比赛被取消，直到 1984 年的洛杉矶奥运会上，网球被列为表演项目，1988 年的汉城奥运会上，网球重新又被列为正式比赛项目。2004 年，在雅典奥运会上我国女子双打选手孙甜甜、李婷获得奥运冠军。

世界网球单项的四大比赛是：英国温布尔顿网球赛、美国公开赛、法国公开赛和澳大利亚公开赛。"戴维斯杯赛"与"联合会杯赛"是以国家为单位的男、女团体赛。

网球运动兼强身与娱乐为一体，有很好的健身、健心价值和社会价值。深受人们的欢迎和喜爱，近年来随着网球运动的发展与普及，参与的人越来越多。由于器材的改革，尤其是球拍的研制，网球运动向着力量、速度型方向发展。激烈对抗和高超的技巧吸引着众多的人，同时参加网球运动可以培养顽强的意志和积极向上的精神。

第二节　基本技术

（一）握拍法

握拍的方法大体可分为"东方式""西方式"和"大陆式"三种。

1. 东方式握拍法

握拍时拍面与地面垂直，大拇指与食指呈"V"字形握在拍柄的中部，由于像握手的形状，因此也称为握手式握拍法。这种握拍的优点在于手掌与拍柄接触面积大，容易发力，挥拍范围大。不足之处是在发手击球时，握拍的稳定性相对差，需要变换握拍方法，如图 12-1 所示。

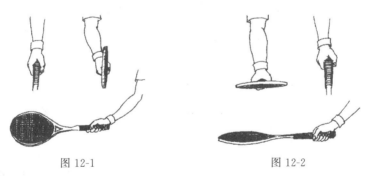

图 12-1　　　　　　　　　　　　图 12-2

2. 西方式握拍法

球拍拍面与地面平行，手掌从上面握住拍柄，如提长柄锅那样，这种握拍的优点对处理高球有很大的威力，不足之处是对近网球、打角球比较难处理，如图 12-2 所示。

3. 大陆式握拍法

除了球拍面与地面垂直，大拇指与食指呈"V"字形握在拍柄的中部等与东方式握拍法一样外，不同点是，大拇指与食指互相接触而不分开。如同握着锤子的样子，所以又称握锤式握拍法。这种握拍的优点在于无论是反手还是正手都能用不变的握法进行击球，不足之处是对于手腕力量的要求较高，如图 12-3 所示。

练习方法如下。

（1）挥拍练习：寻找本体感觉，注重动作规范化。

（2）熟悉球感练习：持拍向上颠球，持拍向下拍球。

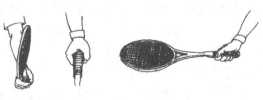

图 12-3

练习提示如下。

(1) 选择适合自己的握拍法。

(2) 离拍柄末端约 1.5 厘米处握拍。

(3) 处理球过程中，能随时调整握法。

（二）正手击球

正手击球是网球技术中最基本的击球方法。由四个环节组成，即：准备姿势、转肩拉拍、挥拍击球、前挥跟随，如图 12-4 所示。

图 12-4

1. 准备姿势

两脚分开与肩同宽，双膝微屈，两眼注视来球，上体前倾，重心落在前脚掌上，右手持拍于腹前，左手扶拍颈，拍面稍高于柄。

2. 转肩拉拍

球飞来时左手马上推拍，同时双肩向右侧转动，左脚辗动至左肩侧身对网，右手快速平稳向后拉拍，拍头高于手腕。拉拍结束时，球拍指向后方。

3. 挥拍击球

向前挥拍击球时，要绷紧手腕握紧球拍，借助转髋和转腰的力量向前方挥击球拍。击球点在身体右前方。

4. 前挥跟随

击球后，球拍应随球的方向作较长的随球挥拍动作，随挥至左肩上方结束，并迅速恢复成准备姿势。

练习方法如下。

(1) 自抛击球：手持球在身体前抛起，待球落地反弹至腰高时挥拍击球向挡墙。要求离墙 8～10 米，将球击向正前方 1.4～1.8 米的高度范围内。

(2) 喂球练习：同伴站在近网处喂球，要求来球偏向自己正手位的右方，一般情况下先练对角斜线球，再练直线球。

练习提示如下。

（1）击球时，眼睛始终要看着球。

（2）身体要呈侧面，球在右髋前击球。

（3）后摆动作要早，要迅速。

（4）刚开始时，以平击球起步为宜。

（三）反手击球

反手击球有单手和双手击球两种。下面介绍单手反手击球，如图 12-5 所示。

图 12-5

1. 准备姿势

与正手击球的准备姿势基本相同。

2. 后摆引拍

向左转肩，转肩幅度较正拍为多，同时调整握拍法，反手击球的后摆要求平稳而连续。

3. 挥拍击球

击球点在右髋前 30 厘米处，击球时身体前倾，并且利用腰部的力量，配合挥臂动作，协调作用于拍面，将球击出。

4. 随挥动作

转体约 45 度随挥的动作结束于侧前方高处，这时重心在前脚上，后脚跟踮起。

练习方法如下。

（1）对墙站立，进行反手自抛球落地击球练习。

（2）同伴将球喂向自己的反手位，先练斜线击球，再练直线击球。

练习提示如下。

（1）移动迅速到位，确定左脚的位置。

（2）握法的变换要及时。

（3）协调运用腿、腰和臂的挥拍力量击球。

（四）发球

发球是网球重要技术之一，也是网球竞赛唯一由自己掌握并且组织进攻的良好机会，发球分为平击发球、切削发球和旋转发球 3 种，如图 12-6 所示。

图 12-6

1. 握拍法

发球一般采用大陆式握拍，但初学者可用东方式正手握拍法，当手腕力量增强，发球动作熟练后再转换成大陆式握拍。

2. 站位与姿势

站位在端线后靠近中线约 1.5 米处，两脚开立与肩同宽，前脚与端线成 45 度，距端线约 5 厘米，身体自然，重心在右脚上，左肩侧对着球网。

3. 抛球与后摆

抛球要平稳，球的高度也是击球的高度，当球和缓地离开手指同时，右手将球拍后摆移动成悬垂弧状，向下，然后抬起指向身后的护栏，当左手放开球时，右臂大致与地面平行。

4. 挥拍击球

后摆结束后紧接着就是"搔背"动作，即拍头在身后形成的弧圈和加速的轨迹。后摆是缓慢的，但"搔背"动作是快速的。当球拍拍头抬起准备触球时，要逐渐转动球拍，击球点在抛球至最高点，也就是刚开始下落时的一瞬间。

练习方法如下。

（1）抛球练习：让球自然落在离左脚前 30 厘米处，球高度为自己踮起脚尖，持拍向上充分伸展时球拍顶部位置。

（2）对墙练习：在墙上画一标记，练习者离墙 6～8 米，将球发向标记。

（3）场上练习：从前场逐渐退至底线后反复练习。

练习提示如下。

（1）抛球方向合适，抛球点要高、稳。

（2）身体和手臂伸直成一直线击球。

（3）抛球后摆和挥拍动作连贯、协调。

（五）接发球

接发球是网球技术中最重要和最难掌握的技术，因为发球员处于主动地位，接发球员则处于守势的缘故，接球者立即要对球的速度和旋转作出迅速的判断。有时打正拍，有时打反拍，有时也可挑高球等一系列落地球。

练习方法如下。

（1）发球员站在中场发球，接发球回直线，10次后交换一下接发球的位置，回斜线。

（2）甲发外角时，乙用正拍接发球，回击直线或斜线球。甲发内角球时，乙用反拍向对方底线两角回击球。

练习提示如下。

（1）当对方发球员球离手时，眼不要离球，重心应偏前，同时在身前击球。

（2）不要盲目追求"直接得分"，求成功率。

（六）截击球

截击球是网前技术的一种攻击性击球方法，当球在落地之前将球击回到对方球区，它回球速度快，力量重，威胁大。截击球分为正、反手两种，动作要领是小幅度后摆，球拍头和两眼同来球保持在同一水平线上，在体前击球。

练习方法如下。

（1）对墙练习正、反手截击。

（2）甲方发球线后喂球，乙方进行定点正、反手截击练习。

（3）甲方在球网中间稍后位置站位，乙方在不同点进行喂球。甲根据自身判断，把球截击至一定的区域。

练习提示如下。

（1）眼睛盯住来球，击球时绷紧手腕，握紧球拍。

（2）挥拍幅度要小，用短促的撞击作击球。

（七）挑高球

挑高球是用于进攻和防守的双重武器，防守挑高球的弧线很高，常从这边的端线放到另一边端线附近。进攻性挑高球采用突然袭击方式，将球挑到对方后场较深区，使对方难以到位救球，从而达到得分的目的。

练习方法如下。

（1）无球的模仿动作，要求动作规范。

（2）自抛自挑高球。

（3）两人一组半片球场互挑高球，刚开始挑防守性高球时，先要求将球尽量向网的上方挑高球，达到高的目的，然后再要求将球挑到后场。

练习提示如下。

（1）合理的运用全身协调性，用力击球，不可只靠手腕力量击球。

（2）球拍挥送位置到位，至少要达到头部。

（3）边移动边引拍，动作隐蔽性强。

（八）步法

在网球的各种击球中，对于不同的落点，不同高度的球都有一个相应的理想的站位。这是打好各种球的先决条件，因此在击球前根据步法移动的规律，起动时前几步步幅要小，中段加快速度，到达击球时，应缩小步幅，并尽快调整到最佳击球位置。

1. 正手移动步法

（1）移动 1～2 米的步法，如图 12-7 所示。

（2）移动 4～5 米的步法，如图 12-8 所示。

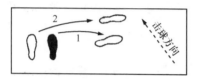
图 12-7

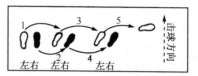
图 12-8

2. 反手移动步法

（1）移动 1～2 米的步法，如图 12-9 所示。

（2）移动 4～5 米的步法，如图 12-10 所示。

图 12-9

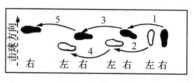
图 12-10

3. 后退移动步法

（1）向左后退移动步法，如图 12-11 所示。

（2）向右后退移动步法，如图 12-12 所示。

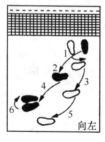
图 12-11

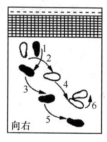
图 12-12

练习方法如下。

（1）徒手练习脚步动作。

（2）结合挥拍动作练习步法。

（3）分项练习后，可综合练习各种步法。

练习提示如下。

（1）在步法移动规律基础上，动作规范连贯。

（2）用不握拍的手保持身体的平衡。

（九）基本技术练习提示

（1）初学者首先要熟悉球性，在练习过程中，尽可能多触球，以此来熟悉球感，寻找本体感觉，提高对球的判断力和控球击打时的速度、力量，在反复多练中熟能生巧。

（2）练习中应遵循循序渐进的原则，由易到难，由简到繁，逐步提高技术，在扎实基本技术下力求技术的完善，不断地提高水平和激发对网球的兴趣。

（3）结合网球运动所需的体力和身体素质，进行身体素质锻炼，如锻炼速度素质、耐力素质、力量素质、柔韧性素质等，以增强体力，来保证网球技术的发挥。

第三节　基本战术

一、单打战术

1. 发球

发球时要考虑落点、力量和旋转等因素的变化才能有良好效果，如果发出的球有角度而使球反弹出边线，就能迫使对手离开基本位置，则发球效果好。若对手站位离中线较远，可发球至接发球人的中线附近，以牵制对方。第一次发球应尽量利用大力发球，以加强攻击性，给对手造成压力。第二次发球应具有稳健性，以保持较高的命中率。

2. 接发球

在第一回合较量中，对手发角度大而弹出边线的球时，若球速慢，可用进攻方法回击，亦可回击大角度球，以牵制对手发球后抢攻。接大角度球时，不要向后跑，而应向前迎球，用拉球回击。接发球时应选择合适位置，其标志是使正手和反手各有 1/2 的机会接球。切忌在中场等球，应将中场视为接球时不站人的区域。

3. 把球打深

把球打深是指打出的球的落点要靠近球场端线附近。在单打比赛中，把球打深能将对手压在底线附近，这样可以防止对手上网，还能使自己有更充裕的时间为下次击球做好准备；另外，这样做还能使对手回击的角度减小。对准备随球上网的队员来说，将球打深也有重要作用。这里应当注意，在底线击球要想把球打深，就应使球在网的上空较高处通过。离网上端至少 1.5 米。

4. 调动对手

调动对手也就是把对手调离其能较好发力击球的位置，使其在场上出现空当，这样就能争取比赛的主动权。一般通过打斜线球和打直线球达到调动对手的目的。

当队员处于较有利的网前位置时，可充分发挥网前快速截击的威力，截击时采用变线打法，能够向空当回击，取得良好效果。所谓变线打法就是对手打斜线球时用直线球回击，或者对手打直线球时用斜线球回击。

二、双打战术

1. 基本站位

双打时除发球和接发球队员在端线附近外，一般都站在网前位置。发球的队员站在规定发球区的网前。接发球的队员则站在规定发球区的另一侧的网前。有时发球的同伴也可以站在端线附近，位于发球队员的另一侧。在后场的队员的基本站位，发球队员站在规定的发球位置，接球人站在端线附近，准备接发球。有时接发球同伴不直接站在网前，而是站在发球线附近，当对手打球后再向左前或右前扑截球。

2. 发球

双打发球落点要深，如果发球有足够深度，就能控制对手冲到网前进行截击。第一个发球应采用大力发球，发球后随球上网，这时动作要迅速，先往前冲三、四步，然后停下来，准备进行第一次截击。

3. 接发球

对方发球时，接发球的同伴一般站在发球线附近，接发球人回球的情况将直接影响其同伴的动作。如果接球队员能有效地接过发球，并且能够上网，这时两个人都应同时上网。如果接发球回击的球力量较弱，这时接球队员的同伴就应立即退到端线附近，不要停在原地。对发过来的球不能做有力的回击，就要想到在端线附近进行防御。如果两人同在后场站位时，应保持使球落在中间地带，以减小对手回球的角度。

4. 及时补位

双打比赛中两个人及时补位很重要，它可以补救场上出现的薄弱地区。如果遇到两个对手同时上网时，同伴向中路回球较低，被对手截击，这时处在截击队员对面的网前队员应及时截抢。如果接球队员将球打给网前队员，这时接球队员的同伴应迅速后退到中场。

思考题 》》》

1. 网球有哪些基本技术？
2. 试述正手攻球的技术要领。
3. 世界单项四大网球公开赛的名称。

第十三章　武术运动

 学习目标 >>>

1. 掌握中国传统体育项目的健身原则。
2. 通过学习武术达到提高个人的意志、品质和修养的目标。

第一节　武术运动简介

武术是以技击动作为主要内容，以套路、格斗、功法为运动形式、注重内外兼修的中国传统体育项目。在其漫长的发展史中，一直深受我国传统文化的影响。它在形成、内容和方法上，都体现着中国的哲学理念、美学思想、兵法思想、伦理道德等丰富的传统文化。

武术起源于我们远古祖先的生产劳动。由于生存的需要，人类基于本能的、自发的、随意的身体动作成为搏杀技能，这些技能即是武术产生的源头。武术的发展是随着部落战争和社会政权更迭而发展的，在战争中作为军队训练的手段使其内容进一步丰富与发展，逐渐发展成为内外兼修的武术形式。最早关于武术的记载是殷商时期的"消肿舞"。到秦汉以后盛行角抵、手搏、击剑等。唐代开始实行武举制，用考试的办法选拔武术人才，对武术的发展起到了促进作用。明清时期中华武术得到了光大和发展，各种流派林立，拳种纷呈，除众多的徒手拳法外，还有丰富多彩的器材套路。如戚继光在《纪效新书·拳经捷要篇》中认为"拳法拟无预于大战之技，然活动手足、惯勤肢体，此为初学艺之门也。大抵拳、棍、刀、枪、钯、剑、弓矢、钩镰、挨牌之类，莫不先有拳法活动身手，其拳也为武艺之源。"

在当代，明确提出了武术的健身强体的功能，总结出拳术是学习器械的基础等循序渐进的教学训练法则。1928年，国民政府在南京成立了"中央国术馆"，它是历史上最早以国家名义成立的学校。中华人民共和国成立以后，武术成为社会主义文化和人民体育事业的组成部分，受到了党和国家的高度重视和热情关怀。1956年，中国武术协会在北京成立。1957年，国家体委组织整理出版了《简化太极拳》和一大批关于长拳、器械、套路的书籍。1958年，国家体育制定了第一部《武术竞赛规则》。1985年1月，国家体委颁布和实施的《武术运动员技术等级标准》，将运动员分为武英级、一级武士、二级武士、三级武士和武童级五个等级。1989年，武术散手擂台赛被国家体委列为正式竞赛项目。1990年10月，国际武术联合会在北京宣告成立，并于1991年在北京举办了第一届武术竞标赛，以后每两年举办一次。随着武术运动日益被世人所接受。中国功夫在2001~2003年先后与美国的拳击、法国的搏击、泰国的泰拳、日本的空手道等世界搏击运动进行了对抗。

武术作为体育运动项目，动作具有攻防技击性；讲究动作形体规范、又求精气神传意，内外合一的整体运动观；武术的内容和形式丰富多样，开展活动不受时间、季节、场地、器械等因素的限制，具有广泛适应性等特点。

武术的内容丰富，形式多样，风格独特。在其漫长的历史进程中，由于涵盖内容和认识上的不同，不同时期对武术概念的诠释不同。当前武术的概念表述为：以技击动作为主要内容，以套路和格斗为运动形式，注重内外兼修的中国传统体育项目。武术套路运动，是以踢、打、摔、拿、击、刺等动作，遵照攻防进退、动静疾徐、刚柔虚实等规律，组成的徒手、器械和对练套路的演练。武术格斗运动，是在一定条件下，遵照一定的规则，运用某些攻防技击方法，两人进行斗智较技的搏击对抗。

第二节　武术基本动作

武术是以技击的攻防动作为主要锻炼内容，以套路和格斗为运动形式，并注重内外兼修的中国传统体育项目。武术具有浓郁的民族文化特色，是中华民族在长期的生活和斗争实践中逐步积累、巩固和发展完善起来的一项宝贵的文化遗产，在我国有着悠久的历史和广泛的群众基础。经常进行武术锻炼，不仅可防身自卫、强健体魄，同时更有利于我们锻炼意志、陶冶情操、丰富生活和增进友谊。

一、基本手型、手法的练习

（1）拳。四指并拢卷握，拇指紧扣食指和中指的第二指节处，如图13-1所示。拳握紧，拳面平，直腕。拳眼向上为立拳，拳心向下为平拳。

（2）掌。四指并拢伸直，拇指弯屈紧扣虎口处或外展成八字掌，如图13-2所示。

（3）勾。五指第一指节捏拢在一起，屈腕，如图13-3所示。

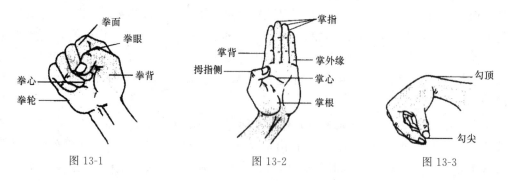

图 13-1　　　　　　　　　　图 13-2　　　　　　　　　　图 13-3

二、五步拳

五步拳包括拗弓步冲拳—弹踢冲拳—马步架打—歇步冲拳—提膝穿掌—仆步穿掌—虚步挑掌。

1. 预备姿势

并步抱拳，如图13-4所示。

图 13-4   图 13-5   图 13-6

2. 拗弓步冲拳

左脚向左迈出一步成左弓步，同时左手向左平搂后收回腰间抱拳，右拳向前冲拳，目视前方，如图 13-5 和图 13-6 所示。

3. 弹踢冲拳

右腿向前弹踢，同时左拳由腰间向前冲拳，右拳收回腰间抱拳，目视前方，如图 13-7 所示。

4. 马步架打

右脚落地，左转体 90 度下蹲成马步。同时左拳变掌，屈臂上架，右拳由腰间向右冲拳，目视右方，如图 13-8 所示。

图 13-7   图 13-8

5. 歇步冲拳

左腿后插成右歇步。同时右拳变掌经头上向下盖，掌外沿向前，身体左转 90 度，左掌回收腰间抱拳，目视右手。紧接着左拳向前冲出，右掌变拳回收腰间，目视左拳，如图 13-9 和图 13-10 所示。

图 13-9   图 13-10   图 13-11

6. 提膝穿掌

起立，身体左转。随即左拳变掌，手心向下，右拳变掌，手心向上由左手背穿出。同时左腿提膝，左手顺势收至右腋下，目视右手，如图 13-11 所示。

7. 仆步穿掌

左脚落地成右仆步，右手指朝前，沿左腿内侧穿出，目视左掌，如图 13-12 所示。

8. 虚步挑掌

左腿屈膝支撑，右脚上步成右虚步。同时左手向上挑起，向后划弧成勾手，略高于肩；右手由后向下、向前，顺右腿外侧挑掌，与肩同高，目视前方，如图 13-13 所示。

9. 收势

左脚向右并步，抱拳，如图 13-14 所示。

图 13-12　　　　　　　　　图 13-13　　　　　　　　图 13-14

三、24 式太极拳

第一段：第一个组合

1. 起势

要点：屈膝下蹲，同时力以肩、肘、传导下按，手高在腹前，感觉按在漂浮于水上的木板上。此动为呼气，如图 13-15 所示。

图 13-15

2. 左右野马分鬃

要点：移重心旋臂，重心右移，右手上抬，左手外引，腰略左转，同时进行。此动作应手脚同步完成，不可上下脱节。另需注意，左脚处于右脚弓处，后跟微抬。上步前应先转腰，出脚线路略带弧形，眼看左前下方。肩与胯、肘与膝、手与脚外三合垂直一线，步型为顺弓步，两脚间距大约为自己一拳半宽。此动为呼气，要点：屈膝下蹲，同时力以肩、肘、传导下按，手高在腹前，感觉按在漂浮于水上的木板上。此动为呼气，如图 13-16 所示。

图 13-16

3. 白鹤亮翅

要点：重心前移，右手向前合抱。右脚跟上抬，准备上步。注意动作中腰为主宰，动作中身体略左转。左脚不要收太近，以腰带动，四脚运转。两脚前后距离约自己一脚长。此动作应在练习中有一个上挑下采之意，眼先看右手，后看左手。呼吸配合是上挑为吸，下采为呼。左脚前掌稍调整位置，左脚跟与右脚跟同处中轴线，也可略宽一些，千万不可交叉。整体姿势应舒展大方，中正、大气。头上提领，气沉丹田，定势略停顿半拍，要点：屈膝下蹲，同时力以肩、肘、传导下按，手高在腹前，感觉按在漂浮于水上的木板上。此动为呼气，如图 13-17 所示。

图 13-17

4. 左右搂膝拗步

要点：转腰落手，注意右手不可超过身体正中线，应垂直，手带弧形，旋臂下落。右转体，左摆掌。动作中以腰领劲，转体与两掌动作协调进行。收脚与上托手同步完成——上下一致。身体略下沉，是一个蓄势待发的过程。右腿实，左腿虚。右手小指内旋，大拇指在耳侧位，左搂掌在胸腹前，准备弓步搂推。定型动作应有两臂对拉拨长之意，劲贯四肢，有个撑力。前推时小指领劲，定势中指对鼻尖，要点：屈膝下蹲，同时力以肩、肘传导下按，手高在腹前，感觉按在漂浮于水上的木板上。此动为呼气，如图 13-18 所示。

图 13-18

5. 手推琵琶

要点：此动作要求跟步轻灵，两脚距离约一脚长，转腰展臂应有送肩过程。右脚过渡到全脚着地，支撑重心，身体随之后坐，同时左脚跟微抬。此动应为呼气，坐胯、圆裆。它是第一段最后一动，故在时间上表现应充分一些，要点：屈膝下蹲，同时力以肩、肘传导下按，手高在腹前，感觉按在漂浮于水上的木板上。此动为呼气，如图 13-19 所示。

图 13-19

第二段：第三个组合

6. 左右倒卷肱

要点：撤手应走半圆弧线，经腰际旋腕上托，同时，左掌由俯掌变仰掌，运劲要和顺。收脚过程左脚由脚跟轻提，屈膝内收于右小腿内侧，同时吸气屈肘。撤步与推掌要协调一致，两脚不能交叉，左右脚不能超中线，同时前推呼气，要点：屈膝下蹲，同时力以肩、肘传导下按，手高在腹前，感觉按在漂浮于水上的木板上。此动为呼气，如图 13-20 所示。

图 13-20

7. 左揽雀尾

要点：转腰摆臂不可太偏左，大约中轴线向左偏 10 厘米为宜，同时胯要内合。下捋劲在手掌和前臂，后坐和下捋应上下一致，右手附在左手臂的肘关节处，两手有一个内合下采劲。此动为过渡，下肢基本保持不变，靠腰转后捋摆臂。右手应经耳侧在胸前与左手相合，含胸、收腹、松胯、敛臀，并成掤劲。前挤过程配合呼气，重心要沉稳，平行前弓，注意膝与脚尖垂直对齐，另外，肩下沉肘外撑，搭手成圆弧，两手高与胸平。此为过程转换动作，右手经左腕上方平抹前穿。分掌高度同肩高，与肩同宽。并有个外分劲。重心后移，要求松胯，松腰：右膝与脚尖对齐，右腿实，左腿虚，上体垂直，左胯不可有顶劲。此为过渡，要求屈膝肘回收，含胸，双手与胸保持一定距离。双按攻防上有一个后引之意，双手高度在腹前。此动为吸气，要点：屈膝下蹲，同时力以肩、肘传导下按，手高在腹前，感觉按在漂浮于水上的木板上。此动为呼气，如图 13-21 所示。

图 13-21

8. 右揽雀尾

要点：左右揽尾动作过程中，注意多用腰部；后坐的下捋、下挤、回挤前腿髋关节一定要松开，不可前顶，这就要求有单腿支撑的腿部力量和膝、踝关节的柔韧性。平时，这组动作组合需多抽出来练，要点：屈膝下蹲，同时力以肩、肘传导下按，手高在腹前，感觉按在漂浮于水上的木板上。此动为呼气，如图 13-22 所示。

图 13-22

第三段：第四个组合

9. 单鞭

要点：出脚最佳位置应在身体左转 45 度，也就是东南角方向时迈出。重心还压在右腿，左脚跟先着地；左掌经眼前向左平带。应先全脚掌踏平，而后屈弓推掌，右手与耳同高；右脚后撑，胯内合，并配合呼气，要点：屈膝下蹲，同时力以肩、肘传导下按，手高在腹前，感觉按在漂浮于水上的木板上。此动为呼气，如图 13-23 所示。

图 13-23

10. 云手

要点：云手上手高在眉、鼻之间，大拇指领劲，食指上挑，成一"V"型，肘部微沉。下手以小指领劲左带过渡至食指。上下手应相对，不可外分，运行过程以腰为中轴。身体继续左转，两掌开始转换，注意动作规格。收右脚与左手下采要同步进行；右脚收要轻起轻落。脚跟提起，前掌着地。两脚距离大约10厘米，并要注意，两膝与脚尖垂直，不能夹裆。动作方向开始转换，但重心要保持平稳。上体以腰为主宰继续右转，两臂弧形云转。翻掌下采与出脚要同步进行，迈腿不可悬空太高，两手上下交替一采一挑，应做到连贯、均匀、和顺，要点：屈膝下蹲，同时力以肩、肘传导下按，手高在腹前，感觉按在漂浮于水上的木板上。此动为呼气，如图 13-24 所示。

图 13-24

11. 单鞭

要点：与云手连贯衔接，两掌翻转，同时左脚尖点地内收。右脚支撑重心，保持身体中正，同时右掌变成勾手，左脚内收蓄势。右腿支撑催动，腰为主宰，带动左脚上步，同时左掌外展。重心平稳前移至左脚，同时上体左转，右脚跟微抬，将力由下向上转至左掌，催动推掌，要点：屈膝下蹲，同时力以肩、肘传导下按，手高在腹前，感觉按在漂浮于水上的木板上。此动为呼气，如图 13-25 所示。

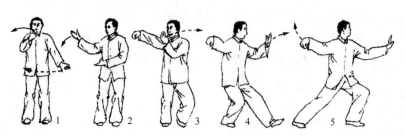

图 13-25

第三段：第五个组合

12. 高探马

要点：前移时，重心高度不变；右腿抬跟、屈膝、收脚，应做得连贯、轻巧，同时，配合吸气。后跟踏实、转腰、翻掌要同步完成，眼看右手。同时，左手掌心翻转向上。此动为过渡转换，做到转腰、屈肘、转头，并吸气，为下一步做准备。推掌高度同眼平。左手在胸腹之间。推掌与出脚应上下一致，并配合呼气，重心可上提一点。两脚距离约为自己一个拳头宽，不可交叉。眼神要专注、凝聚。要点：屈膝下蹲，同时力以肩、肘传导下按，手高在腹前，感觉按在漂浮于水上的木板上。此动为呼气，如图 13-26 所示。

图 13-26

13. 右蹬脚

要点：单腿支撑站稳后再出右腿，右腿的高度因人而异，蹬脚力点在脚跟，同时，双手分展也起平衡作用。此时，呼吸上采用"屏气"。左手应高于右手，"外三合"应相对。要点：屈膝下蹲，同时力以肩、肘传导下按，手高在腹前，感觉按在漂浮于水上的木板上。此动为呼气，如图 13-27 所示。

图 13-27

14. 双峰贯耳

要点：这是一个容易表现太极特点的合劲动作，故要求手到腿到，弓步过程不能起伏。注意肘要沉，肩要松，双拳与头同宽，膝盖不超脚尖，要点：屈膝下蹲，同时力以肩、肘传导下按，手高在腹前，感觉按在漂浮于水上的木板上。此动为呼气，如图 13-28 所示。

图 13-28

15. 转身左蹬脚

要点：左脚以前掌为轴，脚跟内旋，收脚应前脚掌着地，双手合推于胸腹前。提膝气上提，右脚支撑站稳，五指劲外撑，左手在外，双掌交叉合抱于胸前。与右蹬脚相同。蹬脚方向与右蹬脚方向相对称，与中轴线保持 30 度斜向。要点：屈膝下蹲，同时力以肩、肘传导下按，手高在腹前，感觉按在漂浮于水上的木板上。此动为呼气，如图 13-29 所示。

图 13-29

第四段：第六个组合

16. 左下势独立

要点：支撑腿左脚外撇 45 度，便于站稳；头上领、气下沉，右肩与胯、肘与膝、手与鼻上下相合相对，手正身斜，左手按于胯旁，配合吸气。要点：屈膝下蹲，同时力以肩、肘传导下按，手高在腹前，感觉按在漂浮于水上的木板上。此动为呼气，如图 13-30 所示。

图 13-30

17. 右下势独立

要点：右脚落在左脚内侧，前脚掌点地；左脚以前掌为轴，脚跟内旋，左手上提变勾手，右手左摆附在左臂中段，要求左转上提、左摆应连贯和顺。右脚沿地面向右侧伸出，重心压于左腿，右脚尖与左后跟在同一直线上，右胯关节内合。要点：屈膝下蹲，同时力以肩、肘传导下按，手高在腹前，感觉按在漂浮于水上的木板上。此动为呼气，如图 13-31所示。

图 13-31

第四段：第七个组合

18. 左右穿梭

要点：弓步、上架、推掌三者配合要协调一致，记住右手前臂有一旋腕外撑，左手指尖与鼻尖对齐，松腰落胯。要点：屈膝下蹲，同时力以肩、肘传导下按，手高在腹前，感觉按在漂浮于水上的木板上。此动为呼气，如图 13-32 所示。

图 13-32

19. 海底针

要点：提手与提左脚应同步自然，左手有一个搂膝动
作，右手高度在耳旁，此为吸气动作。前倾角度不超过 45
度，身型为松腰、敛臀、坐胯。要点：屈膝下蹲，同时力
以肩、肘传导下按，手高在腹前，感觉按在漂浮于水上的
木板上。此动为呼气，如图 13-33 所示。

图 13-33

20. 闪通臂

要点：上身直立，右手后带并收左脚，置于右脚内侧
（脚尖不点地），重心高度不变。出脚要轻，重心还在右腿上。推掌与前弓腿应上下一致；右
胯不可外翻。左手与鼻尖对齐，此为顺弓步，两脚距离不可过宽。要点：屈膝下蹲，同时力
以肩、肘传导下按，手高在腹前，感觉按在漂浮于水上的木板上。此动为呼气，如图 13-34
所示。

图 13-34

第四段：第八个组合

21. 转身搬拦捶

要点：右拳翻转，拳心朝上，收于腰间；左脚经右脚内侧，向前上步，脚跟着地，
注意松腰、落胯，并吸气，眼视手尖。前弓冲拳应上下一致，打拳过程有一个旋腕转
臂，左手附在右前臂，此为呼气。另后脚要外撑，冲拳才会实。要点：屈膝下蹲，同
时力以肩、肘传导下按，手高在腹前，感觉按在漂浮于水上的木板上。此动为呼气，
如图 13-35 所示。

图 13-35

22. 如封似闭

要点：左手内旋前穿，右拳同时变掌，手心向内。屈膝后坐，膝与脚尖应垂直一线。双手引收应有外分、引带之意，并与肩同宽，掌心斜相对。此为过渡动作，双手走外旋前推、合按。劲在掌根，前推时，应有别于"揽雀尾"的按，前者为宽度不变，由下往上；后者是分与按，宽度有变。要点：屈膝下蹲，同时力以肩、肘传导下按，手高在腹前，感觉按在漂浮于水上的木板上。此动为呼气，如图 13-36 所示。

图 13-36

23. 十字手

要点：此为过渡动作。注意后坐时，肩带肘、手，节节贯穿。后腿要压住重心。扣脚、转体、摆掌三位一体要协调统一；另左脚应尽量扣到位，与右脚平行。撇右脚，分右手应一致。注意：左胯不能敞裆。要点：屈膝下蹲，同时力以肩、肘传导下按，手高在腹前，感觉按在漂浮于水上的木板上。此动为呼气，如图 13-37 所示。

图 13-37

24. 收势

要点：两掌内旋外分，与肩同宽，并配合呼气。两臂徐徐下按，应为肩带肘，肘带手，三个关节贯串、相连。两手中指节贴附大腿两侧。两掌内旋下垂于体侧，澄心静气，保持中正。收势时，头上领，收下颌，并步时应注意点起、点落、轻灵、均匀。同时要呼气，静立片刻。要点：屈膝下蹲，同时力以肩、肘传导下按，手高在腹前，感觉按在漂浮于水上的木板上。此动为呼气,如图 13-38 所示。

图 13-38

思考题 »»»

1. 武术的锻炼价值及特点是什么?

2. 太极拳的特点是什么?

第十四章　瑜　　伽

 **学习目标** »»»

1. 了解瑜伽运动的起源与发展；瑜伽的健身特点；瑜伽的基本功；瑜伽体位法的健身价值；瑜伽的基本体位。

2. 正确掌握瑜伽的呼吸、冥想方法。利用所学知识，选择适合自己的瑜伽体位进行身体锻炼，达到强身健体、塑造优美体型的目的。

第一节　瑜伽运动简介

一、瑜伽运动的起源与发展

（一）瑜伽的起源

瑜伽起源于印度，是古代印度哲学弥漫差等六大派中的一派，已有五千多年的历史。瑜伽是梵文音，意思是自我（Atma）和原始因（Theoriginalcause）的结合（Theunion）或一致（Onenees）。从广义上讲，瑜伽是哲学，从狭义上讲，瑜伽是一种精神和肉体结合的运动。现在一般讲瑜伽，是指练功方法，用来增进人们的身体、心智和精神的健康。瑜伽是东方最古老的强身术之一。它产生于公元前，是人类智慧的结晶。瑜伽也是印度先贤在最深沉的观想和静定状态下，从直觉了悟生命的认知。瑜伽修持秘要是理论和实践相互参证。

传说古印度高达 8000 米的圣母山上，有人修成圣人，亦有人成为修行者，他们将修炼秘密传授给有意追求者，因而沿传至今。

瑜伽修行者开始只有少数人，一般在寺院、乡间小舍、喜马拉雅山洞穴和茂密森林中心地带修持，由瑜伽师讲授给那些愿意接受的门徒。以后瑜伽逐步在印度普通人中间流传开来。而今的瑜伽，已经是印度人民几千年来从实践中总结出的人体科学的修炼法，再也不是只限于少数隐居人仅有的秘密。目前，瑜伽已在全世界广泛传播。印度有很多专门研究瑜伽的学校。瑜伽有一套从肉体到精神极其完备的修持方法，当今的瑜伽不仅只属于哲学和宗教的范畴，它有着更广泛的含义，千年不衰，有强大的生命力。

当瑜伽的修行者在深沉的静坐中进入最深层次时，就会觉醒人生自性与生命的至善境界，从而获得个体意识与宇宙意识的结合，唤醒内在沉睡的能量，得到最高开悟和最大愉悦。你的记忆中可能有这样一幅景象：海天一色，都是澄净的瓦蓝，海浪轻轻拍打着岸边的礁石，礁石上盘腿闭目静坐着一个女子，头上、脖子上，甚至脚踝手腕上都圈着花环。清新湿润的空气夹带着海的气息，即使未临其境似乎也能感觉到。

这一景象可以说在许多中国人心目中已形成了对瑜伽的最经典的诠释。二十世纪八十年代末九十年代初时中央电视台推出了《瑜伽—自我身心锻炼方法》电视系列片。瑜伽这个名词因此而被广大中国人所知。修炼瑜伽姿势和瑜伽冥想能使人实现身体和精神两方面健康，是具有历史悠久的强体健心的方式，多年来一直在世界各地广泛的传播和发扬。

（二）练习瑜伽应注意的事项

（1）练习前先做好各种舒展筋骨的热身运动。

（2）心情要放松，注意动作与呼吸的配合。

（3）最好是在进餐后 1～2 小时后，当胃处于比较空的状态下，排便之后进行。

（4）保持安静，避免聊天、大声笑或复杂消极的心理活动，可以播放舒缓悠扬的乐曲，总之要使身心专注而集中。

（5）因个人身体状况而定，不必操之过急或过分勉强，以免引起运动伤害。

（6）基本上要裸足练习瑜伽。如果穿着鞋子进行会有滑倒的危险，尤其是进行站立的动作时，最好是光着脚。

（7）每个姿势重复做 3～6 遍，然后完全放松。

（8）在激烈运动与入浴后不要马上进行。待休息 20～30 分钟后，脉搏平稳时，再进行练习。

二、瑜伽的健身特点

1. 方便易行，安全有效

练习瑜伽不需要很大，仅需很小的空间，能容纳双臂双腿伸展即可；并且受时间的限制也较小；练习瑜伽不需要昂贵的健身房、健身器材，一个安静的地方（房间、草坪）、一块洁净的垫子、一颗纯净的心即可，对初学者来讲可能还需要一些小型的辅助用品（瑜伽砖、瑜伽绳等）。

瑜伽的动作柔和，人人都可以做。无论男女老幼，体力劳动或脑力劳动者，运动员或艺术家，孕妇、某些病患者都可以在指导下练习瑜伽。

2. 抛弃杂念，愉悦身心

瑜伽要求修炼者在宁静的心境下，抛弃一切杂念，释放压力和紧张情绪，使练习者的身心平衡和安宁，这是与其他运动最显著的区别之一。瑜伽更重视通过身体姿势的练习，获得身、心灵的健康。瑜伽体位法能够流畅、对称、柔和而又持续地让身体得到伸展和刺激，它和大多数体育练习不同，既不会在某个单位时间内对某块肌肉进行强有力的刺激从而产生大量乳酸及自由基，造成腰酸背痛，也不会引起粗重的呼吸。相反，瑜伽体位法是做得很缓慢，步骤很分明，几乎每组前弯动作后一定会紧接一组后弯动作，而每组动作完成后一般都会有相应的放松运动，对身体起到很好的拉伸与放松作用，舒适而又流畅。

3. 瑜伽可以起到辅助医疗的作用

瑜伽对身体的锻炼是全方位的，不仅仅锻炼外在体能，还可对内分泌、微循环、内脏系统起到全方位的调节和改善作用；最难能可贵的是，平时几乎锻炼不到的内脏、皮肤、背部肌肉等"盲区"，瑜伽也都有专门的体位法——照顾周全。所以瑜伽能对疾病的预防甚至治疗起到间接或直接的作用。

第二节　瑜伽的基本功

（一）瑜伽的呼吸法

呼吸能够被有意识地控制。按照自己的目标与身体的状态，根据不同的目的有区别地进行呼吸就是瑜伽的呼吸术。瑜伽的呼吸法有：腹式呼吸、横膈膜呼吸、呼吸道净化呼吸和完全呼吸四种。

1. 腹式呼吸

是利用腹肌使横膈膜上升、下降的呼吸方法。仰卧，双手的拇指与食指合成三角形。将三角形的中心置于腹部的肚脐处，集中意识，轻轻按压的同时用鼻呼吸。

2. 横膈膜呼吸

（1）用两侧鼻孔进行横膈膜呼吸盘腿坐，伸直背部肌肉，卸去肩部力量进行放松，轻轻张开嘴，用鼻孔强烈而短促地呼气，吸气可任其自然。

（2）用单侧鼻孔进行横膈膜呼吸，伸出手指，将食指与中指弯屈，用拇指压住右鼻孔。用 1 秒 1 次的节奏用左鼻孔快速强烈地呼气，自然地吸气，进行 15 次，两鼻孔轮流进行两组。

3. 呼吸道净化呼吸

盘腿坐，伸直背筋，卸去肩部力量进行放松。右手的食指和中指弯屈，其他手指伸直，用拇指按住右鼻孔，用左鼻孔慢慢地先呼气后吸气。完全吸气后，用右手的无名指与小指按住左鼻孔，将拇指从右鼻孔挪开。这时用右鼻孔慢慢地呼气之后再一次地用右鼻孔吸气。完全吸气后，用右手拇指按住右鼻孔，用左鼻孔呼气。

4. 完全呼吸

跪坐，两手贴于腹部，完全呼气收缩腹部。接着慢慢地吸气扩充腹部。在这种状态下吸气的同时，好像是将腹内的空气提升起来似的收缩腹部，收胸将空气提升，接着提升至肩，最后将空气提升至喉部，呼气的同时收缩腹、胸和肩。

（二）瑜伽的冥想

就像车辆需要一个聪明的驾驶员一样，人也需要一颗安定的、专注的、强有力的心（即头脑）来控制身体的活动。规律的瑜伽冥想可以帮助你达到这个目的；你的头脑将会变得更清楚，你的注意力变得更能集中，思考会更有效率。

瑜伽冥想对人的健康也会产生非常积极的影响，由于内心更为平静，也会感到自己少一点紧张、怒气等，在某个意义上说，由于人的免疫系统是和人的心态紧密相连的，可以说，瑜伽冥想是最强有力的预防性医药。因此，习瑜伽者深信：瑜伽冥想是确保身体和精神两方面健康的关键方法。瑜伽冥想的姿势有简易坐（散腿坐）、莲花坐、半莲花坐和金刚坐四种，你可以根据自己的情况，选择一种适合自己的冥想姿势。总之，要让自己完全舒适放松。

1. 简易坐（散腿坐）坐姿

双腿交叉，左脚压在右腿下方，右腿压在左腿下方。挺直脊背，收紧下巴。

2. 莲花坐坐姿

坐正，屈右腿，将右脚放在左大腿上，左脚放在右大腿上，脚底向上，挺直脊背，收紧下巴，让鼻尖和肚脐保持在一条直线上。

3. 半莲花坐坐姿

屈双腿，将臀部坐在脚跟上，放松肩部，收紧下巴，挺直脊背，这样会减轻腿部的压力，腿部自然不会麻木。

4. 金刚坐坐姿

屈左（右腿），将左（右）腿放在右（左）大腿上，脚底向上，挺直脊背，收紧下巴，让鼻尖同肚脐保持在一条直线上。

第三节　瑜伽的体位法

一、瑜伽体位法的由来

几千年前，瑜伽行者在喜马拉雅山的森林中冥想、静坐时，偶尔观察野生动物，并且分享它们美妙的姿势，以打发独居的时间。经过深刻的观察，他们察觉大自然孕育、教导动物保有健康、灵敏、警觉的技巧，同时让各种动物天生具有治疗自己、放松自己、睡眠或保持清醒的方法。这些古时候的瑜伽修行者根据这些动物的姿势并且亲身做实验，发现对身体有很大的益处，然后经过深刻的直观和判断，终于创造了一系列身体锻炼的系统，我们称之为asana，亦即瑜伽体位法。这些几千种的 asana 瑜伽姿势，有许多是依照动物的名称来命名，例如：眼镜蛇式、孔雀式、鱼式、蝗虫式等等瑜伽。

二、瑜伽体位法（asana）概念

瑜伽 asana 的意思是在舒适的动作上维持一段时间，在缓慢的动作中，身体保持放松和做深深地呼吸，使得血液很自然的能够携带大量氧气并且吸收。瑜伽 asana 影响身体各个层面，它们活络肌肉和神经系统，强壮僵硬的韧带与肌腱，使关节灵敏并且按摩内部组织。

三、瑜伽体位法的作用

1. 调节荷尔蒙的分泌

瑜伽行者有一项很重要的发现，乃是身体错综复杂的协调功能，是由腺体系统来指挥，这些分泌的化学物质，现代的科学家名之为荷尔蒙。荷尔蒙对身体产生很大的影响，如生长、消化、精力、情绪等，譬如，甲状腺分泌过多的甲状腺素，会使正常的人紧张与暴躁。

2. 调整内在习性

瑜伽生理学描述人类有五十种心理倾向、习性，像害怕、害羞、生气等，都是由沿着脊椎到头顶的七个脉丛结所控制、影响的腺体决定，由于心灵的涣散、不集中，这些倾向、习性急欲借由不同的状态表露、发泄，结果造成心理的不平衡，也使得心灵动荡不安，无法歇息。而这些习性、倾向均由腺体所影响，只要我们锻炼、调整腺体的分泌，就能控制习性及心理的平衡。

3. 帮助心灵宁静、集中

由于瑜伽体位法的动作，在一段时间中维持静止不动，可以压迫腺体而促使内分泌平衡，如此就能避免生病，保持身体柔软。瑜伽动作可以调理那些不好的习性、倾向，心灵也就变成宁静、平和与集中了。

4. 助静坐、开展心灵

若想学习、修炼静坐，规律地做瑜伽体位法是最基本的以及必要的，当你经由静坐探索广大的内在时，你会体验到健康的身体是扩展意识心灵之必需，事实上身体与心灵是无法分割的，身体是心灵的最外层，也是静坐的堡垒，一个完整的瑜伽课程，应包括身体锻炼（瑜伽体位法），以净化和强化身体，以及使心灵全力前进以达到宇宙意识合一。

四、瑜伽体位法介绍

1. 毛毛虫式

动作要点如下。

（1）俯卧，双脚伸直，勾起脚尖，双手平放于体侧，手掌贴地，下颚与喉部尽量贴地吐气。

（2）吸气，脚尖蹬起，膝盖离地，用力挺起腰部；吐气，再充分挺起腰部，脚尖往前向身体方向走到极限，此时下鄂与胸部仍然紧贴地板不动，颈部与背部紧贴，意识集中在颈项的紧张感上。轻呼吸 5 次。

图 14-1

（3）接着，脚尖慢慢向后滑，同时腰部放回地面，以俯卧姿势，放松全身，重复练习 3 遍，如图 14-1 所示。

锻炼效果：调节自律神经，促进新陈代谢，舒缓肩部与颈部肌肉僵硬与紧张，消除该部位的疼痛。具有健胸、提升臀部，并预防内脏下垂的功效。

练习要求：下巴、胸部做支点，不可移动。膝盖不能弯屈。

2. 侧斜板式

动作要点如下。

（1）右侧半卧姿。右脚伸直，左脚弯屈，左脚掌平放在右膝旁的地面上，右手平放在臀部后约 30 厘米的地面上，自然呼吸片刻。

（2）吸气，右手与双脚和腰部同时施力，让身体成一直线慢慢抬起，左手也同时抬高，与右手成一直线，脸部向上，视线望左手；吐气，左脚轻轻向前移，直至伸直并拢右脚板上，轻轻弯屈左脚，左手抓住左脚趾，一边吐气，一边把左脚往上提，直至与地面垂直。

（3）深呼吸，保持数秒后慢慢将脚放下还原，回到地面成半侧卧姿势，仰卧放松，均匀呼吸，再重复另一侧练习，如图 14-2所示。

图 14-2

锻炼效果：缓解精神压力，强化免疫系统，消除臀部、腕部、腰部、腹部、大腿等部位的多余脂肪，使身体线条优美、流畅。

练习要求：做时身体一定要放松。

3. 船式

动作要点如下。

仰卧，双脚并拢，双臂平放在体侧。吸气，同时将上身、双脚和双臂向上抬起，只有臀部着地、并以脊柱骨为支点，保持身体平衡，双手、双脚伸直、手指指向脚尖；吐气，慢慢将身体放回地面（应控制下放速度，不可突然落地）。调匀呼吸，全身放松，如图14-3所示。

图14-3

锻炼效果：增强腹肌力量，消除腹部赘肉，能使大腿修长及腰围变细。防止内脏下垂，改善胃肠功能，消除便秘及强化背部。具有放松身体和关节的效果，对胆小、容易冲动或神经质的人有帮助。这是一个全身性提高体能的练习。

练习要求：身体上抬时，要收缩腹部，并紧张全身的肌肉。如发生腿部痉挛时，将脚踝用力蹬出，伸直脚跟韧带。

4. 猫式

动作要点如下。

（1）跪在地上，两膝打开与臀部同一宽度，小腿及脚背紧贴在地上，脚板朝天。俯前，挺直腰背，注意大腿与小腿及躯干成直角，令躯干与地面平行。双手手掌按在地上，置在肩膀下面正中位置，手臂应垂直，与地面成直角，同时与肩膀同宽。指尖指向前方。

（2）吸气，同时慢慢地将盆骨翘高，腰向下微曲，形成一条弧线。眼望前方，垂下肩膀，保持颈椎与脊椎连成一直线，不要过分把头抬高。

（3）呼气，同时慢慢地把背部向上拱起，带动脸向下方，视线望向大腿位置，直至感到背部有伸展的感觉。配合呼吸，重复以上动作6～10次。

锻炼效果：充分伸展背部和肩膀，改善血液循环，消除酸痛和疲劳；脊椎骨得到适当的伸展，增加灵活性。

练习要求：动作不要太快，亦不要猛力将颈部前后摆动或把腰部拱后；不要过分伸展颈部。

5. 树式

动作要点如下。

（1）两脚并拢而立，扩胸收腹，膝内侧、大脚趾集中用力而站，额轻微上抬。

（2）吸气后，一面呼气一面将右膝弯屈，使脚背贴在髋关节处、脚底朝上。用左腿支撑全身重量，双手向上伸出，手掌合十，缓慢呼吸，静止20秒至1分钟。用另一条腿作相同时间的练习。

（3）动作完成后，全身舒展，充分放松

锻炼效果：培养平衡力，使体内平衡感发达。

练习要求：为了用一条腿站立取得平衡，这条腿的膝内侧及大脚趾要紧紧用力。

6. 蛇式

动作要点如下。

（1）头部伸直，轻轻向后上方仰起。

（2）缓慢吸气，同时头部和胸部向上抬起，但肚脐部分贴地（肚脐以上部分离地），抬到最高地方，两腿依然紧紧靠地并用力保持靠拢。

（3）仰望天空并保持这个姿势，屏息6～8秒。

（4）把头部和胸部依次触地，脸部一侧触地。

（5）放松身体，休息6～8秒。

图 14-4

（6）重复这个做法，如图 14-4 所示。

锻炼效果：蛇式从内部活动整个腹部，可促使胰脏、肝脏和其他消化器官加强活动。人们认为，这是一个治疗便秘、消化不良、痢疾、胃炎、胃病及腹部疾病的最好姿势。蛇式能够让脊柱柔软，减缓脊椎疾病和背痛。同时，有效的活动胸部、肩部、颈部、面部和头部，使表皮血液活跃，增进面部之美。

这个方法对于女性有着特殊的作用，可以治疗各种月经病症。

练习要求：每日练习不要超过 5 次。

7. 仰卧式

动作要点如下。

（1）身体平躺在地面上，眼睛平视天花板。两臂垂直，放于身体两侧，手掌贴着地面，两条腿挺直，脚跟、脚趾并拢，正常呼吸。

（2）用鼻孔缓慢深呼吸，然后屏息。

（3）尽最大努力将两脚趾向前伸直。

（4）慢慢向上抬起双腿，抬到离地面 10～12 厘米后，停留 6～8 秒钟。

（5）一直保持屏息。

（6）开始呼吸，把腿慢慢放回地面。

（7）呼气和放腿同时进行，腿放下时，呼气随之完毕。

（8）重复练习，如图 14-5 所示。

图 14-5

锻炼效果：这种练习可以让腹部内外肌肉充分得到活动和锻炼，消除腹部多余脂肪，也可以治疗胰脏疾病以及便秘、胃炎、消化不良、肠功能紊乱等。

这个姿势对于背部以及腰部、臀部、髋关节部位疾病有较好的治疗。还可以强化脊髓，活跃内部细胞，刺激整个神经系统。

练习要求：背部有伤，不要强求练习双腿抬起，可以先练习单腿抬起的仰卧式。每日练习不得超过 5 次。

8. 曲腿式

动作要点如下。

（1）站立地上，双手放下，眼睛平视前方。

（2）将右腿抬膝盖抬向胸部（右手抓住脚腕，左手抓住膝盖，进行辅助）。

（3）让膝盖尽量贴近胸部（尽可能不要依赖手的作用）。

（4）同时另一条腿保持稳固的直立。

（5）保持这个姿势 6～8 秒，然后恢复到预备姿势。

（6）休息 6 秒后，换另一条腿重复这个动作，如图 14-6 所示。

锻炼效果：曲腿式用一种温和的方法来活动胰脏及腹部器官。如果患有疝气、吐酸水、胃炎等症状，练习这个姿势可以立即见效。这个方法可让髋关节放松，锻炼腹肌肉，增加肠胃蠕动。这是易学而又无害的体式，任何人都可以练习和受益。

图 14-6

练习要求：如果你感到站立练习有困难，可以躺在地上练习这个动作。

9. 骆驼式

动作要点如下。

（1）跪下，小腿平放在地上，膝盖打开至臀宽，脚板朝天。大腿及躯干成一直线，与地面成90度角。双手放在盆骨上方，手肘屈曲，挺直腰背，肩膀及手肘朝向后方。

（2）吸气，由上背开始，慢慢把身体向后弯，收紧大腿股四头肌、臀部和腹部。脸朝着天花板，不要过分伸展颈项。

（3）呼气，先把右手放在右脚跟上，手掌向下，手指向后，然后再把左手依同一方法放在左脚跟上。

（4）吸气，双手往脚掌方向用力，由此借力令上胸挺高朝天。盆骨和大腿与地面保持垂直。头部放松，保持呼吸自然。保持这个姿势约15～30秒。然后将双手放回盆骨上方，慢慢地恢复原本姿势，然后把臀部坐在脚跟上休息。

锻炼效果：令脊椎和肩膀柔软，舒缓背痛及肩痛问题。改善寒背，令姿势变得优美。扩展胸部，改善呼吸系统毛病，改善整体血液循环，调节月经流量，改善经痛问题。

练习要求：如果背部曾经受伤、颈椎有毛病，请利用道具来完成姿势（见"难度调整"）。如你正有头痛、心脏病、腹泻等问题，请暂时不要做这姿势。若膝盖较弱，可用毛毡或垫子垫着膝盖来进行"骆驼式"。

10. 莲花坐鱼式

动作要点如下。

（1）仰卧，双腿盘腿坐，并平放地面，双手分别抓住脚趾。

（2）吸气，手肘做支点，背部拱起离地，颈部向后弯，头顶放在地面上，脸部尽量与地面垂直，然后合掌在胸前，意识集中在喉咙。

（3）吐气，双手慢慢伸向头部前方的地面上，意识集中在指尖。

（4）放松，双手慢慢收回胸前，还原仰卧姿势，交换双脚各做3遍。

锻炼效果：刺激胸下垂体，强化肺部，并调整甲状腺和促进女性荷尔蒙分泌，且调整女性卵巢、子宫等生理器官。具有健胸、收腹等效果。

练习要求：尽自己最大努力完成动作。

11. 摩天式

动作要点如下。

（1）自然站立，两脚开立与肩宽。

（2）两眼视体前一物体，双臂举过头顶，手掌朝上，眼看自己的双手。

（3）提起两脚跟，好像有人在头上拉你的双手，完全伸展身体，脚跟慢慢落地。

锻炼效果：祛除便秘，同时增强腹直肌的力量。

练习要求：每次练习时手臂尽量伸直，手臂上举最好能夹住耳朵，脚跟尽量抬起，以脚趾头着地支撑身体为好，走动时身体尽量向上伸展，保持立腰，自然呼吸。妇女经期应停止练习。

12. 鹭式

动作要点如下。

（1）从"棒坐"开始，坐直腰背，与头和颈成一直线。右脚屈膝，小腿内侧紧贴着大腿的外侧，作"半英雄式"坐姿。

（2）左脚屈膝提起，双手握着左脚掌，呼气，然后慢慢提起向上伸直，保持大腿、膝盖和脚拇趾成一直线。保持腰背挺直。

（3）将蹬直的脚持续拉近躯干，一边慢慢呼气，尽量将头、胸部和腹部贴着小腿及大腿。谨记是把蹬直的脚向自己身体拉近，而不是把身体向脚移近。保持这个姿势约 15～30 秒。完成后，换另一只脚重复上述步骤。

锻炼效果：有效地伸展大腿肌肉，尤其是腘绳肌部分，消除脚部酸痛或抽筋现象，增加柔韧度。适当地按摩胯部的器官，滋养内脏。促进下半身血液循环，消除脚部和腰部赘肉，令线条更美。

练习要求：女性正值月经应避免做这姿势。有坐骨神经痛或关节毛病的人士，应适可而止，以免拉伤旧患。

13. 半月式

动作要点如下。

（1）取站姿，双脚双手成"大"字状。

（2）吸气，右脚向右方转至 90 度角，左脚不动，慢慢弯屈右膝，上身同时向右大腿侧弯，直至右手掌按在右脚前面的地面上，双臂成一直线，头向上仰，眼睛注视左手指尖。

（3）呼气，右手轻轻挪至右脚前方约距 30 厘米的地面上，右脚慢慢撑直，左脚也同时离开地面，抬高至与身体、头部成一直线，左手也轻轻放在左髋部上，脸部转向左方，用腹部力量让身体平衡，自然呼吸。

（4）保持约 10 秒钟，换另一侧重复这个练习。

锻炼效果：帮助消化，消除腰围多余脂肪。

练习要求：熟练上述基本姿势后，可再尝试将脚继续向上抬的练习。

14. 金刚坐狮子式

动作要点如下。

（1）金刚坐姿，脚尖踮起，臀部坐于脚跟上，手指分开，包住膝盖。

（2）吸气，上身微微离开臀部向前倾，口张开，舌头向外伸出，尽量触及下颚，发出"啊啊"的响声，眼睛望着上方，全身要有紧张感。

（3）吐气，慢慢将舌头收回口内，闭上嘴用鼻孔吸气，同时还原金刚坐姿。

（4）放松，调匀呼吸，重复练习 3 次。

锻炼效果：对颈椎、喉咙、眼睛、耳朵有益，改善喉部声线和音质，减少脸部、眼角皱纹。

练习要求：此式是意识集中在眉心。

15. 蹲功

动作要点如下。

（1）二人手拉手相对站立。

（2）深吸气后，呼气，身体约放低 30 厘米。

（3）深吸气后，呼气，身体约放低 60 厘米。

（4）深吸气后，呼气，身体约放低 90 厘米。

（5）吸气，站立，放松手臂及腿部肌肉。

锻炼效果：加强腿部肌肉力量，加强腹肌力量，对髋关节、骨盆、子宫均有益，所以，孕妇常做此练习，可加快分娩速度，促进分娩的顺利进行，也可纠正胎位不正。

练习要求：量力而行，循序渐进。

思考题 »»

1. 简述瑜伽的起源及其健身特点。
2. 陈述瑜伽体位法的锻炼价值。
3. 练习瑜伽基本体位，通过网络、书籍等途径选择适合个人特点的瑜伽基本体位，强身健体，塑造优美体型。

第十五章　健　美　操

学习目标 »»

1. 了解健美操和它的运动价值。
2. 掌握健美操的基本动作。
3. 学会成套动作和自编简单动作组合。

第一节　健美操运动简介

一、健美操的起源与发展

近几十年来，健美操已经风靡世界，包括徒手健美操、艺术杂耍、韵律健美操、健身操、爵士健美操、迪斯科健美操等，形式多种多样。19 世纪，在欧洲一些国家开始出现了以身体活动和音乐伴奏相结合的韵律体操，并开办培养音乐体操教师的学校，将音乐体操作为体育教育的手段逐步传播。20 世纪 80 年代初，美、英、法及欧洲一些国家的健美操得到很快推广，电视节目中健美操形成"热点"，学校的体育教学大纲也将此列入其中。英国在 1956 年就建立了大不列颠健美操协会。该协会通过举办健美操教师训练班，向学员讲授解剖学、人体造型学、教学法以及大量的体操和舞蹈动作，为健美操的广泛发展奠定了基础。美国自 20 世纪 60 年代以来兴起了一种健身舞。健身舞把徒手操和有扭动动作的现代舞结合起来，在节奏强烈、情绪欢乐的摇滚乐伴奏下，做发展身体各部位的动作。据报道，美国跳健美操的人数超过 1800 多万，几乎与打网球人数不相上下。从 1985 年开始，美国还多次举行全国性的健美操比赛，使健美操发展到了竞技性阶段。目前，美国健美操运动处在世界领先地位。法国在美国之后也开始盛行健美操运动，应运而生的健美操中心遍布全国各地，仅在巴黎就有 1000 多个。据报道，法国目前做健美操的人数已超过法国体操联合会的人数，达到 400 多万人。日本、菲律宾、新加坡、香港等亚洲国家和地区，健美操也很流行。

现代健美操在我国发展的历史并不长，但发展速度却非常快。早在 1937 年就由康健书局出版了马约翰等人所著的《女子健美体操集》一书。书中以"貌美与体美""妇女健康的运动""中年妇女的美容操""增加内体美的五分钟美容操""女子健康柔韧操"等标题，阐述了人体美的价值、重要性和要求，介绍了徒手操的动作，其内容与现代女子健美操有诸多相似之处。随后，又出版了《男子健美操集》。这两本书以"增美之奇方"在我国流传。现代健美操在我国的兴起和流行是 20 世纪 70 年代以后的事。自 1979 年以来，我国在北京、上海、广州等地相继举办了各种健美操班，其中有的以芭蕾舞基本动作为主，有的以现代舞动作为主，并结合我国具体情况创编了多种多样的徒手健美操、健美球操、棍操等。1985年北京体育学院成立了健美操研究组，开设了健美操选修课。全国其他一些大、中、小学以至幼儿园，也在体育课中增加了健美操的内容。1985 年 4 月在广州举行了我国第一次女子健美操邀请赛，同年 7 月在北京举行了首届"康康杯"儿童健美操比赛。1987 年 5 月在北京举行了首届"长城杯"健美操友好邀请赛，第一次把健美操列为正式比赛项目。1989 年 5 月，国家体委（现国家体育总局）批准中国健美操协会在北京成立，这标志着我国此项运动进入了一个有序发展、科学指导的新阶段。随后，健美操运动在全国风风火火地开展起来。先是在北京、上海、广州等地举办训练班，一些体育院系也将此项列入体操教学大纲的内容，为其推广普及培养了大批骨干。此后，广州、天津、北京、南京等大城市相继举行全国性的健美操比赛。项目由少到多，内容不断充实，形式逐步完善，参与者的层次自然地进行分流，向国际接轨，逐步形成了竞技型和大众型两大类的运动架构。竞技型健美操水平提高很快，新人辈出，为我国的健美操运动的发展打下了坚实的基础。

二、健美操的概念

健美操是融体操、音乐、舞蹈、美学为一体，通过徒手、手持轻器械和专门器械的练习，达到健身、健美和健心的目的，具有竞技性、娱乐性和观赏性的一项新兴的体育运动项目。

三、健美操的基本要素

（一）健美操的功能

健美操有健身、健美、健心、益智和娱乐五大功能。

1. 健身的功能

健美操是一项全身性的体育运动，它强调全面发展身体，能使头部、躯干、上下肢及身体各关节都得到锻炼，并可以根据不同的对象、不同的目标，有针对性地选择或编排动作进行健美操锻炼。对处于长身体阶段的学生，健美操锻炼能有效地促进学生身体的正常生长发育，增进健康，增强体质，形成正确的身体姿势，塑造健美的体态；成年人或中老年人进行健美操锻炼，虽然单个动作的运动负荷并不算大，但要连续做几分钟、十几分钟甚至几十分钟，其运动负荷平均可达到心率 120 次/分以上，对心血管系统起到了有氧锻炼的作用，有利于增强体质。

现代社会生产力的高度发展和社会生活的新变化，对增强学生的体质提出了新的更高要求。在现代社会中，由于人们运动不足，造成脑力、体力发展的不均衡，以致出现"文明病"。通过学习和掌握健美操各种基本动作和基本技能，提高身体的基本活动能力，提高对外界的适应能力和对疾病的抵抗能力，从而增强体质，发展身心。因此，健身功能是健美操运动本质功能的反映。

2. 健美功能

健美操运动能使学生体魄健美，体形匀称，姿态端正，动作矫健，这既是健美操教程的标志，又是人体美的表现。健美操运动能以自己丰富的内容和独特的形式，培养学生的形体美、动作美、姿态美、仪表美、心灵美，使学生树立正确的审美观。

健美操运动还能够培养学生对美的感受能力、鉴赏能力、表现能力和创造能力。美具有形象感染性的特征，在开展健美操运动中正确引导学生的审美意识，鼓励学生在运动中尝试美的内在体验，将内心体验的美（动觉）和外形观察的美（视觉）结合起来欣赏健美操运动，以培养学生对美的感受能力；注意将系统地传授健美操的常识与美学原理结合起来，使学生能够在观看竞技比赛中获得美感，提高学生的鉴赏能力；培养学生美的表现力和创造力，使学生能将审美意识运用到自己的生活之中。

3. 健心功能

健美操运动能丰富学生的文化体育生活，调剂感情，增加生活乐趣，养成良好的生活习惯，培养勇敢顽强、拼搏进取、团结互助等良好的品质。有部分学生不易在激烈的、对抗性强的运动项目中发挥优势，但在协调性、柔韧性、灵活性要求较高的健美操运动中，却可以充分展示个性的风采，发挥个性的优势，这对于增强这部分学生的自信心、自尊心和满足感有着不可低估的作用。经常参加健美操锻炼，可以使学生在身体活动的实际体验中，调节心理平衡、增强自信心。

4. 益智功能

健美操运动通过改善学生大脑的物质结构和机能状况，全面发展观察力，广泛训练记忆力，启迪诱导想象力，帮助提高思维力，为智力的开发创造良好的生理条件和环境条件。现代科学研究证明，坚持经常的体育锻炼，能保证大脑能源物质与氧气的充足供应，使大脑神经细胞发育充分。同时，不同类型的健美操动作，能对大脑神经系统提供各种刺激信息，有利于提高大脑皮层细胞活动的强度、均衡性和灵活性，使整个大脑神经系统的结构、功能得到改善和提高。通过各种形式的健美操活动，有利于疲劳的消除，使学生头脑清醒、精神焕发，提高学习效率。

5. 娱乐功能

进行健美操的练习，也是一种娱乐活动。健美操运动是在音乐的伴奏下进行锻炼的项目，它既可以作为一种表演的形式，也可以进行自娱和自乐，既能够进行同学之间的互相交往，陶冶情操，又能够丰富课余文化生活，促进校园精神文明的建设。

（二）健美操的作用

健美操起源于有氧健身操，是一项具有实用锻炼价值的运动项目。

1. 增强体质，提高健康水平

（1）健美操锻炼，对身体各器官、系统产生良好的影响。健美操锻炼可以使心腔容量增大，心肌收缩力加强，血管壁肌层增厚，提高血管壁的弹性，进而提高心脏的功能。心搏有力，心输出量增加，全身供氧能力得到提高。

（2）健美操锻炼对呼吸系统的机能也有良好的影响。它能提高呼吸肌的力量和耐久力，使肺活量增大，呼吸深度加强，增加每次呼吸时的气体交换量，这既有利于呼吸肌的休息又可提高呼吸系统的功能储备，从而保证在激烈运动时满足气体交换的需要，提高呼吸机能水平。

（3）健美操锻炼能提高消化系统的机能。由于在健美操运动中大量地消耗能量，加之健美操运动的髋关节活动较多，刺激了肠胃的蠕动，增强了消化的机能，有助于营养物质的吸收和利用，从而提高人体对疾病的抵抗能力。

（4）健美操锻炼加强了肌肉的力量。健美操运动通过全身关节的活动，提高了关节周围韧带、肌肉的伸展性，使关节囊和韧带增厚、增粗，使关节更富有弹性，这样既扩大了关节运动的幅度，提高了灵活性，同时也增强了关节的稳定性，从而提高人体的基本活动能力。

2. 塑造形体美

体形是指人们身体的外形，虽然遗传因素起一定的作用，但科学的锻炼和良好的生活习惯可以改善我们的体形。良好的体形和身体姿态与一个人的气质和风度是分不开的，通过长期的健美操练习可以改善不良的身体姿态，形成优美的体态，从而体现出一种良好的气质与修养，给人以蓬勃向上，健、力、美的感觉。其次，健美操练习还可消除体内和体表多余的脂肪，维持人体吸收与消耗的平衡，有效地降低体重，保持健美的体形。

3. 调节心理活动，陶冶美好情操

健美操是一项在音乐伴奏下进行的身体练习的运动项目。健美操动作优美、协调，使身体得到全面的锻炼，同时在音乐伴奏下，使人陶醉在美的韵律之中，很快排除掉心理上的紧张与烦恼，使身心得到全面调节，精神面貌和气质修养都会有所改善和提高。

4. 提高神经系统机能，提高身体素质

健美操是在中枢神经系统的支配调节下进行的。经常进行健美操锻炼还可以提高人体的全面身体素质。体育锻炼中肌肉经常要工作到极限，产生酸痛和疲劳，而健美操是在强劲的音乐伴奏下进行的，人们常常在忘我的投入中，不知不觉地提高了速度、耐力和力量素质。健美操动作的路线、方向、速度、类型、力度等不断变化，可以增强人的动作记忆和再现力，提高神经系统的灵活性和均衡性。

5. 培养良好的意志品质

健美操锻炼，无论是有组织的或是个人单独地进行的，无论是竞技健美操还是大众健美操的练习，对培养和锻炼人们良好的意志品质都有着积极的作用。坚持经常锻炼，需要具有自觉性和自制力。如果没有克服困难的毅力和持之以恒的精神是不可能坚持长久的。

（三）健美操的特点

1. 美学的特点

健美操是建立在美学等科学理论指导下的人体运动方式，讲究造型美，要求动作美观大方，准确到位。讲究有效地训练身体各个部位，使人体匀称和谐地发展，培养健美的体形和风度，塑造健美的自我。健美操既注意外在美的锻炼，又强调内在美的培养，较为明显地反映了健身、健心、健美的自然性整体效应。人体运动是受主观意识指挥的一种精神作用的外在表现，所以人体又能在运动中体现出思想、意志、道德、情操、情感、作风、气质等内在美。健美操所表现出的力与美即外在美与内在美，是构成健美操的美学特点。

2. 力度特点

健美操运动不论是它的操化动作，还是它的难度动作都是以力度为基础的，它所表现的力是力量、弹力、活力的综合。健美操动作要求的力度和力量性很强，不论是短促的肌肉力量、延续力量，还是瞬间的控制力量都展现出较高的力度感。健美操所形成的动作力量性风格，可充分表现出人体健的风采、美的神韵、力的坚韧。健美操的力度性最能发挥人的个性；具有强烈的表现力、感染力和吸引力，这是它的生命力之所在。它以自身独有的力量性运动风格活跃于体坛。健美操的运动方式所表现出的力与众不同，这是健美操的一个显著特点。

3. 音乐特点

音乐是按一定规律运动着的声音，它能唤起人们长期积累起来的生活艺术的实践经验，使人在头脑中恢复某些事物之间的联系或形成某些事物联系关系的重新组合，使人们产生艺术联想。这种联想是形象性的，是以直接或间接的生活实践经验为依据的。音乐对人的情感、情绪变化以及对人体的运动都有直接影响。健美操音乐的旋律是轻快、优美或浑厚、沉稳、热情、奔放的，而绝不应是哀怨、消沉、伤感的颓废之音。音乐曲调健康活泼能振奋精神，消除身心紧张和疲劳，获得心理和生理上的平衡。

4. 创新特点

由于人体结构复杂，动作多变，人的情绪丰富，性格迥异，因此决定了健美操动作的丰富性和可变性。健美操动作通过 7 种基本步伐的变化和组合，身体关节面和轴的变化，各种队型的点、线及方向的变化，极大地丰富了健美操的内容，同时为健美操的创编提供了源源不断的素材。健美操的每组操很少是单关节的局部运动，大多为多关节的同步或不同步的运动。它不仅可使身体各关节的活动次数变化，而且可以变换运动组合形式，形成丰富多彩的动作。

第二节　健美操的基本动作

一、健美操基本动作的概念及特点

(一) 健美操基本动作的概念

健美操基本动作是指动作中最主要、最稳定的部分，所有动作都以此为核心加以扩展。基本动作是掌握其他动作的基础。健美操基本动作包括基本姿态动作、基本难度动作、基础动作三大部分。

健美操中的基本姿态动作是指身体在静态和动态时的各部位姿势，它可以通过舞蹈的姿态进行训练。基本难度动作是指与竞技健美操中规定的特定动作相应的具有一定难度的动作。基础动作是根据人体结构活动特点而确立的具有代表性的动作，共分为 7 个部位的动作，即头颈、肩、胸、腰、髋部动作，以及上、下肢动作。

健美操基本动作的正确与否，不仅会影响人的健美姿态，还会影响动作的难易程度和锻炼效果。因此，正确地掌握健美操的基本动作，是健美操学习过程中至关重要的一环。

(二) 健美操基本动作的特点

(1) 基本动作是健美操中最典型、最核心的部分。健美操中所有动作的变化和创新都是在基本动作的基础上产生和发展的，身体某个部位的基本动作极具有该部位的共性特征，是最具代表性和典型性的。

(2) 基本动作是发展健美操难度和组成复合动作的基础。在初学健美操时，首先应掌握身体各部位的基本动作。只有掌握了这些部位的基本动作，才能抓住健美操的特点，加速发展动作难度，更好地掌握组合练习。

(3) 基本动作是健美操动作中最重要、最稳定的部分。健美操突出的特点之一，就是全面地影响身体，使练习者更加健美。例如：踢腿的基本动作抓住正、侧、后三个面就能较全面地影响身体，在此基础上还能发展各种各样的踢腿动作，而这些动作都离不开这三个基本面的踢腿。因而，它是最重要、最稳定的。

二、健美操基本动作的分类与要求

（一）手型

健美操中的手型有多种，是从芭蕾舞、现代舞、迪斯科、武术中吸收和发展的。手型是手臂动作的延伸和表现，运用得好，会使健美操动作更加丰富多彩，生动活泼，更具有感染力，如图 15-1 所示。

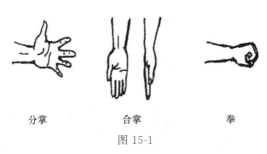

分掌　　　　　　合掌　　　　　　拳

图 15-1

1. 掌

包括分掌、合掌。

（1）分掌：五指用力分开，手腕保持一定的紧张程度。

（2）合掌：五指并拢伸直。

2. 拳

五指弯屈紧握，大拇指压在食指弯屈部位。

3. 芭蕾手势

五指微屈，后三指并拢、稍内收，拇指内扣。

4. 西班牙舞手势

五指用力，小指、无名指、中指自掌指关节处依次屈，拇指稍内扣。

（二）身体各部位动作

1. 头、颈部动作

（1）屈：指头颈关节角度的弯屈，包括向前、后、左、右的屈。

（2）转：指头颈部绕身体垂直轴的转动，包括向左、右的转。

（3）绕和绕环：指头以颈为轴心的弧形和圆形运动，包括左、右绕和左、右绕环。如图 15-2所示。

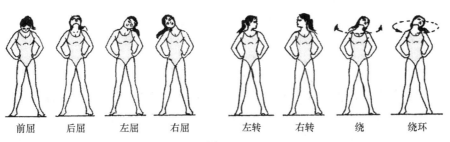

前屈　　后屈　　左屈　　右屈　　　　左转　　右转　　绕　　绕环

图 15-2

要求：做各种形式头颈动作时，上体保持正直，速度要慢，头颈移动的方向要准确，颈部被动肌群充分伸展。

2. 肩部动作

（1）提肩：指肩胛骨做向上的运动，包括单肩、双肩的同时提和依次提。

（2）沉肩：指肩胛骨做向下的运动，包括单肩、双肩的同时沉和依次沉。

（3）绕肩：指以肩关节为轴做小于 360 度的弧形运动，包括单肩向前、后绕，双肩同时或依次向前、后绕。

（4）肩绕环：指以肩关节为轴做 360 度及 360 度以上的圆形运动，包括单肩向前、后绕环，双肩同时或依次向前、后绕环。

（5）振肩：指固定上体，肩急速向前或向后的摆动，包括双肩同时前、后振和依次前、后振。如图 15-3 所示。

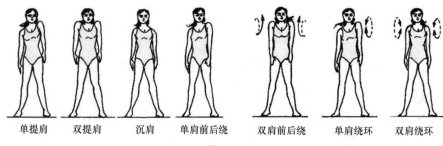

| 单提肩 | 双提肩 | 沉肩 | 单肩前后绕 | 双肩前后绕 | 单肩绕环 | 双肩绕环 |

图 15-3

要求：

（1）提肩时尽力向上，沉肩时尽力向下，动作幅度大而有力。

（2）绕肩时上体不能摆动，两臂放松，头颈不能前探；动作连贯，速度均匀，幅度大。

（3）振肩动作要有速度、力度和弹性。

3. 上肢（手臂）动作

（1）举：指以肩为轴，臂的活动范围不超过 180 度而停止在某一部位的动作，包括单臂和双臂的前、后、侧以及不同中间方向的举（如前上举、侧上举等），如图 15-4 所示。

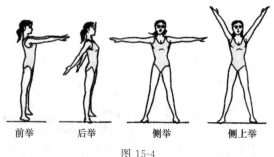

| 前举 | 后举 | 侧举 | 侧上举 |

图 15-4

（2）屈：指肘关节产生了一定的弯屈角度，包括头上屈、头后屈、肩侧屈、肩上侧屈、肩下侧屈、肩上前屈、胸前屈、胸前平屈、腰间屈、背后屈，如图 15-5 所示。

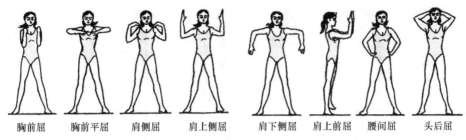

| 胸前屈 | 胸前平屈 | 肩侧屈 | 肩上侧屈 | 肩下侧屈 | 肩上前屈 | 腰间屈 | 头后屈 |

图 15-5

（3）摆：指以肩关节带动手臂来完成臂的摆动动作，包括单臂和双臂同时或依次向前、后、左、右的摆，如图 15-6 所示。

（4）绕：指双臂或单臂向内、外、前、后做 180 度以上、360 度以下的弧形运动，如图 15-6所示。

（5）绕环：指以肩关节为轴，双臂或单臂做向前、向后、向内的绕环，如图 15-7 所示。

（6）振：指以肩为轴，手臂用力摆至最大幅度，包括上举后振、下举后振、侧举后振，如图 15-8 所示。

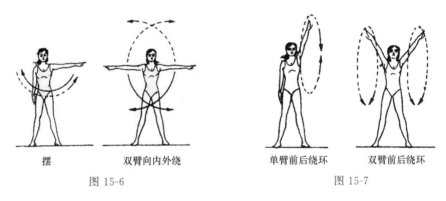

| 摆 | 双臂向内外绕 |

图 15-6

| 单臂前后绕环 | 双臂前后绕环 |

图 15-7

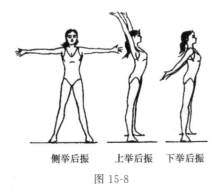

| 侧举后振 | 上举后振 | 下举后振 |

图 15-8

（7）旋：指以肩或肘为轴做臂的旋内或旋外动作，如图 15-9 所示。

要求：

（1）做臂的举、屈伸时，肩下沉。

（2）做臂的摆动时，起与落要保持弧形。

（3）上体保持正直，位置准确，幅度要大，力达身体最远端。

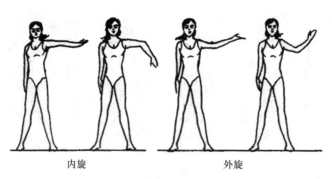

内旋 　　　　外旋

图 15-9

（三）基本站立

1. 立

（1）直立：指头颈、躯干和脚的纵轴保持在一条直线上。

（2）开立：指两脚左右分开与肩同宽或宽于肩。

（3）点地立：指一腿直立（重心在站立脚上），另一腿向各方向伸直，脚尖点地，包括前点立、侧点立、后点立。

（4）提踵立：指两脚跟提起，用前脚掌站立。如图 15-10 所示。

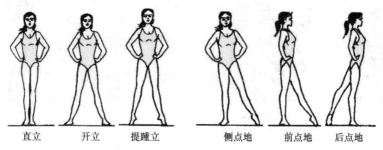

直立　　开立　　提踵立　　　侧点地　　前点地　　后点地

图 15-10

2. 弓步

指一腿向某方向迈出一步，膝关节弯屈成 90 度左右，膝部与脚尖垂直，另一腿伸直，包括左、右腿的前、侧、后弓步，如图 15-11 所示。

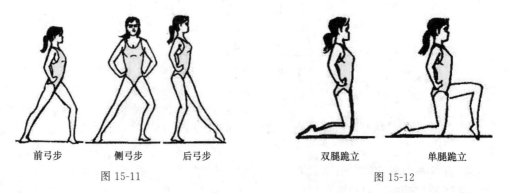

前弓步　　侧弓步　　后弓步　　　　双腿跪立　　单腿跪立

图 15-11 　　　　　　　　　　图 15-12

3. 跪立

指大腿与小腿成直角的跪姿，包括双腿跪立、单腿跪立，如图 15-12 所示。

要求：

（1）站立时，头正直，上体保持挺直、沉肩、挺胸、收腹、收臀、立腰、立背、直膝。

（2）弓步时，前弓步和侧弓步的重心在两腿之间，后弓步的重心在后腿。

（3）提踵立时，两腿内侧肌群用力收紧，起踵越高越好。

（四）下肢基本动作

（1）踏步：两脚交替，不间断地做屈膝上提，然后踏地的动作，包括脚尖不离地的踏步、脚离地的踏步、高抬腿的大幅度踏步。

要求：落地时，由脚尖过渡到脚跟着地；屈膝时，胯微收，两臂自然前后摆动。

（2）吸腿跳：单腿跳起，同时另一腿屈膝向前、侧上提。

要求：大腿用力上提，小腿自然下垂。

（3）踢腿跳：单腿跳起，同时另一腿直腿向前、侧方向踢出，包括小幅度和大幅度的踢腿。如图 15-13 所示。

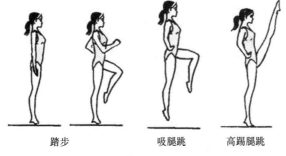

踏步　　吸腿跳　　高踢腿跳

图 15-13

要求：踢腿时，须加速用力，上体保持正直、立腰。

（4）后踢腿跳：两脚交替有短暂腾空过程（类似跑步），小腿向后屈。

要求：髋和膝在一条线上，小腿叠于大腿。

（5）弹踢腿跳：单腿跳起，同时另一腿经屈膝向前、侧方向弹踢。

要求：大腿抬起至一定角度后，小腿自然伸直，膝关节稍有控制。

（6）开合跳：并腿跳至开立，分腿跳至并立。

要求：分腿时，两腿自然外开，膝关节沿脚尖方向弯屈；跳起与落地时，屈膝缓冲。

（7）弓步跳：并腿跳起，落地时成前（侧、后）弓步。如图 15-14 所示。

要求：跳成弓步时，把握住身体重心。

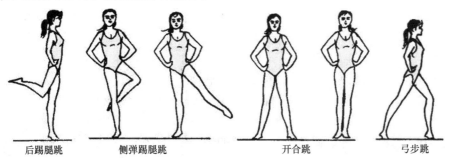

后踢腿跳　　侧弹踢腿跳　　开合跳　　弓步跳

图 15-14

第三节　健美操成套组合

预备姿势：站立。

组合一：

1×8拍

下肢步伐：右脚一字步2次；上肢动作：1～2双臂胸前屈，3～4后摆，5胸前屈，6上举，7胸前屈，8放于体侧。

2×8拍

下肢步伐：右脚一字步2次；上肢动作：吸腿时击掌，5～8同1～4。

3×8拍

下肢步伐：侧并步4次（单单双）；上肢动作：1右臂肩侧屈，2还原，3左臂肩侧屈，4还原，5双臂胸前平屈，6还原，7～8同5～6。

4×8拍

下肢步伐：1～4左脚十字步一次，5～8踏步4次；上肢动作：1～4手臂自然摆动，5击掌，6还原，7～8同5～6。

第五至八个八拍，动作相同，但方向相反。

组合二：

1×8拍

下肢步伐：1～8右脚开始点地4次；上肢动作：1双臂屈臂右摆，2还原，3左摆，4还原，5右摆成右臂侧斜上举，右臂胸前平屈，6还原，7～8同5～6，但方向相反。

2×8拍

下肢步伐：1～4向右弧形走270度，5～8并腿半蹲2次；上肢动作：1～4手臂自然摆动，5双臂前举，6右臂胸前平屈（上体右转），7双臂前举，8放于体侧。

3×8拍

下肢动作：1～8左脚开始2次上步吸腿转体90度；上肢动作：1双臂前举，2屈腿后拉，3前举，4还原，5～8同1～4。

4×8拍

下肢步伐：1～8上步后屈腿4次；上肢动作：1～8手臂自然摆动，向前时胸前交叉。

第五至八个八拍，动作相同，但方向相反。

组合三：

1×8拍

下肢步伐：1～4向右交叉步，5～8左腿半蹲；上肢动作：1～3双臂经侧至上举，4胸前平屈，5～6双臂前举，7～8放于体侧。

2×8拍

下肢步伐：1～8侧点地4次（单单双）；上肢动作：1右臂左前举，左臂屈肘于腰间，2双臂屈肘于腰间，3～4同1～2但方向相反，5～8同1～2，重复2次。

3×8拍

下肢步伐1～8左腿开始向前走3步＋吸腿3次；上肢动作：1双臂肩侧屈，2胸前交叉，3同1，4击掌，5肩侧屈，6腿下击掌，7～8同1～2。

4×8 拍

下肢步伐：右腿开始向前走 3 步＋吸腿 3 次；上肢动作同第三个八拍。

第五至八个八拍，动作相同，但方向相反。

组合四：

1×8 拍

下肢步伐：1～8 右腿开始 V 字步＋A 字步；上肢动作：1 右臂侧斜上举，2 双臂侧上举，3～4 击掌 2 次，5 右臂侧斜下举，6 上臂侧斜下举，7～8 击掌 2 次。

2×8 拍

下肢步伐：1～8 弹踢跳 4 次（单单双）；上肢动作：1 双臂前举，2 下摆，3～4 同 1～2，5 前举，6 胸前平屈，7～8 同 1～2。

3×8 拍

下肢步伐：1～8 左腿漫步 2 次；上肢动作：手臂自然摆动。

4×8 拍

下肢步伐：1～8 迈步后点地 4 次；上肢动作：1 右臂胸前平屈，2 右臂左下举，3～4 同 1～2 但方向相反，5 右臂侧斜上举，6 右臂左下举，7～8 同 5～6 但方向相反。

第五至八个八拍，动作相同，但方向相反。

思考题 》》

1. 简述健美操的特点及其作用？

2. 健美操的下肢基本动作有哪些？

3. 根据基本动作，自编一套小组合动作。

第十六章　健美运动

 学习目标 »»

1. 简要了解健美运动的历史及其运动特点和锻炼价值。
2. 了解健美运动常用动作术语，初步掌握常用健美动作技术要领。
3. 掌握健美运动科学的训练方法，提高健美运动欣赏能力。

第一节　健美运动简介

一、健美运动的起源与发展

健美运动，英文原意是身体建设的运动（Body Building Exercises）。这句原文直接说明了健美运动的目的和本质。健美运动就是指通过徒手和利用各种器械，依据人体的生理功能与解剖特点，针对个人体质、体形的不同情况，运用专门的动作方式和方法，根据人类遗传学、运动解剖学、运动生理学、运动医学、运动心理学、运动训练学、营养学和美学等学科，并结合自然因素和卫生措施，按照健美运动科学原理所采用的一整套系统的训练方法，用以强健身体、增强体质、发达肌肉、改善体形体态、陶冶情操、促进人体健美的一个有目的的训练过程，它是表现人体外形健、力、美的体育运动项目，是一门人体修塑的体育学科。

不同时代对美的追求是不一样的，古代的健美观念以古希腊比较具有代表性。公元前8～公元前6世纪，氏族社会解体以后的古希腊，形成了数以百计的城邦国家，他们把战争作为攫取财富的重要途径，为了战胜敌人，就需要强壮、矫健和耐久的斗士。于是身体结实、身手矫健的人物，就成了人们崇拜的对象。因此也就形成了他们特殊的健美观念。

古希腊人认为：健美的人体是呼吸宽畅的胸部，灵活而强壮的脖子，虎背熊腰的躯干和块块隆起的肌肉。著名的古希腊哲学，家苏格拉底（公元前469年～公元前399年）认为。人的一切活动不能脱离身体，身体必须保持高效率的工作，力量与肌肉的美只有通过身体才能得到。"衰弱是耻辱"他这样说也这样做，一生都坚持运动。另一位古希腊哲学家，苏格拉底的学生柏拉图（公元前427年～公元前347年）也提出，要为保卫城乡而练就体魄刚健的战士，为造就完美和发展的人而献身。柏拉图的学生，著名哲学家亚里士多德（公元前384年～公元前322年）更提出，要养成健美的体格而不是野蛮的兽性的性格。

古希腊人主要是通过体育运动来塑造和培养健美人物的，四年一届的古代奥林匹克运动会等场所，就是显示力量和人体健美的场合。运动会桂冠获得者将受到楷模般的欢迎。国家出资修建健身场，青年人在那里练习跳跃、拳击、奔跑、投枪、掷铁饼，系统地锻炼机体和各部肌肉，把身体练得强壮、轻灵和健美。古希腊人还奉行裸体艺术，在运动场上从事裸体运动，喜欢欣赏裸体人力量、健康、活泼的形态和姿势；在艺术上如绘画和雕塑，以塑造健、力、美三结合的人体。著名的《掷铁饼者》雕塑，那灵活跳动的肌肉，充满了生命的活力，就是这时期的健美代表作。

公元 129～199 年，古罗马有位著名的医生盖伦著书立说，倡导健身运动。他将运动分为臂部、躯干和腿部运动，列举一些运动项目，如搬动和高举重物、爬绳、鹤嘴锄掘等。到了 18 世纪，德国著名体育活动家艾泽伦（公元 1792～1846），开设了培训体育师资的课程，创造了哑铃、环等运动。这些形式的锻炼，既是现代竞技举重的起源，也是现代健美运动和力量举的起源。那时从事锻炼的人们，主要追求力量的增长，而在体形上并无特殊的要求，这些大力士们力大无比、肩宽腰粗，肌肉非常发达。

从 19 世纪起，大力士们的体形逐渐有了改变。生于 1868 年的山道（Sandow）是健美运动的创始人，集健、力、美精华于一生。山道幼时体弱多病，后为古代角力士雕像的雄健体魄所吸引，每天锻炼身体，并从实践中摸索出一整套锻炼肌肉的方法。到 22 岁时他的全身肌肉已非常发达。通过研究人体解剖学，他更加懂得了科学锻炼的意义，而且从实践中摸索出了一整套发达肌肉的训练方法。为了让更多的热爱健身的人了解和掌握发达肌肉的正确方法，他在 30 岁后开始写健身著作《力量以及如何去得到》《体力养成法》《实验祛病法》等书，受到各国健美爱好者的欢迎。1898 年山道创办了《体育文化》期刊，同时在伦敦设立体育学校，并在新西兰、澳大利亚，印度、南非及美洲等也设立分校，教授健美、举重、角力等体育项目，另外，他还设立函授对世界各地男女青年进行指导。山道为创建和发展现代健美运动作出了卓越的贡献。由于山道在提倡和推动健身健美运方面的卓越功绩和巨大贡献，奠定了现代健美运动的基石，所以后人一致公认并尊奉他为"现代健美运动鼻祖""世界健美之父"。从山道以后，健美运动被公认为一个体育运动项目的地位就确信无疑了。由金·山道开创的健美训练法和他的丰功伟绩也被载入史册。

20 世纪初期，健美运动在英美等国得到了广泛的开展，《肌肉发达法》和《力之秘诀》等专著，以及《体育》《力》《大力士》《健与力》《超人》等健身杂志相继出版，英国《体育》健身杂志主编麦克法登著有健身著作 50 余本，对健美运动的开展作出了巨大贡献。

20 世纪 30 年代中期，加拿大健美运动的创始人本·韦德和乔·韦德兄弟创办了《您的体格》杂志，积极推广和宣传健美运动。进入 20 世纪 40 年代以后，他俩创办了月刊《肌肉与健身》《形体》《柔韧》和《男子健美》等杂志，并且不遗余力地先后周游了 97 个国家，为发展国际健美运动，进行了卓有成效的工作。1946 年在美国和加拿大等国支持下，创建了"国际健美联合会"（The International Federation Bodybuilding, I. F. B. B.）。该会是一个单项协会性质的国际体育团体。国际健美协会的宗旨是发展体育与健美运动，并规定每年要在不同国家举行一次世界健美锦标赛。该协会还经常组织有关项目的科研，并将其成果报到奥林匹克委员会、国际体育运动协会、国际体育医学会，以及世界各地的一些健身俱乐部和教练员。协会设主席 1 名、副主席 6 名和秘书长 1 名。国际健美协会的总部设在加拿大的蒙特利尔，该组织的职能是领导国际健美运动的开展。国际健美联合会的口号是"健美运动有利于国家建设"和"身体建设比国家建设更为重要"。由于本·韦特的卓越贡献，他被推为该组织的终身主席。

二、中国健美运动发展史

我国是世界文明古国之一，有着悠久的历史。我们的祖先也有崇尚健美、崇尚力量、崇尚英武的传统。我国古代以身体魁梧、武艺高强、健壮英俊、品德高尚为健美。古代劳动生活的特点需要有强健的体魄，频繁的部落战争更需要有强壮有力的身体，所以，我国古代也是将健力美紧密结合在一起而予以提倡的，至于举鼎、翘关、举石等健身活动，则早已有了几千年的历史。

现代健美运动是从 20 世纪 30 年代由欧美传入我国逐渐发展起来的。赵竹光是我国现代健美运动的开拓者。20 世纪 30 年代初期，他在上海沪江大学读书时，由于美国体育期刊中的健美函授广告所指引，参加了美国的健美函授学习和锻炼，经过一年苦练，身体强壮了，以致吸引了很多人要求跟他锻炼，于是，他就创立了我国最早的健美组级"沪江大学健美会"，并于 1934 年和 1937 年先后翻译出版了《肌肉发达法》和《力之秘诀》两本健身著作，并主办《健力美》杂志，积极介绍和推广健美运动。1940 年 5 月，又创办了"上海健身学院"，当时的校训是："健全的身体，健全的人格，健全的头脑，健全的灵魂。"

20 世纪 40 年代初期，曾维棋在上海创办了"现代体育馆"，出版《现代体育》杂志，宣传健美体格锻炼法。其后谭文彪在广州创办"谭氏健身院"，胡维予和娄琢玉在上海精武体育会和青年会开展健美活动，林仲英则在北京青年会开展健美和举重活动。

1946 年，在上海八仙桥青年会举行了"上海男子健美比赛"，这是新中国诞生前举行的唯一的一次全市性健美比赛，柳颗庵获得冠军。

1945 年 10 月在上海市民欢庆抗日战争胜利大游行肘，上海健美界用三台人体健美造型的卡车参加了大游行，表现了爱国的民族精神，给人们留下了难忘的印象。

新中国建立后，健美运动更为广大群众所喜爱，上海先后建立了"健美体育馆""强华体育社"等近 10 个锻炼健美的场所，广州的健身院也发展到 10 间之多，北京、南京、苏州等地都吸引了很多青年参加健美锻炼。但是，几年之后这项提倡健力美的运动，竟作为"资产阶级体育"而受到批判，各体育场所都转搞竞技举重，健美运动基本上停滞。

80 年代是我国健美运动复兴的年代。在改革开放的形势下，为了满足广大青年想使体格迅速健美起来的迫切愿望，1980 年前后，上海、北京、广州等地又恢复开展了健美运动，不到几年时间，很快就普及到了全国许多大中小城市。很多体育场馆开展了各种形式的健美训练班，同时还恢复和新建了一些专门传习健美运动的场馆。在开展健美运动方面，体育学院发挥了固有的人才和场馆设备优势，北京、上海、武汉、成都、沈阳等体育学院先后开设了健美运动和健美操选修课，培养了数以千计的健美运动骨干，同时也培养了一些优秀选手。北京体院还编导制作了《肌肉发达与形体美》《室内健身健美运动》《健美运动简介》等健美教学录像片。其他许多高等院校也都把健美运动作为体育课的内容进行教学，大学生的业余健美活动开展得也十分活跃。1984 年 10 月 24～28 日，应国际健美协会邀请，国家体委派出许放和娄琢玉两人，组成中国体育代表团，以观察员身份出席在美国举行的第 38 届国际健美联合会年会，并观摩国际业余健美锦标赛。会上国际健美协会主席本·韦德重点介绍了中国健美运动迅速恢复和发展的情况。娄琢玉应邀了题为"健美运动在中国"的发言，并介绍了中国健美运动的发展历史和目前开展的情况。在年会上国际健美联合会主席本·韦德授予娄琢玉"功劳奖状"。这是中国首次参加国际健美联合会的活动，为中国取得国际健美联合会会员国资格奠定了基础。

20 世纪 80 年代末至 90 年代后期，我国健美运动迅速发展，不仅每年举办了"力士杯"全国健美邀请赛、全国健美锦标赛、冠军赛和全国健身小姐大赛，而且成立了国家健美集训队并多次参加亚洲和世界健美比赛，取得了较好成绩。进入 21 世纪，我国竞技健美运动和群众性健美活动蓬勃发展，健美组织日益壮大，各种类型的健美比赛和健美活动不断丰富和发展，深受人们喜爱。健美运动之花，目前正在全国各地竞相开放，充分显示了现代健美运动的魅力和广阔的发展前景。

第二节　动作术语与名词概念

一、健美动作术语

健美运动不仅内容丰富，而且动作繁多。为了便于初级健美训练者练习和掌握正确的技术动作。下面介绍一些最基本、最主要的，也是概括性的动作术语。

1. 屈

屈指关节的弯屈或关节角度的缩小。如屈臂、屈腿、屈体，前屈、后屈和侧屈等。

2. 伸

伸指关节角度的扩展与伸直。如伸臂、伸腿，伸腰或前、后伸和侧伸等。

3. 举

举指臂和腿由低部位向高部位抬起或托起（活动范围不超过180度），并停止在某一部位的动作。如向上推举、侧平举、侧上举和仰卧举腿等。

4. 推

推指训练者向外力使用器械的某一部分顺着用力方向移动。如向上推、向前推等。

5. 绕

绕指移动范围在180度以上至360度以下的弧线形动作。如立正两臂向内绕至侧举。

6. 绕环

绕环指移动范围在360度或360度以上的弧线形动作。如肩、膝、胯、腰向上下、前后、左右的绕环等。

7. 牵引

牵引指训练者用力使器械朝自己所在的方向或跟着自己移动。也就是通常说的"拉"的意思。

8. 挤压

挤压指训练者对器械施加压力或用力便器械紧紧靠拢在一起。

9. 坐

坐指臀部或大腿坐在地上和器械上的姿势。

（1）正坐：指躯干与下肢约成90度。

（2）俯坐：指躯干与下肢小于90度。

（3）斜坐：指躯干与下肢大于90度。

10. 蹲

蹲指两膝并拢或分开同时屈膝下蹲的姿势。

（1）全蹲：也叫深蹲。指大腿与小腿之间的夹角小于90度。

（2）半蹲：指大腿与小腿之间的夹角约等于90度。

11. 撑

撑指两手或只用身体某一都分支撑在地面上和器械上的姿势。

（1）支撑：指两手、臂和身体其他部位撑器械，但肩轴高于或平于器械的姿势。如双杠直角支撑等。

（2）俯撑：指两手和两脚撑地，身体和两臂伸直，胸腹部朝向地面或器械的姿势。

（3）仰撑：指两手和两脚撑地，身体和两臂伸直，腰背臀部朝向地面或器械的姿势。

12. 卧姿

卧姿指上体躺在地面上或器械上的姿势。

（1）仰卧：指胸腹部向上，身体伸直躺在地上或器械上的姿势。其中包括平卧姿，即头脚平行；上斜卧姿，即头高脚低；下斜卧姿，即头低脚高 3 种仰卧姿势。

（2）俯卧：指腰背部和臀部朝上，身体伸直躺在地上或器械上的姿势。其中包括平卧姿，即头脚平行；上斜卧姿，即头高脚低；下斜卧姿，即头低脚高 3 种俯卧姿势。

（3）侧卧：指身体伸直侧向躺在地上或器械上的姿势。

13. 躬身

躬身指躯干前屈与地面平行，挺胸塌腰，两腿伸直，身体重心在脚后跟的垂线上，头稍抬，眼看前下方。如躬身上拉、躬身侧平举等。

14. 握姿

握姿指用手抓握住杠铃、哑铃、拉力器等器械的姿势。

（1）普通握：指拇指与其他四指分开，握住拉力器时拇指压在中指和食指上面。这是一种常用的握器械的方法。它的特点是两手握杠铃较紧，有助于发力，可用于健美运动训练中的绝大多数动作。

（2）反握：指两手大拇指向外（两臂旋外）握杠铃、单杠，掌心朝上。

15. 握距

握距指两手握住器械之间的距离。

（1）中握距：指两手握住杠铃时，两手之间的距离与肩关节的宽度相等。中握距的用途较广，可以用于任何动作练习。

（2）宽握距：指两手握住杠铃时，两手之间的距离大于肩关节的宽度。常用于卧推、推举、弯举、躬身上拉、颈后下拉、引体向上等动作。

16. 站立

站立指两脚撑地，身体挺直的立正姿势。除了立正姿势外，其他站立姿势要加以说明，如两脚开立、足尖立，俯立和跪立等。

17. 站距

站距指两脚站立时的间隔距离。

（1）窄站距：指两脚站立的间隔距离与髋关节的宽度相等。

（2）中站距：指两脚站立的间隔距离与肩关节的宽度相等。

（3）宽站距：指两脚站立的间隔距离大于肩关节的宽度。

二、健美名词概念

在日常的健美训练活动中，众多的初级健美训练者对一些常用的名词概念不清，为了便于初级健美训练者快速入门，能够独立理解健美运动，掌握健美训练动作和制定健美训练方案。为此下面针对初级健美训练过程中所涉及的常用名词概念做如下解释，供练习者参考。

（1）运动量，也称"运动负荷"，指人体在身体练习中所能完成的生理总负荷量。它包括重量、组数、次数、强度、密度、时间、速度和完成动作的质量等要素。这些要素相互联系和制约，改变任何一种要素，都会直接影响运动量的大小。

（2）生理负荷量，指人体对运动作用（训练量和练习量）反应的量。即引起生理机能反应的量、范围或身体反映出来的征象。它主要用生理、生化指标来计量或表示。健美运动训练参加者，由于年龄、性别、体质、健康状况及训练水平的差异，即使承担同样的运动量，人体所引起的生理功能反应也是不同的。所以，它是评定运动量大小的客观依据。

（3）密度，指单位时间内重复练习的量。它体现着训练中时间和数量的关系，它分为单个动作密度和一次训练课的总密度。如果每组练习之间和每个动作练习之间的间歇短，就称为密度大；反之，则为密度小。

（4）强度，指单位时间内的生理负荷量，它包括训练的重量、密度、速度、组数、次数和肌肉收缩前的初长度等。其中，重量和密度决定强度。如果训练的重量较重，密度较大时，训练的强度就大；反之，训练的强度就小。

（5）力量素质，指身体或身体某部分肌肉工作、克服阻力的能力。力量是完成生活中以及运动中的任何动作的基础，做一切动作都要求有相应的肌肉力量。

（6）绝对力量，也称"单纯性力量"。它是指在相对较慢的速度状态下，人体或某部分所能克服最大阻力的能力。我们通常称的"力量"就是指它而言。

（7）动作质量，主要指在健美训练时，完成动作的准确性、规范性、节奏性和速度快慢等。

（8）身体成分，是指身体中脂肪和非脂肪部分的组成。总体重中体脂的比例被称为体脂百分数。体重中非脂肪部分又被称作瘦体重去脂体重，包括肌肉、软组织、骨骼、结缔组织等。

（9）向心收缩，指肌肉收缩产生的张力大于外加阻力时，肌肉逐渐缩短克服阻力做向心运动的收缩。在健美训练中，它是较为常见的一种肌肉收缩形式。

（10）离心收缩，指肌肉收缩产生的张力小于外加阻力时，肌肉做退让性工作时的收缩。在肌肉收缩做负功过程中，肌肉的缩短状态逐渐被拉长，直至肌肉恢复到正常长度。这种收缩在运动中能起到制动、克制重力的作用。

（11）训练适应，指由于健美训练而产生的有机体与施加负荷的外环境不断取得平衡的过程。在健美训练中引起适应过程的外环境变化包括施加训练负荷；改变训练内容；变换训练环境与条件等。例如，在健美训练过程中，机体对训练负荷的反应总有一个从不适应到适应的过程。健美训练者在系统训练的开始阶段，或在承受一个新的不习惯的训练负荷后，机体反应往往相当强烈，疲劳过程也比较深，会出现思睡、肌肉酸痛、体重减轻、安静时脉搏血压偏高等不适应现象。经过一段时间的训练后，上述不适应现象消失了，机体各种活动取得协调，运动器官和内脏器官的机能及其恢复能力都得到提高，安静时出现各种机能节省化现象；健美训练时表现出相对较高的运动能力；完成训练计划后，反应程度较小、恢复过程短；这些都是机体对训练负荷已经产生适应的表现。

（12）训练过度，人体机能状态的一种病理反应。由于身体训练持续不断，经常承受最大的生理负荷量，如过人的生理极限，引起人体过度疲劳，工作能力下降。早期表现为身体机能障碍，常有疲倦、头晕、反应迟钝等感觉，也可能出现胸闷、恶心、呕吐等症状。晚期症状加重，可能有形态学病变，应做专门医疗，调整健美训练计划。

（13）超量恢复，指健美训练后，人体出现能量物质代谢适应过程的一种机能状态。在健美训练过程中，肌肉通过一定的训练负荷，机体内能量物质消耗或分解代谢加强，即异化作用占优势，使肌肉产生疲劳。而健美训练后，在恢复阶段，如加强营养和休息等，可使机体能量物质再生或合成代谢加强，即同化作用占优势，恢复再生过程加强。这时机体不仅能恢复到原有水平，而且能超过原有水平，这就是"超量恢复"。在一定范围内，肌肉活动量越大，消耗过程越剧烈，超量恢复过程也越明显。它是现代健美运动训练中重要的理论依据之一。

三、健美训练的原则与要素

（一）健美训练的原则

1. 循序渐进原则

在教学与训练过程中，对于初学者应采取循序渐进的原则。一般先从徒手练习开始，而后进行轻器械，以及重器械练习。练习时的重量由轻到重，运动量由小到大。对于那些力量小或体弱的学生更应采取循序渐进的原则，否则就达不到预期的效果。初练者在训练后的第二天，会感到肌肉酸痛，这是因肌肉中产生过多乳酸的原因，是正常的生理反应，应继续坚持练习，酸痛会逐渐减轻。3～4 天后，最多一周的时间酸痛现象会逐步消失的。

2. 个别对待的原则

健美运动，不论男女老少、不论体强和体弱都可以参加，但不同对象应采用不同的教学训练方法。从实际出发，分别采用徒手的或持不同器械的练习，在动作、力量、组织、运动量、强度等方面都应有区别。实践证明，只有这样才能满足不同对象的不同要求，从而达到良好的教学效果。

3. 持之以恒的原则

在健美训练中要想达到完美的效果，长期保持健美的体型，必须持之以恒的锻炼下去。国内外优秀的健美运动员健美的肌肉，绝不是一朝一夕或 1～2 年就可以练出来的。即是要想取得"减肥"的明显的效果，练出健美的体型，需要长期的坚持锻炼，方可达到理想的目的。

（二）健美训练的要素

1. 科学的训练方法

不论你是初学者，还是中、高级水平的健美运动员，都必须根据自己的实际状况和训练水平，科学地安排训练，逐步调整和加大运动量。其中包括：采取什么样的分化训练方案；如何安排循环训练周期；每次训练课练哪几个部位；每个部位练几个动作；每个动作练几组；每组练几次；每组之间间歇多长时间；每星期练几次等。

这些内容都必须根据自己的训练水平和训练目的进行恰当的安排。一般最容易犯的错误是求胜心切，不根据实际水平无节制地增加训练动作、训练组数，延长训练时间，盲目加大训练强度，以致局部肌肉训练过度，阻碍了体力和肌肉块的增长。

欲使全身肌肉得到均衡的发展，就必须使全身各部位的肌肉获得最合适的刺激强度，并分别加以训练称为"分化训练"。

对初学到训练三个月的人来说，每周应练三次（隔天练），采用三天三分化的练法。每次训练应包括全身各主要部位的肌肉，每个部位练一个动作，每个动作练 1～3 组，每组

8～12次，每组之间休息不超过1分钟。每次训练课的练习动作应不同，以使局部肌肉得到全面锻炼。

对中级水平者来说（训练六个月到一年以上），可进行每周四天双分化训练。每周练四次，练二天休息一天，即星期一、二、四、五训练，其他三天休息。星期一、四练胸、肩、肱三头肌、小腿肌和腹肌，星期二、五练腿肌、背肌、肱二头肌和前臂肌。每个部位练2～3个动作（不相同），每个动作练三组（不超过四组），每个部位几个动作相加的总组数为10～12组。每组8～10次。暖身活动一般为12～15次，不计算在基本组数内。

对高级以上水平者来说（训练二年或二年以上），可采用三天三分化或四天四分化训练法，即练三天休息一天，练四天休息一天的循环训练。每个部位练3～4个动作（不同动作），每个动作练3～4组（主要动作不超过5组），每个部位的总组数为12～14组，每组练6～8次（暖身活动为10～12次）。

在健美运动中有八大要素决定训练是否有成效和至关成败的关键，无论对初学者还是职业健美运动员来说都是至关重要的八大要素指的就是：部位、动作、组数、次数、重量、组间隔、速度、频度。要想达到预期的健美效果应该有比较明确的认识，并且给以足够的重视。

（1）部位，指的是在一次练习中要训练的肌肉部位。对初学的人来说，部位的概念比较粗略、笼统，如胸肌、背肌、二头肌等的整体。而对专业运动员来说，部位的概念（含义）要更细致、精确，例如，胸大肌的上缘、下缘、中束、外缘、内缘、下外角、下内角等。

（2）动作，说的是训练某一肌群时，采用几个练习动作。对初学者来说，每个部位每次做1～2个练习动作就足够了。而对运动员来说，有时某个部位的训练动作可多至6～8个。

（3）组数，在健美训练中，每个动作的组数从1、2组到7、8组，甚至十几组不等。视训练阶段、目的、水平而定。一般来说，初学者每个动作做1～4组，中高水平的运动员及健美爱好者做4～6组/动作。

（4）次数，指的是某组练习做至力竭时所能完成的重复数量。（也叫有效次数）一般4次以下为少次数，主要用于提高力量。5～15次为中等次数，可用于增大肌肉体积和围度。16次以上为多次数，多用于提高肌肉的分离度、精细度和减脂等。

（5）重量，说的是训练时所使用的重量（根据动作的不同，它与肌肉实际受到的阻力负荷通常是不相同的）。若以最大重量（全力可举起一次的重量）为参照，则最大重量的85％以上为大重量；65％～80％为中等重量；65％以下的重量为小重量。以中、大重量进行训练，可以增长力量和肌肉围度。用中、小重量训练则可以提高肌肉的清晰度、分离度和精细度并可减去一部分脂肪。

（6）组间隔。这是一个较少被重视，却又十分重要的要素。组间隔指的是前一组与后一组练习之间的休息时间。这个时间实际上是一个不定量，不是30秒或是1分钟。在实际训练中，应视本人年龄、训练的肌群大小以及当时的身体状况而定。一般是以心率来参考。当心率恢复到极限心率（220－本人年龄）的50％～60％时，即可开始下一组训练。（当然是在身体正常的情况下）通常短间隔在20～40秒，1分钟左右为中等间隔，1分半钟以上为较长的间隔。

（7）速度，指做练习动作（包括起落全过程）的快慢。一般每次动作在1秒钟以下的爆发性速度为快速，1～2秒左右为中等速度，3秒钟以上为慢速度。健美训练一般采用均匀、缓慢的中等速度。做练习时利用惯性的各种摇摆动作，以及自由落体动作都是错误的。

（8）频度。练习频度是说每周进行几次训练。根据训练水平的不同，练习的频度是不一样的。通常初学者 3 次/周即可，中等水平的练习者 3～4 次/周，高水平的运动员在赛季可天天练，甚至 2 次/天。但对于某一肌群来说，训练频度不宜过勤，且水平越高，每周训练次数越少。因实验表明在一次剧烈的大运动量训练之后，2～3 天身体机能处于下降水平，3～5 天恢复到原水平，5～8 天才会产生超量恢复。所以很多高水平的优秀运动员都采用每个肌群每周只练一次的方法进行常规训练。

2. 合理的营养和饮食

对健美运动员来说，合理的摄取营养和严格的饮食制度是增长肌肉块、保持健美体格不可或缺的条件。

人体需要的主要营养素是蛋白质、碳水化合物、脂肪、维生素和矿物质。问题在于如何补充这些营养素。对健美运动员来说，一般蛋白质的需要量约占 1/3，碳水化合物约占 2/3，脂肪的需要量很少。要使肌肉块不断增长，关键是掌握好蛋白质的日需量。蛋白质在体内需要 2～4 小时才能被消化吸收。如果摄入的蛋白质在体内存留 8 小时以上那么前 4 小时是陆续吸收的过程，后 4 小时就是排放过程。所以，蛋白质必须不断补充，而不能一次摄入过多。这就是健美训练每天要按时吃几餐的一个重要原因。对健美运动员来说，如果是大强度训练日，那么每千克体重至少摄入 2 克蛋白质，轻量训练日则每千克体重至少摄入 1 克蛋白质。蛋白质来自蛋白、鱼、牛肉、鸡肉等。蛋白质有互补作用，为了更好地利用蛋白质，发挥其效用，最好是把蛋白质食物混合起来吃。

健美训练或参加比赛还需要摄取大量碳水化合物，以提供热能。若进食蛋白质后马上进行训练，会感到提不起劲，因为蛋白质转化为能量很慢，且不经济，必须用碳水化合物来保证能量供应。训练中消耗的维生素和矿物质也要及时补充。如果蛋白质吃多了，就要补充更多的矿物质。

除饮食外还得根据需要吃一些营养品，以弥补食物营养的不足。营养品主要有三大类：一是为增长和修补肌肉所需的高蛋白粉和氨基酸；二是为提供热能和增强耐久力的碳水化合物粉或饮料；三是为补充食物供应不足的维生素和矿物质。

3. 适当的休息和恢复

这是三要素中最主要的一个要素。因为肌肉经过足量刺激后，除补充营养外，必须得到充分休息，以消除疲劳，获得超量恢复，不断增粗长壮。一次训练之后，一般要有 48 个小时的休息。要使肌肉完全恢复，则需要 72～100 小时。实际上，锻炼后的肌肉比没有活动过的肌肉的恢复要快得多。

当训练中出现缺乏锻炼热情和耐久力、肌肉控制能力减退、关节或肌肉有持续的隐痛、失眠、食欲不振等不良反应时，说明已出现"训练过度"。同时，训练中一定要注意防止局部肌肉过度训练，否则会极大影响训练效果，并会使肌肉萎缩。一般每次训练课为 75 分钟，不超过 90 分钟。绝不允许在不增加训练组数的情况下延长训练时间，也不能无故增加训练动作和组数。

总之，每次训练课后都应有足够的休息和恢复时间。如果训练课的强度大了，第二天一定要休息。必须感觉到身体恢复后再进行下次训练。在大重量训练周期中，须适当安排轻量训练来调整训练强度。

第三节　健美动作介绍

一、胸部肌群训练动作

(一) 杠铃仰卧推举

(1) 重点锻炼部位：胸大肌、三角肌和肱三头肌。绝大多数的冠军健美运动员把仰卧推举作为锻炼上身最好的动作。

(2) 开始位置：仰卧在平的卧推凳上，两脚平踏在地上。两手掌向上握住横杠，两手间距比肩稍为宽些，两臂伸直支撑住杠铃位于胸的上部。

(3) 动作过程：使两直臂向两侧张开，两臂慢慢弯屈，杠铃垂直落下，直至横杠接触到胸部（大约接近乳头线上方）。然后向上推起至开设位置，重复做。

(4) 训练要点：不要把背和臀部拱起或憋气，这样会使肌肉失去控制，是危险的。

杠铃仰卧推举如图 16-1 和图 16-2 所示。

图 16-1

图 16-2

(二) 哑铃卧推

(1) 重点锻炼部位：胸大肌、三角肌和肱三头肌。

(2) 开始位置：仰卧在平的卧推凳上，两脚平踏在地上。两手掌向上伸直握住哑铃。

(3) 动作过程：使两直臂向两侧张开，两臂慢慢弯屈，哑铃垂直落下，下降至最低处时，即做上推动作，上推时呼气。然后向上推起至开设位置，重复做。

(4) 训练要点：不要把背和臀部拱起或憋气，这样会使肌肉失去控制，是危险的。

哑铃卧推如图 16-3 所示。

图 16-3

(三) 平卧哑铃飞鸟

(1) 重点锻炼部位：胸大肌和三角肌。

(2) 开始位置：仰卧在平的卧推凳上，两手各持哑铃，掌心相对，推起至两臂伸直，支撑在胸部上方。

（3）动作过程：两手持哑铃平行地向两侧落下，手肘稍微弯屈，哑铃落下至感到胸部两侧肌肉有充分的拉伸感，并使上臂落下至低于肩部水平线。当哑铃落下时，要深深吸气。持铃循原路举起回原位时呼气。

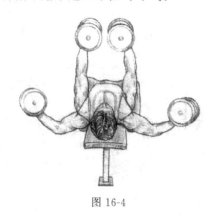

图 16-4

（4）训练要点：如果哑铃向两侧落下时，两臂如呈伸直状态，胸部肌肉便很难得到拉伸和肌肉收缩的感觉。

平卧哑铃如图 16-4 所示。

（四）双杠双臂屈伸

（1）重点锻炼部位：主要是胸大肌下部，其次是肱三头肌和三角肌。

（2）开始位置：双杆间距最好宽于肩，双手握杠成直臂支撑、挺胸、收腹，两腿伸直并拢放松呈下垂状。

（3）动作过程：呼气，屈肘弯臂，身体下降，直至两臂弯屈降低到最低位置时，头部应向前引，两肘外展，使胸大肌充分拉长伸展。随即吸气，以胸大肌突然收缩力撑两臂，使身体上升直至两臂完全伸直；当上臂超过杆水平位置时，臀部稍向后缩，躯干呈"低头含胸"的姿势。两臂伸直时，胸大肌处于彻底收紧状态。重复练习。

（4）训练要点：动作要缓慢进行，不要借身体的振摆助力完成动作；撑起时速度要快、挺胸、抬头、收腹、不耸肩；为加大训练强度可在腰间负重练习。

双杠双臂屈伸如图 16-5 所示。

图 16-5

二、臂部肌群训练动作

（一）杠铃弯举

（1）重点锻炼部位：主要是肱二头肌，其次是前臂肌。

（2）开始位置：自然站立，掌心向前，两手间距与肩同宽，在整个动作过程中，两上臂始终贴于体侧，杠铃下垂在腿前。

（3）动作过程：以肘关节为支点，前臂由腿前向上成半圆状弯起至肩前。然后，慢慢地循原路放下至腿前。

（4）训练要点：当杠铃弯起时，上臂不准移动，在举杠铃的同时，使躯干稍微向后仰起，会更有效些。弯起至完全收缩后，杠铃再循原路放下。放下动作要慢些，当杠铃放下还原时，前臂要下垂伸直。每次试举必须做到完全伸展和彻底收缩。

杠铃弯举如图 16-6 所示。

（二）坐姿哑铃交替弯举

（1）重点锻炼部位：肱二头肌

（2）开始位置：正坐在凳的一端，两手各持哑铃，下垂体侧。

（3）动作过程：把一手持铃弯起至肩前，然后慢慢放下，同时另一手持铃弯起，两手交替做弯举。

（4）训练要点：有些健美冠军喜欢在开始时掌心向下，弯起时，使手腕向外转至肩前。放下时再转回还原，他们认为这样练更有效。

坐姿哑铃交替弯举如图 16-7 所示。

图 16-6

图 16-7

胸大肌（锁骨部）
三头肌（前部）
三角肌（中部）

尺侧腕屈肌

桡侧腕屈肌
掌长肌
旋前圆肌
肱三头肌（内侧头）
肱肌
肱三头肌（长头）

肱二头肌

小指伸肌

三角肌（后部）
肱三头肌（外侧头）
肱肌
肱桡肌
桡侧腕长伸肌
肘肌
桡侧腕短伸肌
指伸肌
尺侧腕伸肌

（三）俯立臂屈伸

（1）重点锻炼部位：肱三头肌。

（2）开始位置：自然站立在凳的一端，上体前屈至背部与地面平行，左手以手掌支撑在凳上，右手持哑铃，屈肘，使右上臂紧贴体侧与背部平行，前臂下垂。

（3）动作过程：手持铃，上臂贴身，固定肘部位置，持铃向后上方举起至臂伸直，再慢慢放下还原。只有前臂上下活动。

图 16-8

（4）训练要点：采用"孤立训练原则"，持铃至全臂伸直时，使肱三头肌彻底收缩，保持静止并默数 1、2、3，然后再放下还原。

俯立臂屈伸如图 16-8 所示。

（四）屈臂上拉

（1）重点锻炼部位：胸大肌、肱三头肌、前锯肌和背阔肌。

（2）开始位置：两脚着地支撑。两手握住横杠中央，两手间距比肩稍窄，两手持铃放在头后地上，使下背部稍挺起。

（3）动作过程：稍屈臂持铃，把杠铃上拉起至胸部上方。然后，屈臂循原路放下至杠铃在头后稍离地面（杠铃不接触地面）。再用力上拉提起。重复做。

（4）训练要点：你可以用较大重量做屈臂上拉，并做直臂上拉比较一下，这样对训练会收到较大的效果。

屈臂上拉如图 16-9 所示。

图 16-9

三、肩部肌群训练动作

（一）哑铃推举

（1）重点锻炼部位：这个动作是锻炼躯干上部的大肌肉群。例如：三角肌、斜方肌、上胸肌、肱三头肌和上背肌群。

（2）开始位置：双手持铃握于头部两侧。

（3）动作过程：两手垂直方向把哑铃推起至两臂伸直，然后再慢慢放下至起始位置。

（4）训练要点：哑铃握法比杠铃有很大的自由度。

哑铃推举如图 16-10 所示。

图 16-10

（二）侧平举

（1）重点锻炼部位：三角肌外侧中束部位。

（2）开始位置：自然站立，两手各持哑铃下垂体前，两肘部稍弯屈，拳眼向前。

（3）动作过程：两手持铃同时向两侧举起，直到举起至与头部齐高位置。然后，慢慢地循原路落下回原位，再重复做。

（4）训练要点：在持铃提起和放下过程中，使肘和腕部始终稍微弯屈，对三角肌的收缩更为有效。当哑铃向两侧提起时，同时使手腕向上转起至比大拇指稍高些，直到提起至最高位置。哑铃落下时，手腕再转回。

侧平举如图 16-11 所示。

图 16-11

（三）"前平举"用哑铃或杠铃

（1）重点锻炼部位：上胸部和三角肌前束。

（2）开始位置，自然站立，两手各持哑铃或持杠铃下垂于腿前。

（3）动作过程：把哑铃或杠铃向前上方举起（肘部稍屈），直至与视线平行高度。然后，慢慢放下还原，重复做。

（4）训练要点：如果采用哑铃时，以拳眼向前，持铃于体前上举。这种方法是单独集中锻炼三角肌前束。

前平举如图 16-12 所示。

图 16-12　　　　　　　　　　　　图 16-13

（四）俯立侧平举

（1）重点锻炼部位：三角肌后束和上背肌群。

（2）开始位置：两脚分开站立同肩宽，两手掌心相对持哑铃，上体向前屈体至与地面平行，两腿稍屈，使下背部没有拉紧感。

（3）动作过程：两手持铃向两侧举起，直至上臂与背部平行（或略微超过），稍停，然后放下哑铃还原，重复做。

（4）训练要点：如果在持铃向两侧举起时，使肘和腕部稍微弯屈，你会感到能使三角肌群获到更好的收缩。在整个动作过程中，思想要集中在收缩的肌肉群上。

俯立侧平举如图 16-13 所示。

四、背部肌群训练动作

（一）杠铃俯立划船

（1）重点锻炼部位：主要是锻炼上背部最大的肌肉群—背阔肌，其次是斜方肌、冈下肌、挺直脊柱、三角肌后束、肱二头肌和前臂部。

（2）开始位置：两脚开立同肩宽，上体前曲与地面平行，两膝稍驱使下背肌群没有拉紧感。两手掌心向内，间距同肩宽，两臂下垂伸直持铃

（3）动作过程：使两上臂移向两侧，横杠贴身提起，直到横杠接触上腹部然后慢慢放下还原，重复做。

（4）训练要点：大多数运动员在练这一动作时，采用较宽的握距，这就使不同部位的肌群受到刺激。在提铃时，应感到运用背部肌群的收缩力，而不是只是把重量向上提而已。

杠铃俯立划船如图 16-14 所示。

（二）坐姿颈前下拉

（1）重点锻炼部位：三角肌前束、斜方肌、上背肌和上臂肌

（2）开始位置：坐在拉背练习机的固定座位上，两手分别握住上方横杠两端的把柄。

图 16-14

（3）动作过程：吸气，从头上方位置垂直下拉横杠至胸前，稍停 2～3 秒钟。然后呼气，

沿原路缓慢还原，重复做。

（4）训练要点：注意完成动作时两臂均衡用力，防止猛拉或无控制地突然还原。采用宽握距抓握把柄。也可以采用颈后下拉的方法来练习。

坐姿颈前下拉如图 16-15、图 16-16 所示。

图 16-15

（三）俯立正握上拉

（1）重点锻炼部位：背阔肌中上部肌群。

（2）开始位置：两脚分开站立在"T"形划船机上，两腿自然伸直，挺胸塌腰体前屈，两手臂伸直正握住"T"形杠把柄。

（3）动作过程：呼气，用背阔肌的收缩力量，使"T"杠提起至胸腹间，稍停 2～3 秒。然后呼气，持杠缓慢放下还原。

（4）训练要点：提拉"T"杠时两臂要贴近体侧，上体要始终保持挺胸，这样就有利于背阔肌的收缩。放下至两臂下垂时，两肩胛骨应放松，使背阔肌充分伸长，但"T"杠不能触地。动作过程中身体不要上下起伏借力。

图 16-16

俯立正握上拉如图 16-17、图 16-18 所示。

图 16-17

图 16-18

（四）站姿负重俯身

（1）重点锻炼部位：主要健美骶棘肌等要部肌群。

（2）开始位置：两脚持铃置于颈后肩上，挺胸、收腹、紧腰，两手必须托牢杠铃，全身直立。

（3）动作过程：吸气，上体向前慢慢弯下，至腰背部与地面平行为止，这时臀部应向后移，使身体重心处于脚跟后方，稍停3～4秒。再以腰背肌肉的力量，挺身起立还原，还原后再自然呼吸，重复练习。

图 16-19

（4）训练要点：在动作过程中，腰背部必须始终挺直，不准松腰含胸弓背；上体前屈时，尽量慢些，切忌突然快速屈体，防止腰背部肌肉拉伤。

站姿负重俯身如图16-19所示。

五、腿部肌群训练动作

（一）颈后深蹲

（1）重点锻炼部位：这是一个最好的训练动作，因为它对全身大肌肉群都有好处。深蹲动作主要是锻炼大腿肌群、臀大肌、腿筋和下背肌群，同时也能锻炼腹部、上背、小腿和肩部。

（2）开始位置：把杠铃置于颈后肩上，两手握住横杠的两端，使杠铃重心两边平衡。两脚分开与肩同宽，脚尖稍向外分开。

（3）动作过程：两眼始终向前方看。然后使两膝慢慢弯屈，直至下蹲到全蹲的位置。在整个下蹲和起立的过程中，使躯干挺直，背部保持平直，头部稍微抬起（始终看在一点上）。当大腿起立超过水平位置时，即慢慢伸直至回原位置。两脚始终平踏在地上。

（4）训练要点：如果使脚踝放松或脚跟离地，你会感到深蹲过程中很难掌握身体重心的平衡。你可以使两脚跟站垫木上来练。

颈后深蹲如图16-20所示。

图 16-20

（二）斜卧负重腿举

（1）重点锻炼部位：股四头肌和臀大肌群，美化臀腿曲线。

（2）开始位置：身体斜躺在"腿举架"的背板上，两腿斜上举起，屈膝，两脚掌朝斜上蹬在阻力板上。

（3）动作过程：吸气，两腿用力向斜上蹬阻力板，直至两腿完全伸直，同时尽力收缩股四头肌群，稍定3～4秒钟。然后呼气，慢慢屈膝让阻力板下降到预先卡定的高度。重复练习。

图 16-21

（4）训练要点："腿举架"上阻力板的下降高度要领先卡定应合适。蹬板时要让整个脚底平贴住阻力板。屈膝时应控制阻力板的下降速度。

斜卧负重腿举如图 16-21 所示。

（三）腿弯举

（1）重点锻炼部位：它是单独锻炼股二头肌最好的方法。

（2）开始位置：俯卧在伸腿架的卧凳上，使膝盖正好抵住凳端，两腿伸直使脚跟紧贴在上托垫棍的下缘。两手握住凳前端两侧。

（3）动作过程：集中以股二头肌的收缩力使小腿向上弯起至股二头肌彻底收紧，保持静止默数1、2。然后，循原路慢慢回到起点，重复做。

（4）训练要点：可以坐在伸腿机上，用一条腿单独练，也可以使两脚背绷直来练，还可以把脚跟转向内或转向外来练。

腿弯举如图 16-22、图 16-23 所示。

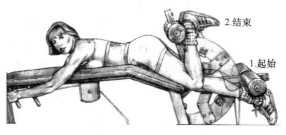

图 16-22

图 16-23

（四）坐姿提踵

（1）重点锻炼部位：小腿肌群。

（2）开始位置：正坐在凳上，两前脚掌站在垫木上，在两膝盖上负重物或杠铃，以两手托住不使其滑动。

（3）动作过程：吸气，以小腿三头肌的收缩力量，使脚跟起到最高位置，小腿肌肉群完全收紧，稍停2～3秒钟。再呼气，慢慢放下脚跟还原，重复练习。

（4）训练要点：两脚站在垫木上，两脚跟要露在垫木外。直立负重提踵和坐姿仅姿势不同。

坐姿提踵如图16-24所示。

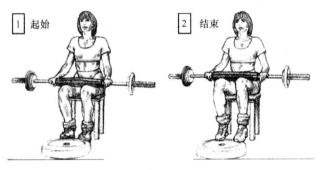

图 16-24

六、腹部肌群训练动作

（一）搁腿仰卧起坐

（1）重点锻炼部位：上腹部位。

（2）开始位置：仰卧在地上，把小腿平行地搁在凳上，使大腿垂直于地面，两手可以交叉在胸前或两手交叉互抱于颈后。

（3）动作过程：慢慢地使两肩向膝部弯起，直至肩胛骨稍离地面，保持静止一秒钟。然后，回复到开始位置，重复做。

（4）训练要点：当屈体收缩时，为了更好地使腹部肌群收缩，使下背紧贴地面。在采用重量训练课程的开始阶段，在完成每次试举中，要避免用跳、弹的借力动作。

（二）坐式缩腿

（1）重点锻炼部位：腹部。

（2）开始位置：坐在凳边，两手向后撑在凳上，两腿向前直伸。

（3）动作过程：屈膝缩起小腿到可能的最高点。彻底收缩腹直肌一秒钟，然后徐徐降落小腿，直到完全伸直。呼吸方法缩起小腿时吸气，降落时呼气。

（4）训练要点：本动作较简易，其作用大小全在膝部上提的高低和动作的快慢上。愈高愈慢愈大，反之愈小。

（三）悬杠屈膝缩腿

（1）重点锻炼部位：上腹部位。

（2）开始位置：两手正握单杠，全身直垂杠下。

（3）动作过程：屈膝，把小腿尽力向上缩起，到最高点时，彻底收缩腹直肌一秒钟。然后徐徐下垂小腿，直到完全伸直。呼吸方法缩起小腿时吸气，降落时呼气。

（4）训练要点：缩起小腿时要尽力把两膝向上提升。

（四）仰卧腿上举

（1）重点锻炼部位：下腹部位和大腿上部弯屈肌群。

（2）开始位置：仰卧在凳上或斜板上，下背部紧贴凳面，两腿并拢自然伸直。

（3）动作过程：使躯干和下背部紧贴在地上，两膝稍稍弯屈，两腿向上举起直至两大腿与躯干成垂直位。然后，两腿慢慢放下，重复做。

（4）训练要点：背部始终紧贴凳面，使下腹部位肌群处于收紧状态。如果下背弯屈或离开凳面，就会影响下腹肌群的收缩效果。为了加强训练强度，也可以仰卧在斜板上来练。

七、颈部肌群训练动作

（一）单手侧压颈屈伸

（1）重点锻炼部位：颈部。

（2）开始位置：一手按头右侧，另一手在左侧腰间。坐立均可。

（3）动作过程：按在头右侧的手用力把头向左侧推压，而颈部则用力顶住，不让轻易压倒，但逐渐被压倒。然后，颈部用力把头向上向右抬起，而右手则用力压住头部，不让其轻易抬起，但逐渐完全竖直。如此反复多次，直到颈部感到酸胀。练完一侧，换练另一侧。

（4）呼吸方法：一手用力侧压头部时吸气，压到底时呼气。

（5）训练要点：注意不要用过大过猛的抗力，前几次用力要小些，再逐渐加大，以避免颈部扭伤。切勿让颈部有任何旋转，而只是屈伸。

（二）双手正压颈屈伸

（1）重点锻炼部位：颈部。

（2）开始位置：双手十指导交叉，按在脑后。

（3）动作过程：双手用力压头部，使其向前下屈，颈部则用力顶住，不让轻易下压，但逐渐被压到颈部触及锁骨柄。然后，颈部用力把头向上抬起，而两手则用力压住头部，不让其轻易抬起，但逐渐抬到原位。

（4）呼吸方法：两手用力压头时吸气，压到底时呼气。头部上抬时吸气，抬到原位时呼气。

（5）训练要点：头部屈伸时，身体不要前俯后仰，注意不要用过大过猛的抗力，前几次用力要小些，再逐渐加大，以避免颈部扭伤。切勿让颈部有任何旋转，而只是屈伸。

思考题 »»

1. 什么是训练适应？
2. 简述超量恢复的意义。
3. 简述健美训练的原则。
4. 健美运动中决定训练成效的八大要素是什么？
5. 简述杠铃仰卧推举的技术要领。

第十七章　形体训练

学习目标 »»

1. 了解形体训练的基本概念和基本价值。
2. 学会成套形体姿态操的练习。

第一节　形体训练概述

一、形体训练的起源和发展

形体训练源于芭蕾、舞蹈、体操的基本功训练。最初起源于人类求生存、求发展的劳动实践和其他多种生活实践的需要，是人类最早产生的艺术形式之一。随着音乐的引入、东西方观念的合理融合，产生于劳动，又回归于职业的形体训练便应运而生。

二、形体训练的概念与要素

1. 形体训练概念

它是一项比较优美、高雅的健身项目，主要通过舒展优美的舞蹈基础练习（以芭蕾为基础），结合古典舞、身韵、民族民间舞蹈进行综合训练，可塑造人们优美的体态，培养高雅的气质，纠正生活中不正确的姿态；也是人体的外形结构，是人体美的一种艺术表现形式，而艺术是指富有创造性的方式、方法。形体训练是以人体科学为基础的形体动作训练，是以改变练习者形体动作的原始状态、增强可塑性为目的的形体素质的基本训练，是以提高练习者的灵活性和艺术表现为目的的形体技巧训练。它既注重外在的美的训练，又注重内在美的情操培养。练习者在旋律优美、动听的乐曲伴奏下，经常性的进行形体训练，可使身心得到全面发展，有利于培养健美的体态和高雅的气质，使形体更富有艺术魅力。形体训练适合的人群比较广泛，尤其适合女性。

2. 构成形体健美的要素

（1）健康是形体美的基础。

（2）体型是形体健美的基础特征，体型指人体的外形特征与体格类型，即人类身体结构的类型。体型的类型主要由人体的脂肪蓄积、肌肉发育程度、遗传的影响和环境、性别差异等决定。

（3）优美的姿态为形体健美增色。

（4）气质美是形体健美的核心。

三、形体训练的特点

健康是人的形体美的基础,只有健康的、充满活力的、朝气蓬勃的身体,才能获得形体美、姿态美、动作美和气质美。

1. 以自然性动作为基础的节奏运动

自然性动作是指按照人体自然状态下的运动旋律和人体运动的自然法则所进行的运动。形体训练是以人体活动为主要形式的练习。在完成动作时,无论上肢、下肢、躯干动作都是根据人体运动的自然法则,从胸、腹的中线开始发力,传递到各部位来完成动作的,而且每个动作都有它的起点和终点,以及节奏和用力的分配规律。摆动、波浪和弹性的关键。

2. 全面性和针对性

形体训练内容丰富,动作变化多样,各类动作的编排都是严格按照人体的解剖部位,有目的地为达到身体匀称、均衡、协调、健美的发展而进行的。合理选择内容,科学进行锻炼,能全面增强人体运动系统、内脏系统和神经系统的功能,促进人体的正常发育和身体素质的全面发展,形体训练的针对性强,选择某一动作有重点锻炼身体的某一部位或专门发展某项身体素质进行练习,能进一步提高身体的全面发展水平。

3. 优美性和艺术性

形体训练是在人体解剖学、运动生理学、运动心理学、人体艺术造型等学科的理论指导下进行的。其动作内容符合人体的生理和心理特点,各类动作不仅体现出优美和艺术性,而且充分展现协调、韵律、优美等健美气质。

形体训练是追求人体身、心、美的艺术运动,它不仅能提高练习者的兴趣,而且能培养练习者的想象力和表现力,培养动作的节奏感,促进身心的全面发展,同时还能使练习者在训练中达到忘我的境界。练习者根据不同的音乐节奏和风格,创编出不同风格和形式的形体动作,使形体训练更富有感染力,并得以构成完美的艺术整体。

4. 内容丰富,易于普及

形体训练动作简单易学,练习形式简便,可根据不同的要求,不同的年龄、身体条件和训练水平,选择不同的练习内容和方法,有目的、有针对性地进行练习,以达到增强体质、促进健康美、塑造美的形体的目的,因而深受人们的喜爱,也易于普及推广。

四、形体训练的内容

形体训练内容丰富,形式多样,简单易学,归纳起来其训练内容分为徒手练习、持轻器械和专门器械练习三大部分。

本课程着重是徒手练习,它是徒手对身体形态进行系统的专门训练,是形体动作的主要练习形式,包括基本姿态练习、基本动作练习、基本步伐练习、身体素质练习和把杆练习,以及这些动作的组合练习。徒手练习可以单独练习,也可以集体练习,既可作为体育教育内容,也可以作为舞台上的表演节目。

五、形体训练的作用

1. 增进健康

健康美是指在健康身体的基础上所表现出来的良好的精神状态、气质和风度。它比一般意义上理解的身体健康有更高的目标和追求，是在发展身体，增进健康的同时，强调人的机体能力的提高和整个体质的增强，以及健康的体态与身体机能和心理品质的协调统一。形体训练通过特有的内容，不仅能全面锻炼身体、增进健康，促进其骨骼、肌肉、内脏器官及神经系统等方面的正常发育和机能的发展，还有助于形成正确的身体姿势，而且能提高柔韧、协调、灵敏、力量等身体素质，对培养良好的风度有重要作用。

2. 塑造健美的形体

健美是指人体形体美，即人体外型的匀称、和谐。形体美基本上是由身高、体重和人体各部分的长度、围度及比例所决定的。通过形体训练，可以培养练习者健美的体态和风度，使练习者身体匀称、和谐、健美发展，使动作姿势优美、使身体轮廓线条清晰，从而塑造出美的形体。

3. 美育教育

形体训练由于它本身具有的特点，兼具美育教育这一特殊的作用。形体训练以它美的气质将美育寄寓体育之中，使美育与体育得到完美的结合。通过形体训练，不仅有意识美化人体，使其发育匀称，养成对姿态美、动作美、形体美的正确审美观念，而且通过对音乐的理解和运用，可陶冶情操，激发对美的追求，从而进一步提高对美的鉴赏能力。

六、形体训练指导

（1）健康检查一般包括身体形态检查、身体成分检查和生理机能检查。

身体形态检查的目的：是了解自身身体形态生长发育的程度需要做哪些改进，并经过一段时间训练后，对照检查效果。常用的形态测量指标：身高、体重、坐高、肩宽、腰围、臀围、上臂围、腿长等指数。

身体成分检查的目的：主要是检查人体脂肪含量和分布，通过测定肥胖程度，确定是否需要减肥及制定减肥运动方案。

生理机能检查的目的：是了解目前身体各系统机能处在什么水平，为制定锻炼计划提供依据，还可以评定运动效果，检查运动后疲劳和恢复的程度。通常以测量运动前后的心率、血压和肺活量等作为评定指标。

（2）形体训练应遵循循序渐进的原则。

（3）合理安排锻炼的时间和运动负荷。每次 1～1.5 小时，每周练习的次数至少 2 次以上。参加形体训练要有恰当的生理和心理负荷量。准备活动要安排轻松自如、由弱到强的适度的练习，一般以 10～15 分钟为宜。使运动时最大心率保持在 70%～80%最为合适，训练结束后要做调整。

（4）形体训练应重视全面锻炼。

①力量与速度、耐力、协调、柔韧等素质相结合，促进身体素质的全面发展。

②动力性与静力性练习相结合，大肌肉群与小肌肉群相结合，促进全身肌肉群匀称发展。

③负重练习与徒手练习相结合，促进身心的协调发展。

④全身与局部的练习相结合，既要针对身体某部位进行强化训练，又要兼顾身体的全面发展。

⑤主动性部位运动与被动性部位运动相结合。

⑥无氧运动与有氧运动相结合。促进心肺和肌肉功能的协调发展。

（5）讲究动作与呼吸的协调配合。

在用力时或肌肉放松时用鼻子深深地吸气，在运动还原或肌肉放松时用口充分地呼气，呼吸要深，要有节奏。练习时呼吸以自然为准，即呼吸与动作有节奏地协调配合。

（6）练习以培养良好形态为主，选择多样化的练习形式。

（7）要注重合理的营养和饮食结构。

第二节　形体基本姿态组合练习

一、站姿和头部姿态的成套训练

站姿和头部姿态的成套动作是身体形态训练中的基本首要内容。通过训练，进一步改变练习者身体形体的原始状态，使其站姿更加端庄、优美、协调，并在各种情况下保持优雅的身体形态的能力。

站姿和头部姿态的成套动作总时间为 3 分 35 秒，节拍为 28×8 拍，音乐 2/4 拍，节奏抒情、缓慢。如表 17-1 所示。

表 17-1　站姿和头部姿态成套训练

节	拍	动作说明
第一段		预备姿势：八字站立。
（1）	1～8	两臂体后举保持弧形，掌心向上，抬头。
（2）	1～8	同（1）。
（3）	1～6	两臂侧下举，右臂体侧保持弧形，头向左转 90 度稍低头，眼看左手。
	7～8	还原预备姿势。
（4）	1～6	两臂摆至左前下举，头向左转 45 度稍低头，眼看左手。
	7～8	还原预备姿势
（5）	1～6	两臂侧举，抬头。
	7～8	还原预备姿势
（6）	1～8	同（3），动作方向相反。
（7）	1～8	同（4），动作方向相反。
（8）	1～8	同（5），动作方向相反。
第二段		
（9）	1～4	左脚向左撤出脚尖点地，右腿屈膝半蹲成右侧弓步，左臂侧下举，右臂侧上举，上体稍向左侧屈，头向右转并抬头，眼看右手。
	5～8	还原预备姿势。
（10）	1～8	同（9），动作方向相反。
（11）	1～8	两臂经侧向外绕环至侧举，头经抬头、低头并还原。
（12）	1～8	两臂经体前交叉向内绕环至体侧，头经低头、抬头并还原。
第三段		
（13）	1～4	左臂左前上举，头向左转 45 度抬头。
	5～8	左臂左前举。
（14）	1～4	同（13）5～8 拍。
	5～8	两臂还原于体侧，头经左前低头并还原。
（15）	1～8	右臂经右向左绕环一周，头随手走。
（16）	1～8	左臂经右向右绕环一周，头随手走。
（17）	1～8	同（13），动作方向相反。

续表

节	拍	动作说明
(18)	1~8	同 (14)，动作方向相反。
(19)	1~8	同 (15)，动作方向相反。
(20)	1~8	同 (16)，动作方向相反。
第四段		
(21)	1~4	两腿屈膝半蹲，左臂斜后举，右臂前举，上体左转稍前倾，头向左转并右侧屈。
	5~8	还原预备姿势。
(22)	1~8	两臂侧下举，头颈前屈向左绕环一周。
(23)	1~4	两臂前举，手心相对。
	5~8	左脚向左前一步站立，右脚尖后点地，左臂侧举，右臂侧上举（掌心向外）抬头。
(24)	1~4	头向右转并抬头，眼看右手。
	5~8	右脚并于左脚还原预备姿势。
(25)	1~8	同 (21) 1~8 拍，动作方向相反。
(26)	1~8	同 (22) 1~8 拍，动作方向相反。
(27)	1~4	同 (23) 1~4 拍。
	5~8	同 (24) 5~8 拍，动作方向相反。
(28)	1~8	同 (25) 1~8 拍，动作方向相反。

二、躯干姿态的成套练习

躯干是指上体而言，是全身中的主体。它包括胸、腹、腰、背部，其中腰是连接上下身体的枢纽，是躯干最为灵活的部分，身体的各种曲线美是由躯干做动作变化而产生的各种富有艺术魅力的体态。躯干姿态的成套动作总节拍为 31×8 拍，时间约 3 分 50 秒，音乐 2/4 拍。如表 17-2 所示。

表 17-2　躯干姿态成套练习

节	拍	动作说明
第一段		预备姿势：两腿坐地，两手扶膝，肘稍外展，身体直立。
(1)	1~4	上体缓慢前屈的同时塌腰、挺胸、抬头。
	5~8	上体缓慢还原于直立。
(2)	1~4	上体后移的同时弓背、含胸、低头。
	5~8	上体缓慢还原于直立。
(3)	1~8	同 (1) 1~8 拍。
(4)	1~8	同 (2) 1~8 拍。
(5)	1~4	胸、腰缓慢向左侧移动，眼看左侧。
	5~8	上体缓慢还原于直立。
(6)	1~8	同 (5) 1~8 拍，动作方向相反。
(7)	1~2	胸、腰向左侧移动，眼看左侧。
	3~4	胸、腰向右侧移动，眼看右侧。
	5~8	同 1~2 拍。
(8)	1~2	同 (7) 3~4 拍。
	3~4	同 (7) 1~2 拍。
	5~8	同 1~2 拍。

节	拍	动作说明
第二段		
(9)	1～8	躯干经前向左绕环一周。
(10)	1～6	同(9)1～8。
	7～8	两臂侧举。
(11)	1～4	左手贴于体后背，右臂向左摆的同时屈肘手触左肩，同时上体前屈，挺胸，向左，眼看左后方。
	5～8	左臂向右摆到两臂侧举，上体还原。
(12)	1～8	同(11)1～8，动作方向相反。
(13)	1～8	左手贴于体后背，右臂经上举向左绕环到两臂侧举，同时上体向左转经前屈、挺胸、塌腰并
(14)	1～8	还原。
(15)	1～4	同(13)1～8拍，动作方向相反。
	5～8	左手贴于体后，右臂上举，上体向左侧屈，眼看右手。
(16)	1～8	同(15)1～8，动作方向相反。
第三段		
(17)	1～8	同(1)1～8拍。
(18)	1～8	同(2)1～8拍。
(19)	1～8	同(6)1～8拍。
(20)	1～8	同(5)1～8拍。
(21)	1～8	同(8)1～8拍。
(22)	1～8	同(7)1～8拍。
(23)	1～8	躯干经前向后绕环一周。
(24)	1～6	同(23)1～8拍。
	7～8	两臂侧举。
(25)	1～8	同(12)1～8拍。
(26)	1～8	同(11)1～8拍。
(27)	1～8	同(14)1～8拍。
(28)	1～8	同(13)1～8拍。
(29)	1～8	同(16)1～8拍。
(30)	1～8	同(15)1～8拍。
(31)	1～8	两臂经提前交叉摆至侧上举，掌心相对，同时上体经前倾含胸，挺胸，抬头。

思考题

1. 简述形体训练的概念。
2. 简述形体训练的特点和作用。

参 考 文 献

常桦.2009.紧急避险100问.北京：金盾出版社.

陈智勇.2003.现代大学体育教程.北京：北京体育大学出版社.

陈智勇.2004.现代大学体育教程.北京：北京体育大学出版社.

陈智勇.2006.现代大学体育教程（修订版）.北京：北京体育大学出版社.

德拉威尔.2005.肌肉健美训练图解.李振华，胡坚莉主译.济南：山东科学技术出版社.

范清惠.2009.大学生健身安全指南.北京：北京体育大学出版社.

何倩倩.2006.美体健身瑜伽.北京：农村读物出版社.

金福春.2001.体育与健康.北京：高等教育出版社.

金其荣.2005.体育与健康实践教程.北京：北京大学出版社.

林小海.2007.瑜伽经典教程.北京：中国纺织出版社.

林志超.2008.高职体育与健康规划教程.北京：北京体育大学出版社.

刘志红.2003.形体练习教程.北京：高等教育出版社.

麻雪田.2003.足球技巧图解.北京：北京体育大学出版社.

马鸿韬.2007.健美操运动教程.北京：北京体育大学出版社.

齐豹，张明波.2006.大学体育.北京：北京交通大学出版社.

桥本京子.2005.健康瑜伽.张军译.北京：中国画报出版社.

阮伯仁，沈剑威.2006.体适能基础理论（第二版）.北京：人民体育出版社.

单亚萍.2004.形体艺术训练.杭州：浙江大学出版社.

田里.1997.大学生健美教程.香港：香港天马图书有限公司.

王德森.2007.职业院校体育教程.北京：中国书籍出版社.

王健，何玉秀.2007.健康体适能.北京：人民体育出版社.

王永盛.2007.大学体育教育教程.北京：中国档案出版社.

翁惠根.2005.体育教育改革与探索.杭州：浙江大学出版社.

吴中量，李安格.1997.排球（第二版）.北京：高等教育出版社.

夏云建.2009.大学体育与健康.武汉：华中师范大学出版社.

肖光来.2003.健美操.北京：人民体育出版社.

杨乃彤，王建军.2007.新编体育与健康.北京：人民体育出版社.

杨斌.2003.形体训练纲论.北京：北京体育大学出版社.

张惠兰，柏忠言.1986.瑜伽.北京：人民体育出版社.

浙江省高校体育教材编委会.2002.乒乓球.杭州：浙江大学出版社.

郑厚成.2006.现代体育与健康文化导论.北京：高等教育出版社.

钟秉枢，苏丽敏.2003.排球技巧图解.北京：北京体育大学出版社.

周健生.2008.大学体育.北京：中国人民大学出版社.

周兆欣.2006.高职高专体育.北京：中国商务出版社.

邹宁.2009.健康运动手册.上海：上海科学技术出版社.